"十三五" 国家重点出版物出版规划项目

应用语言学
核心话题系列丛书
Key Topics in
Applied Linguistics

▼ 外语教师教育
Foreign Language
Teacher Education

KEY TOPICS

Tk

外语学科核心话题
前沿研究文库

外语教师学习

✳

Foreign Language Teacher Learning

康艳　著

外语教学与研究出版社
FOREIGN LANGUAGE TEACHING AND RESEARCH PRESS
北京 BEIJING

图书在版编目（CIP）数据

外语教师学习 / 康艳著. -- 北京：外语教学与研究出版社，2022.3（2023.7重印）
（外语学科核心话题前沿研究文库. 应用语言学核心话题系列丛书. 外语教师教育）
ISBN 978-7-5213-3307-7

Ⅰ. ①外… Ⅱ. ①康… Ⅲ. ①外语教学－师资培养－研究 Ⅳ. ①H09②G451.2

中国版本图书馆 CIP 数据核字（2022）第 011831 号

出 版 人	王 芳
选题策划	常小玲　李会钦　段长城
项目负责	段长城
责任编辑	解碧琰
责任校对	陈 阳
装帧设计	杨林青工作室
出版发行	外语教学与研究出版社
社 　 址	北京市西三环北路 19 号（100089）
网 　 址	https://www.fltrp.com
印 　 刷	北京盛通印刷股份有限公司
开 　 本	650×980　1/16
印 　 张	21.25
版 　 次	2022 年 9 月第 1 版 2023 年 7 月第 3 次印刷
书 　 号	ISBN 978-7-5213-3307-7
定 　 价	85.90 元

如有图书采购需求，图书内容或印刷装订等问题，侵权、盗版书籍等线索，请拨打以下电话或关注官方服务号：
客服电话：400 898 7008
官方服务号：微信搜索并关注公众号"外研社官方服务号"
外研社购书网址：https://fltrp.tmall.com

物料号：333070001

记载人类文明
沟通世界文化
www.fltrp.com

出版前言

　　随着中国特色社会主义进入新时代，国家对外开放、信息技术发展、语言产业繁荣与教育领域改革等对我国外语教育发展和外语学科建设产生了深远影响，也有力推动了我国外语学术出版事业的发展。为梳理学科发展脉络，展现前沿研究成果，外语教学与研究出版社汇聚国内外语学界各相关领域专家学者，精心策划了"外语学科核心话题前沿研究文库"（下文简称"文库"）。

　　"文库"精选语言学、应用语言学、翻译学、外国文学研究和跨文化研究五大方向共25个重要领域100余个核心话题，按一个话题一本书撰写。每本书深入探讨该话题在国内外的研究脉络、研究方法和前沿成果，精选经典研究及原创研究案例，并对未来研究趋势进行展望。"文库"在整体上具有学术性、体系性、前沿性与引领性，力求做到点面结合、经典与创新结合、国外与国内结合，既有全面的宏观视野，又有深入、细致的分析。

　　"文库"项目邀请国内外语学科各方向的众多专家学者担任总主编、子系列主编和作者，经三年协力组织与精心写作，自2018年底陆续推出。"文库"已获批"十三五"国家重点出版物出版规划项目，作为一个开放性大型书系，将在未来数年内持续出版。我们计划对这套书目进行不定期修订，使之成为外语学科的经典著作。

我们希望"文库"能够为外语学科及其他相关学科的研究生、教师及研究者提供有益参考，帮助读者清晰、全面地了解各核心话题的发展脉络，并有望开展更深入的研究。期待"文库"为我国外语学科研究的创新发展与成果传播作出更多积极贡献。

外语教学与研究出版社
2018年11月

目录

第七章　外语教师学习的环境 225

第八章　外语教师学习研究的展望 245

总序

当前国际范围内对应用语言学的认识以"国际应用语言学协会"（Association Internationale de Linguistique Appliquée，AILA）给出的定义最具代表性（De Bot 2015：26-31）。该协会认为：应用语言学是研究现实语言问题的交叉学科。相关语言问题可借助既有语言学理论和方法，也可采用新创的理论思路或手段加以解决。语言教学、社会语言学、语料库语言学、跨文化交际、语言政策与规划等是应用语言学的常见领域。上述理解已渐成共识，主流期刊（如Applied Linguistics）与最新出版的《应用语言学手册》和《语言学与应用语言学百科全书》涵盖范围也大致如此。

虽说应用语言学学科分支广泛而多元，但不难看出所谓的狭义应用语言学，即语言的教与学，仍是热门的话题，相关成果也令人瞩目。究其原因，早在1964年召开的第一届国际应用语言学大会（AILA World Congress）上，语言教学便是首要议题。其后几十年来，应用语言学的疆域不断延展，而语言教学研究的热度则长盛不衰。在这一进程中，语言教学领域不断分化，譬如按语言构成、语言技能、语言教学环节、语言教学主体、语言教学机制等，衍生出语音、词汇、语法、语篇、语用教学，听说读写译教学，课堂教学与语言测评，学习者及教师、中介语和语言习得的社会和心理机制等相关教学及研究。此次"应用语言学核心话题系列丛书"设立的语言习得、社会语言学、心理语言学、语料库语言学、语言测评、二语写作、外语教师教育等子系列，正是我国发展较快的几大核心领域。

现代意义上的语言教学理论探讨，可追溯到20世纪20、30年代英美学者在中国（以Lawrence Faucett为代表）、日本（以Harold Palmer为代表）、印度（以Michael West为代表）开展的英语教学实践和理论总结（Howatt & Smith 2014: 85）。随着1941年密歇根大学"英语研究所"（English Language Institute）的成立以及Charles C. Fries（1945）*Teaching and Learning English as a Foreign Language*一书的出版，语言教学研究大势渐成。其后，各类应用语言学组织、会议、专论和学刊如雨后春笋般涌现。

我国应用语言学的发展历程与改革开放同步。在桂诗春先生等先驱开辟的广阔天地里，从引介到创新（何莲珍 2018；王初明 2018），应用语言学走过了锐意进取、成果丰硕的四十年。在研究领域方面，我国应用语言学研究的主体也是语言教学，尤其是英语教学和对外汉语教学。即便是我国的语料库语言学研究，也以英汉中介语分析为最盛，意在解决语言学习问题。在研究成果方面，中国大陆学者在过去十余年里产出的高水平应用语言学研究成果令人瞩目，高影响因子英文论文数量激增（Lei & Liu 2018）。我国应用语言学学者正以实际行动赢得国际学术话语权，提升国家文化软实力。

更令人欣喜的是，以文秋芳"产出导向法"、王初明"续理论"等为代表的中国特色理论探索与实践创新，均表明我国应用语言学学者正从西方思想搬运工向中国理念设计师转变。在此过程中，理论本身的完善和学界思想的碰撞在所难免。但不可否认，聚焦语言运用与语言教学中的真问题，有意识地建构本土特色应用语言学理论（另见崔希亮 2007: 8），是我国学者责无旁贷的使命。

本系列丛书正是坚守传承与创新的使命，本着梳理学科发展脉络，展现前沿研究成果的宗旨，从应用语言学不同领域的核心话题入手，评述相关理论与实践的沿承、探索与发展，力求体现学术性、系统性、前沿性与引领性。下面对各子系列作一简介。

语言习得系列

主编为蔡金亭教授。该系列从语言本体、认知、社会等多视角考察语言习得的影响因素、过程与结果。该系列有三个特点。第一，专家写专题。该系列首批包括四本书:《二语词汇习得研究》《语言迁移研究》《二语学习同伴互动研究》和《二语的外显学习和内隐学习》。因其独特的重要性，这些专题几十年来一直备受关注，佳作纷呈，亟须我国外语教师和研究人员了解其历史和现状。四位作者均在各自领域深耕多年，具有丰富的经验与独特的视角。第二，理论、实证、方法有机结合。所有专著都在介绍相关概念理论的基础上，系统梳理了国际及国内的实证研究，并对相关研究方法进行了专门归纳。第三，客观梳理与主观评论兼顾。作者在综述各领域的研究时，一方面以具体研究问题为主线对前人研究进行系统梳理，另一方面从研究内容、研究方法、结果与讨论等方面进行有针对性的评论，既帮助读者了解现状，又激发读者对未来研究进行思考。

社会语言学系列

主编为高一虹教授。社会语言学是研究语言与社会关系的交叉学科，大致可分为较为宏观的部分(如语言政策与规划)和较为微观的部分(如语言变异)。社会语言学描述现实情境中的语言现象，并对其进行解释。就对材料解释的理论视角而言，社会结构与个人主体能动性构成主要的关系，强调社会结构对语言行为影响的称为"社会结构主义"，强调个体在与环境互动中之能动性的称为"社会建构主义"。从半个世纪本学科的发展来看，有一个从社会结构主义向社会建构主义逐渐发展的过程。这一发展体现在子领域内部的研究取向、解释视角以及研究话题的转向、新概念和子领域的兴起等。"社会语言学系列"首批包括四本书。第一本是《社会语言学视角下的共同体》。这是社会语言学兴起时的原始核心话题，关注社会结构因素对语言的影响。后来变异研究和共同体研究经历了从结构观向建构观的发展过程。因此这是一个经典而又崭新的领域。第二本是《社会语言学视角下的言语交际》。它聚焦个体的交际过程，包括称谓语、礼貌、交际策略等多个方面，与语用学、修辞学等有交叉。在这个子领域，建构观的影响更加突出。第三本是《从世界英语到国际通用英语》。该话题可以说是语言变异研究的延伸，能为传统上以"本族语"为样板的外语教学提供较开阔的社会视角。第四本是《语言态度与语言认同》。这实际是两个相互关联的话题，其中语言态度受到持续关注，而语言认同近一二十年来才成为社会语言学中的显性和热门话题。这四本书只涉及了社会语言学的一部分内容，较偏向微观。我们期待以后将更多的话题介绍给国内读者，以促成更多本土的创新性研究。

心理语言学系列

主编为董燕萍教授。心理语言学研究语言使用和习得的心理机制。语言使用包括语言的理解和产出；语言习得包括母语、二语、三语、双语及多语的习得，但一般侧重母语的习得，因为这是语言习得研究的根本；心理机制常常指加工某一问题时的心理过程及在这个过程中呈现的规律，还可能因为研究方法及视角的不同而被称为认知机制或者神经机制。心理语言学一般采取实验方法，通过操纵变量从而更好地研究某些变量的作用。在充分考虑已出版以及即将出版的同类图书基础上，基于话题的重要性和前沿性以及避免重复出版的原则，本系列首批包括三本书：《词汇加工研究》《句子加工研究》和《口译加工研究》。前两本书探讨心理语言学最根本、最传统、最核心的话题，最能体现心理语言学研究的精髓，是语篇加工研究及语言产出研究的基础。第三本在口译这项极具挑战性的语言任务中综合探讨语言理解和产出以及两者之间的协调关系。该话题最能体现心理语言学的学科交叉性和前沿性。三本专著从不同层面阐述语言加工的心理机制，并介绍具体研究方法，包括行为的方法（收集眼动数据、按键或者说话的反应时长、产出的语料等）和神经科学的方法（收集脑电数据、磁共振数据等）。

语料库语言学系列

主编为许家金教授。语料库语言学立足语用，突出概率，讲求方法，重视语境，既可构建语言理论，也可指导语言运用。语料库语言学作为以方法论见长的语言学分支，已广为语言学界接纳。其应用甚至扩展到传播学、文学、政治学、社会学和法学等人文社科领域。在国际范围内，基于语料库的话语研究成果尤其丰硕。因此，本系列第一本书便以《语料库与话语研究》为题展开讨论。该书不仅介绍了语料库语言学在话语组织方面的研究思路，还着重探讨了如何借助语料库考察话语中的身份或形象建构。在我国，语料库语言学选题集中于中介语及翻译语言研究，相关成果数以百计。本系列第二本书《语料库与双语对比研究》在对英汉语宏观特征量化描写的基础上，围绕英汉语介词、指称范畴、句段内部构成、事件编码方式、话语功能等议题作了深入对比。此外，为进一步拓展我国语料库语言学的选题视野，本系列还特别推出《语料库与学术英语研究》一书。该书着眼于学术英语的词汇、语法、话语特色及学科差异等，旨在通过语料库方法对学术英语进行精细描写，挖掘其典型特征，从而助力我国学者在国际上发表论文。

语言测评系列

主编为韩宝成教授。本系列首批将出版三本书：《语言测评效度验证研究》《语言测评反拨效应研究》和《Rasch测量理论在语言测评中的应用研究》。《语言测评效度验证研究》对语言测试学科出现的四种效度验证模式进行深度剖析，分析经典效度研究案例，阐释如何收集效度证据并构建效度论证框架。《语言测评反拨效应研究》基于实证研究，重点介绍反拨效应的成因与本质，分析如何通过实施有效测试促教促学。近年来，Rasch模型在语言测评研究中受到广泛重视，《Rasch测量理论在语言测评中的应用研究》将结合Rasch模型在测评研究以及测评开发中的应用研究，系统介绍和分析该模型的原理、使用方法和相关研究进展。本系列的出版将有力推动我国语言测评研究的发展。

二语写作系列

主编为王立非教授。本系列首批将出版五本专著:《二语写作课堂教学研究》《二语写作认知心理研究方法与趋势》《二语写作测评方式研究》《二语写作身份认同研究》和《体裁与二语写作研究》。本系列有以下三个特色:第一,从社会文化的宏观视角和心理认知的微观视角,聚焦二语写作领域的前沿问题,对国内外二语写作研究现状、研究热点进行深度剖析,对本领域的未来发展趋势作出预测;第二,以中国大学生和学生写作文本为研究对象和语料,分析中国人学习英语写作的重点和难点,寻求适合提高中国学习者二语写作能力的路径和方法;第三,选择的话题具有代表性和跨学科性,都是当前高校英语写作教学改革的热点问题,有助于加深我们对二语写作的特点与规律的认识,探讨二语写作教学改革的新模式和路径。

外语教师教育系列

主编为徐浩副教授。本系列聚焦外语教师学习与发展的核心话题,既突出教师学习的动态过程,又关注教师发展的影响因素,同时致力于采用更具综合性、整合性的视角来描述、分析、建构教师学习与发展的历程和规律。本系列在重点综述经典文献和前沿文献的同时,将着重对核心概念进行梳理和辨析,并通过综述框架的创新,展示核心话题的新维度与新视角。本系列首批涵盖外语教师学习、外语教师能力、外语教师共同体、外语教师知识等核心话题。《外语教师学习》基于三大学习理论分别从外语教师学习的结果、过程、途径和环境展开讨论;《外语教师能力》从教育心理学的视角,分别对外语教师能力的行为维度、认知维度和社会建构维度进行探讨,并提出一个整合性的研究框架;《外语教师共同体》从实然而非应然的角度,对外语教师所置身参与的各类共同体展开剖析,尤其关注我国外语教师共同体活动的实践及其特点,并对相关研究进行综述;《外语教师知识》解析外语教师认知、行为的核心基础——教师知识,阐述教师知识的性质、特点、生成机制和建构过程。

从上述介绍可以看出，我国已出现一批学养深厚、术有专攻的应用语言学中坚力量。他们将聚焦应用语言学领域的核心话题，引领我们解决本土语言运用难题，并不断走向国际学术前沿。希望更多的同行和年轻学子加入这一学术共同体，研读经典，探讨新知，让我国应用语言学绽放出实践智慧和理论光彩，而不再只是语言学理论的应用。本丛书还将根据国内外应用语言学研究进展适时再版，并不断扩充话题。希望本丛书能为同行学者和青年学子拓展科研视野，丰富研究方法作出积极贡献。

"应用语言学核心话题系列丛书"编委会

2018年12月

参考文献

De Bot, K. 2015. *A History of Applied Linguistics: From 1980 to the Present*. London: Routledge.

Fries, C. 1945. *Teaching and Learning English as a Foreign Language*. Ann Arbor: University of Michigan Press.

Howatt, A. & R. Smith. 2014. The history of teaching English as a foreign language from a British and European perspective. *Language and History* 57 (1): 75-95.

Lei, L. & D. Liu. 2019. Research trends in applied linguistics from 2005 to 2016: A bibliometric analysis and its implications. *Applied Linguistics* 40（3）：540-561.

崔希亮，2007，谈汉语二语教学的学科建设，《世界汉语教学》（3）：6-8。

何莲珍，2018，从引介到创新：中国应用语言学研究四十年，《外语教学与研究》（6）：823-829。

王初明，2018，我国应用语言学研究在解决问题中前行，《外语教学与研究》（6）：813-816。

前言

20世纪80年代以来，教师学习已逐渐发展成为教师教育研究中的一个重要研究领域。教师学习研究涉及教育哲学、教育心理学、教育社会学、教育政策、教育管理等多个基础理论和应用研究领域。与特定的学科教师相关联时，教师学习研究不仅能够揭示教师学习的一般性特征，也能够在某种程度上反映该学科和学科教师的特殊性。

外语教学和教师教育研究领域针对外语教师所开展的教师学习研究比一般教育学领域晚了将近十年。1996年，Donald Freeman和Jack C. Richards联合主编了论文集《语言教学中的教师进修》(*Teacher Learning in Language Teaching*)，开创了外语教师学习研究的先河，在外语教学和教师教育研究中将"教师学习"从日常话语转变为学术话语。由此，外语教师学习研究也成为"解锁"外语教学和外语教师的一把钥匙。自此论文集出版以来，外语教师学习研究发展迅猛，研究的理论视野广阔、议题丰富、方法多样，该领域取得了丰硕的成果。但是，从目前掌握的文献来看，除了个别期刊论文外，国内鲜有对外语教师学习研究的系统性回顾。一个研究领域若想实现健康、持续性发展，就需要适时地总结反思，这也是本书创作的初衷。恰逢外语教学与研究出版社策划出版"外语学科核心话题前沿研究文库·应用语言学核心话题系列丛书"，本书作为"外语教师教育"子系列的一本，将梳理国内外外语教师学习研究的脉络，回顾前沿研究成果，展望未来发展趋势，以期为初涉外语教学和教师教育领域的研究者以及对外语教师学习感兴趣的一线教师描绘一幅完整的研究图景。

全书共分为八章。前三章偏重理论，旨在奠定外语教师学习研究的本体论、认识论和方法论基础。第一章主要梳理了教师学习研究的整体脉络。本章首先区分了与"教师学习"相关的几个基本概念，包括"教师培训""教师教育""教师专业发展"，通过对这些概念的分析和对比，厘清了"教师学习"的内涵。接着，本章回顾了教师学习研究的兴起和发展，并进一步聚焦外语教师学习研究的历史沿革，以便读者能够准确把握外语教师学习研究的发展脉络及其与一般教育学领域相关研究的联系。第二章回顾了教师学习研究的理论基础，从行为主义、人本主义、建构主义等理论视角出发，分析了不同理论视角对教师学习的解读及其对教师学习研究的影响，为深入理解教师学习研究奠定了理论基础。第三章聚焦教师学习研究的方法论，区分了实证主义范式和解释主义范式，介绍了教师学习研究中常用的几种研究方法，包括调查研究、个案研究、叙事探究。

第四至七章梳理了当前的相关实证研究，旨在帮助读者把握外语教师学习研究的前沿动态。纳入回顾范围的文献起于20世纪90年代初，止于2021年，跨度约30年，既包括国内外知名学术期刊上登载的研究论文，也包括学术专著、论文集等。检索来源包括ScienceDirect、ERIC、ProQuest等国外数据库和知网、万方等国内数据库，涉及的期刊既包括外国语言学及应用语言学领域的知名期刊，如《应用语言学》（*Applied Linguistics*）、《英语教学杂志》（*ELT Journal*）、《世界英语教师协会季刊》（*TESOL Quarterly*）、《现代语言期刊》（*The Modern Language Journal*）、《语言教学研究》（*Language Teaching Research*）、《系统》（*System*）、《外语教学与研究》、《中国外语》、《现代外语》等，也包括一般教育学和教师教育研究领域的知名期刊，如《教学与教师教育》（*Teaching and Teacher*

Education)、《教师与教学》(*Teachers and Teaching*)、《教师教育杂志》(*Journal of Teacher Education*)、《教育研究》、《中国教育学刊》、《教师教育研究》、《全球教育展望》等。

其中，第四章回顾了外语教师学习结果相关研究。这些研究聚焦外语教师在参与各种学习活动中的变化，主要包括教师认知、教师身份认同、教师课堂教学行为等方面的变化。第五章回顾了外语教师学习过程相关研究，主要关注职前和在职两个阶段外语教师学习的心智过程及影响因素。第六章回顾了外语教师学习的主要途径及其相关研究，所涉及的学习途径包括教师反思、合作发展、批判性朋辈小组、同伴指导、课例研究、教师学习小组、合作教学、行动研究、教师叙事。第七章探讨了外语教师学习环境的概念及内涵，并回顾了关于外语教师学习环境的实证研究。

第八章对外语教师学习研究进行了展望，分析了今后该研究领域在理论、研究方法和研究主题等方面的发展方向，并提出了相关研究建议。最后，本书在"推荐文献"部分推荐了外语教师学习研究领域的经典文献和前沿文献，以便读者进一步阅读。

在本书付梓之际，特别感谢北京外国语大学中国外语与教育研究中心徐浩副教授向我约稿，鼓励我静下心来读书、写作。感谢外研社高英分社解碧琰女士在本书从策划到成稿过程中所给予的大量帮助。感谢我的编辑王小雯女士，她对书稿一丝不苟的态度引导我对书中的文字和思想进行重新梳理，也使我对书中所涉及的内容有了更准确的认识。本书从策划到成稿，历时五年。写作的过程也是我个人作为外语教师学习研究者不断积累研究经验并成长的过程。在写作过程中，我收集并整理了一大批文献资料。通过对这些文献的阅读、分析、整合，我将个人的想法付诸笔端，对外语教师学习研究的认识也在不断加深。但是，受学识所限，书中难免有错漏之处，恳请广大读者不吝赐教。

与此同时，感谢首都师范大学外国语学院2019级研究生董琪同学帮我校对文字，查验参考文献。最后，感谢我的家人在我创作文稿过程中的全力支持。本书的创作陪伴着我儿从牙牙学语的婴儿成长为意气风发的小学生。年幼的他在我的办公桌前时而独自玩耍，时而安静阅读。他幼小的身影是我写作中的最大慰藉。年迈的父母为解我后顾之忧，主动承担了家务和照料小儿的重担。爱人也在百忙之中为本书的写作提供了大量帮助。谨以此书献给我亲爱的家人们！

康艳

首都师范大学外国语学院

2021年4月

第一章 教师学习的研究脉络

20世纪80年代以前，教师学习还只是一个日常话语，学界普遍使用的是"教师培训""教师教育""教师专业发展"等术语。此后，随着人本主义、建构主义学习理论和终身教育观念的普及，传统的封闭式"教师培训"逐渐发展为开放式"教师教育"和强调自我反思与决策的"教师专业发展"，并继而被提倡教师主动性的"教师学习"所代替。术语的更迭体现了教师教育研究领域在教学观、教师知识观、教师职业观等方面认识的根本性变革。正如陈向明（2013）所言，"教师学习"这一概念的提出本身就是对教师教育的一种概念重构。

本章将首先介绍教师培训、教师教育、教师专业发展和教师学习这四个概念，从概念的发展演变中揭示教师学习的基本内涵。接着，对教师学习研究的历史沿革进行梳理，结合学习理论的变迁阐释教师学习研究的兴起和发展。最后，聚焦外语教师学习研究的历史沿革，在外语教学和教师教育研究领域内描绘外语教师学习研究的发展图景。

1.1 教师学习的概念界定

教师学习概念的出现与教师教育研究领域的理论更迭是密切相关的。

随着教育学和教育心理学理论的发展，人们对教师是谁、教师职业是什么、教学是什么、教师应具有什么样的知识和能力、教师如何成长等问题的思考不断深入，并对教师教育的概念进行了重构，关于教师专业成长的概念也发生了三次变化。

研究者最开始使用的是教师培训（teacher training）这一术语，它主要指对教师进行教学技能和策略方面的培训，其结果是培养教书匠，忽视了对教师理论能力和教学智慧的培养。后来，学界出现了教师教育（teacher education）这一提法，它不仅注重提高教师上课的技能，更注重提高教师的理论意识，拓展他们的思维能力。但是，研究者发现，仅传授现成的理论仍然不够，于是有了教师专业发展（teacher professional development）这一概念。它鼓励教师进行观察和反思、评估教学，并对自己的教学做出决策。此后，研究者又提出用教师学习（teacher learning）这一概念来替代教师专业发展，旨在突出学习的终身性和自发性。本节将回顾以上四个概念的含义，揭示理论嬗变背景下教师学习研究中的概念重构。

1.1.1 教师培训

从字面上看，"培训"（training）一词有"专业技术训练"之意，是指为了完成某种工作和某项活动而开展的技能授受活动。在我国，教师培训主要是指针对在职教师所开展的、旨在提高其教学水平和专业性的一种继续教育课程（朱旭东、宋萑 2013）。在职教师的培训一般由政府或相关机构主导、支付费用并规定培训的内容和形式。在国外的文献中，教师培训则常指职前教师/学生教师通过观察有经验教师的教学活动，在特定的环境下不断练习，最终掌握一系列教学技能，顺利开展教学的过程（Richards 1990，1998a）。20世纪80年代以前，受到行为主义学习观的影响，教学被看作可观察、可模仿、可简化、可通过训练获得的课堂教学行为。培训者将教师应掌握的教学技能分离为可以观测的独立微技能，通过微课（mini-lesson）或微格教学（microteaching）等形式加以练习，使之最终为教师所掌握。

无论是针对在职教师，还是针对职前教师/学生教师，教师培训从本质上说都是针对教师所开展的一种"自上而下"的直接干预，培训课程忽略了教师本身的教学素养及教师知识、信念、情感态度等，其结果都是把教师培养为"机械"的教书匠。因此，教师培训模式的缺陷十分明显，主要体现在两个方面。其一，在培训的内容方面，教师在培训中所接触的知识和技能是分离的、独立的，是可以被操作并掌握的信息组块，这明显是对教师能力的割裂。同时，这些知识和技能从本质上说只包括具体的教学策略，是对教学微观层面的理解，属于可直接辨认的"低级推断"（low-inference）行为（Richards 1990）。其二，在培训者（一般为教师教育者）和受训者（教师）的关系方面，出现了权力的"倒挂"。教师专业发展的外部人员——培训者，在培训过程中发挥着权威的作用，主导着培训的全过程；他们决定着培训什么、如何培训、如何评定培训的效果等问题。而专业发展的主体——教师，在这一过程中缺少发言权，完全处于被动的地位；其任务是接受那些被认为"重要"的技能和策略，并通过不断模仿和练习加以掌握，以便今后能够顺利开展教学。

但是，教师培训也并非完全没有作用。Richards（1998a）指出，教学对处于不同专业发展阶段的教师有着不同的意义。对于新手教师而言，教学中的技术成分更多；而对于有经验的教师来说，教学则更倾向于个人的理解。因此，尽管"培训"存在明显的缺陷，缺乏对教师的整体教育，但它帮助教师掌握教学基本技能的作用仍然不可小觑。这也是为什么当前在我国英语师范生的培养过程中仍然强调技能的训练，注重为其提供可操作性的课堂教学策略，以便他们在今后的教学中能够直接使用。毕业后的师范生反馈也表明，微格教学是他们在师范学习过程中受益最多、对开展教学最有用的课程之一。

1.1.2 教师教育

20世纪80年代以后，在国际范围内兴起的课程改革运动使课程开发者不得不面对课程变革中教师转变的问题。研究者开始反思行为主义学习理论指导下的教师培训模式，探究教师教育中的根本性问题。在外语教学领域，Jack C. Richards 与 David Nunan 共同主编了《第二语言教师教育》(*Second Language Teacher Education*，1990) 一书，该书成为外语教师教育研究领域开先河之重要著作。在该书的序言中，两位编者把对教师的培养从"培训"提升到"教育"的高度，提出了"教师教育"的概念，并将之定义为教师"发展教学理论、理解教师决策的本质及批判性自我意识策略和自我评估策略"的过程 (Richards & Nunan 1990: xi)。在该论文集的开篇之作中，Richards (1990) 批判了教师培训的不足之处。他指出，相对于提问类型、等待时间等局部的、具体的、可观察的课堂行为，外语教学还涉及一些难以直接观察和定量分析的行为，如课堂管理、教学设计。这些属于"高级推断"(high-inference) 行为，需要结合课堂教学的环境整体加以考察，并理解教师、学生、课堂任务之间的相互作用。Richards 进一步指出，教师教育应该包括对行为的训练和理论知识的发展，即不仅要传授具体的、可操作的教学技能，更要帮助教师了解有效教学的理念和思维过程，从整体上提升教师素养。因此，教师教育的学习活动应包括教学实践、课堂观察、反思、研讨等。这些活动以实践、反思、讨论为主，旨在帮助教师形成对教学的假设，批判性地思考教学问题，发展教学理论。

随着教师教育研究的深入，研究者们逐渐注意到教师的信念系统对教学的影响，继而指出，教师教育不仅要帮助教师掌握教学的技能和策略，也要引导教师探索他们在教学实践中所使用的知识，持有的信念、态度和观点等 (Borg 2003；Freeman 2002；Richards 1998b)。同时，培训者/教师教育者和受训者/教师的角色也发生了转变。教师不再是被动的知识接受者或进行简单模仿的"学徒"，而转变为具有独立思考精神和反思意识的学习者和研究者；培训者也不再是知识的权威，而转变为教师在进行探究过程中的辅助者，通过提问、观察、分享等方式引导教师反思、评价教学，发展个人知识和信念体系，为教师的学习创造条件。

总体来看，教师教育这一概念的提出是对教师培训的补充和发展。它克服了教师培训割裂教学行为与教学理念的缺陷，不再局限于对教学技能的自上而下的传授和模仿，而更注重对教师的整体教育，倾向于自下而上的教师探索和发现。教育和培训都是指对教师的培养，两者不是完全对立的。相反，他们的关系密不可分。培训是一个狭义的概念，而教育所蕴含的意义更广，是对教师培养过程和内容的整体调整和扩充。在教师教育的概念下，教师除了需要掌握教学的基本方法、技能和策略外，还应发展选择教材、设置课程、评估教学的能力，以及针对教学进行批判性思考、发展个人知识和信念体系的能力。

1.1.3 教师专业发展

教师专业发展是一个比较复杂的概念，其内涵非常丰富。Craig（2019）指出，文献中常出现的与"教师专业发展"（teacher professional development）同义或近义的术语有30多个，包括"教师教育"（teacher education）、"教师培训"（teacher training）、"教师学习"（teacher learning）、"教师成长"（teacher growth）、"教师更新"（teacher renewal）、"教职工发展"（faculty development）、"教师提升"（teacher enhancement）、"教师入职培训"（teacher induction）等。在日常使用中，教师专业发展的概念有广义和狭义之分。广义上，教师专业发展作为一个上位词，涵盖了教师培训、教师教育、教师学习等概念，指由教师自己或者他人为提升教师专业能力和改变教师情感态度等所做出的努力。狭义上，教师专业发展作为对教师培训和教师教育的一种延伸，主要指外部力量对教师的一种干预，尽管这种干预相较前两者而言更为间接，是为教师专门设计的、考虑到教师的需求和声音的（Fullan 2007a；Fullan & Hargreaves 1992；Retallick 1999）。它旨在为教师提供新知识、新观点、新技能，帮助其改善课堂教学，具体形式包括正式课程、会议、工作坊、项目及相关活动等。Griffin（1983）将教师专业发展定义为通过系统性努力来改变教师的专业实践、信念及其对学校和学生的理解的过程。Guskey（2002：381）认为，教师专业发展是"为了改变教师的课堂教学实践、态度和信念以及学生的学习成效而做出的系统性努力"。

在外语教学领域，Freeman（1989）认为，教师专业发展是一个建立于课堂实践之上的复杂过程，包括教师知识（knowledge）、技能（skills）、态度（attitude）和意识（awareness）的发展，以及在此基础上教师做出教学决策的过程。他认为，教师专业发展是通过实践来实现的，是教师在不断参与教学的过程中关注、批判自身的教学行为并逐渐走向成熟的过程；在这一过程中，教师通过亲身实践认识到自己对教学的态度，从而意识到自己在做什么、为什么这样做以及这样做对学生学习会产生什么样的影响，并基于此对自己的教学进行反思和批评，对之进行修正和完善。

与提倡发展教学理论的"教师教育"和注重实践及技能传授的"教师培训"相比，"教师专业发展"是一个更加全面、整体化的概念。它注重将教学理论研究与教师在教学实践中的直观感受相结合，关注教师的教学体验，鼓励教师在亲身实践中探究教学问题，促进自身对教学的认识，从而开展长期的学习（江晓梅 2003）。但是，尽管教师专业发展这一概念提出了教师学习的终身性和持续性问题，但"发展"一词本身带有被动的含义。在这一概念下，教师并不是主动寻求发展的学习者，而是被发展的对象（Easton 2008）。教师专业发展活动的发起者仍然是教师教育者，他们作为教师在进行专业发展时的合作者（collaborator），为其提供支持（Freeman 1989）。这种发展是由教师自身之外的人或事所促成的，教师在学习活动中仍然缺乏足够的自主性和自发性。因此，"教师专业发展"依然是一种外在的要求，是教师为了达到某种要求而被动地开展的活动。

Fullan & Hargreaves（1992）认为，无论教师专业发展活动是否倾听教师的声音，其本意都是为了促使教师发展而做出的一种努力。

20世纪90年代以后，教师专业发展的内涵经历了一个逐步扩大和深化的过程。随着对教师职业的重新认识，人们逐渐意识到，教师是需要经过特定的专业学习和训练，遵循特定的职业行为规范，具有高度自主性的专业人员。教师专业发展逐渐被视为教师不断成长、接受新知识、提高专业能力的过程（卢乃桂、钟亚妮 2006）。专业发展活动也不仅包括那些有目的、有意识组织的活动，还包括所有自然发生的学习活动（Day 1999）。Avalos（2011：10）将教师专业发展直接等同于教师专业学习（teacher professional learning），并指出，专业发展即教师所开展的学习，指"教师学会如何学习以及将自己的知识转化为实践，以促进学生成长的过程"。

由此可见，教师专业发展的概念越来越宽泛，并逐渐与教师学习的概念趋同，从外力刺激下的被动发展，转变为一种内在的主动发展，从关注教师所获得的用于开展教学的知识、能力和品格，转变为强调终身学习，再转向发挥教师的主体意识，使其主动参与教育和社会变革（朱旭东、周钧 2007）。从这个意义上说，教师专业发展的内涵更趋向于"自主发展"，突出了发展的自主性，它是教师作为主体的一个主动的、可持续的过程。教师专业发展的途径也在逐渐增多，不仅包括传统意义上的专家讲座、课堂观察、反思，还包括教师的自我探究，如教学研讨、课例研究、行动研究。

1.1.4 教师学习

"教师学习"（teacher learning）一词出现于20世纪80年代初，指教师在从职前教师、新手教师不断成长为教学效果良好的有经验的教师这一自然过程中所发生的变化（Carter 1990）。Borko & Putnam（1996）则更具体地将教师学习定义为教师在其所知、所信、所想、所为，以及他们作为专业人士对自身的看法等方面的变化。20世纪90年代以后，"教师学习"逐渐取代了"教师培训""教师教育""教师专业发展"等术语，成为教师教育研究中的主导概念。

教师学习概念的兴起与学界对教师专业发展这一概念的批判密切相关。首先，教师专业发展蕴含着被动的、脱离实践的意味，其效力不够持久、有力。Fullan（2007b）指出，教师专业发展的内涵是借助外部提供的理论和观点为学校和课堂带来变化。教师专业发展活动或许有用，但绝不足以真正改变学校文化和课堂文化。他认为，作为一个术语，教师专业发展是教师学习的主要障碍；我们应抛弃专业发展的做法，使学习成为教师自己的日常体验。其次，教师专业发展的概念通常与短期的培训/发展活动相关联，这些活动不仅对教师的实践和学校的变革影响甚微，而且与教师职业所蕴含的终身学习的要求相悖。因此，世纪之交，"教师学习"一词逐渐取代了"教师专业发展"，这成为对人们关于教师发展的观念和态度产生重要影响的趋势之一（Fenwick 2004）。

"教师学习"替代"教师专业发展"并不仅限于术语的改变，更重要的是在概念更迭的过程中关于教师学习的观念的变化。教师学习突出教师自身的主动性和能动性，也强调教师自我更新和发展的需求及意识，其概念蕴含了主动性、终身性、日常性、知识内生性和情境依赖性等五个特点（陈向明 2013；毛齐明 2010）。第一，与"教师培训""教师教育"和"教师专业发展"不同，"教师学习"本身是主动的。在教师学习的概念下，教师不再被当作"有缺陷"的、需要在外部专家或教师教育者的指导和协助下"被培训""被教育""被发展"的人，而是一个在实践中积极发现问题、主动寻求改变的学习者。教师学习的主体就是教师自己，他们具有主动学习的动力和意愿，能够主动发起学习，决定学习的过程和内容。

第二，教师学习不是短期的、集训式的，而是长期的、终身的，贯穿于教师的整个职业生涯。教育是一个不断变化的专业领域。面对不断扩大的教师知识基础、不断变化的教育和教学理念、不断更新的教学技能和策略，教师必须成为终身学习者，在教育实践中持续反思、探索、创新。

第三，学习是融入在教师的日常教学活动中的，而不是外部强加的。仅靠教师从培训课程、专业会议、工作坊等活动中所获得的外来知识不足以真正影响课堂，并带来教育变革。教师参与专业实践并进行反思也是一种学习。Fullan（2007b）指出，70%的教师专业成长涉及教师是否每天在学习、是否在一起不断提高自己的水平等问题。他认为，只有在教师持续地开展学习的情况下，学习的习惯才能养成。

第四，教师在学习中所获得的知识具有内生性。"教师培训""教师教育"和狭义的"教师专业发展"的概念所反映的是一种客观的知识论，即知识是外部的、客观的、固定不变的。但在教师学习过程中，知识是主观的、不断变化的。教师既是知识的使用者，也是知识的创造者。他们作为学生、教师教育课程参与者和教育从业者的经历构成了其对教学的固有观念。教师在这一固有的知识和信念体系的基础上，通过与学生、家长、管理者和同行的协商互动建构新的知识（Freeman & Johnson 1998）。这些知识是随着教师个人生活和工作的变化而持续变化的。

第五，教师学习是依赖情境的；教师所处的环境和所参与的实践共同体对其学习有着重要的影响。学习在本质上是一种社会性协商活动，发生在教师所处的实践共同体中，取决于教师对自我、学生、学科、课程和教学情境的认识，是教师在特定情境下不断建构现有知识、信念和行为的过程（Johnson & Golombek 2003）。教师学习会受到教师所处情境的中介作用，不同的学校文化会使教师学习的内容和方式出现差异（陈向明 2013）。

Richards（2008：160）在总结教师教育的发展时指出："关于培训和发展的争论已经让位于对教师学习本质的重新思考。教师学习被视为一种融入实践共同体的专业思维和实践的社会化形式。"因此，只有理解教师学习的本质，并在此基础上重构教师教育的研究和实践，才能真正促进教师的成长。

1.2　教师学习研究的历史沿革

　　教师学习研究是一个涉及学科、教学、学习以及教育与社会的关系这四方面研究的交叉领域（Kennedy 1991）。对教师学习研究的兴起和发展影响最大的是学习理论的变迁。早期的教师学习研究以行为主义心理学为主要依据，仅关注教师外显的行为，在研究内容、形式和方法上都比较单一。随着认知心理学的发展，教师学习研究领域有了新的发展，教师的主体地位得以凸显，研究的内容逐渐扩展到教师的知识和心理层面。社会文化理论、活动理论、情境认知理论等新兴学习理论的发展为教师学习研究提供了更为广阔的理论背景，教师学习被视为一种情境性、社会化活动，研究的内容扩大到教师学习的社会化过程及其与情境的互动关系。本节将主要回顾教师学习研究的兴起和发展。

1.2.1　教师学习研究的兴起

　　教师学习研究的兴起可以追溯到20世纪50至60年代。严格地说，此时的研究并非真正意义上的教师学习研究，也没有明确的学习理论作为框架。受到行为主义心理学的影响，研究者将教学视为可观察的课堂行为，通过描绘课堂中的师生行为，探究教师教学与学生学习成效的关系。这种过程—结果的研究范式将教学看作一种行为，将教与学的关系看作一种线性的因果关系，即教师的教学行为是"因"，学生的学习成效是"果"。其目标是通过研究教学活动，发现能够提高学生学习成效的有效教学行为（Dunkin & Biddle 1974；Mitzel 1960）。因此，该阶段教师教育研究的关注点在于如何将这些有效的教学行为传授给教师，使之能够在课堂中使用。

过程—结果研究范式的典型代表是Dunkin & Biddle（1974）提出的课堂教学研究模型。该模型包括影响课堂教学的四个变量：预示性变量（presage variables），如教师个人特征、教师培训经历；情境变量（context variables），如学习者个人特征；过程变量（process variables），即师生课堂互动；结果变量（product variables），即教学结果。尽管该模型承认教师个人特征作为预示性变量对教师教学行为的影响，但并没有真正关注教师在教学中的作用。Shulman（1986a）在评价这一研究范式时指出，该范式下研究的主要目标是预测教师行为或教学表现对学生学习的作用。其基本假设是，教师在教学组织模式、教学方法、教学材料使用、教学互动方式等方面的差异会对学生的学习产生影响。

1.2.2 教师学习研究的发展

1974年，美国国家教育学会（National Institute of Education）召开了一个探讨教学研究的会议。与会的一组专家在其发表的一份报告中指出，"如果教学由教师完成，并且将继续由教师完成，那么针对教师思维和行为之间关系的研究就变得至关重要"（转引自Clark & Peterson 1986：256）。此后，学界出现了大量关于教师思维（teacher thinking）的研究，主要包括教师决策（decision-making）研究和教师知识、信念研究。前者以信息加工理论为基础，主要关注教师识别问题、落实计划、调整计划和评价计划的内部心理机制和信息处理机制。后者则以认知心理学理论为基础，探究教师所应具备的知识基础以及教师行为背后的"个人理论"（personal theories）（Calderhead 1996）。在研究中，教学不再仅是教师的一种行为，教师也不再是外部指令的执行者，他们成为积极的、会思考的决策者，能够在工作中加工、理解各种信息（Borg 2006）。教师思维的研究方法也不再局限于以"量"的方式描述教师行为及其与教学成效的相关性，而是逐渐转向从"质"的层面理解教学和教师成长过程，教师思维研究开始采用个案研究、民族志研究、叙事探究等质性研究方法。

这一时期出现的大量教师思维研究关注教师本身，逐步将教师放到教学过程乃至整个教育系统的中心位置。其中，最典型的代表就是两本专著，即《课堂中的生活》(*Life in Classrooms*，Jackson 1968)和《学校教师的社会学研究》(*Schoolteacher: A Sociological Study*，Lortie 1975)。研究者倡导教育研究回归课堂，将教师作为研究的主体，着力关注课堂中的教育过程以及在此过程中教师对各种教学环境的理解和反应。这些研究使教师在教育系统中的主体地位不断凸显，也极大地推动了教师思维研究的发展(Calderhead 1996)。

20世纪80年代中期，美国教育部教育研究与发展办公室(Office of Educational Research and Improvement，OERI)以密歇根州立大学为基地，资助建立了全国性研究机构"国家教师教育研究中心"(National Center for Research on Teacher Education)。该中心后更名为"国家教师学习研究中心"(National Center for Research on Teacher Learning)。1991年，该中心主任Mary M. Kennedy发表了《教师学习研究日程》(*An Agenda for Research on Teacher Learning*)特别报告，明确指出了界定并建设"教师学习"这一新兴领域的必要性和重要性。该报告首次公开明确了教师学习研究的性质和意义，将对学习的探究从学生作为学习者拓展至教师作为学习者，为教师学习研究奠定了基本框架。该中心所开展的有关学科教师知识获得机制的研究是认知主义研究时期的代表性成果。

20世纪80年代后期，认知主义学习理论逐渐发展为教育心理学的主导理论框架，教师学习研究也逐渐导向认知。教师知识研究成为教师教育研究的一个重要议题。此类研究最初的目的是探讨教师的知识基础(knowledge base)，为教师教育项目的课程设置和教学实践提供参考。教师知识研究的典型代表是美国学者Lee Shulman和他的同事在斯坦福大学所开展的对教学知识发展的研究以及他们所构建的教师知识基础。其中的核心成分"学科教学知识"(pedagogical content knowledge，PCK)

高度融合了教师知识的学科特征（Shulman 1986 b，1987），普遍为教育界所重视。

针对教师知识基础开展的研究属于一种自上而下的探究，它揭示了教师知识的静态、标准化特征，从教师知识提供者的角度回答了教师作为教育从业者和专业人士需要掌握什么样的知识的问题。这种知识是可以写在书本上并传授给教师的正式的、命题化的内容，是教师通过学习所能获得的用以指导其教学的知识基础。此类研究所隐含的前提假设是一种"由外而内"的教师知识观，即知识是由外部的专家学者所创造的，教师只是知识的被动接受者。这一观点受到了学界的广泛质疑。研究者指出，教师自身的知识与其所学的知识共同构成了他们的知识基础，他们自身的知识甚至更为重要；如果过分强调教师的知识基础，就会忽视教师的实践智慧以及教师知识的情境性特征，也将无法解释教师知识和教师行为相互作用的方式（Sockett 1987）。

为了弥补教师知识基础研究的不足，另一批研究者从"由内而外"的视角分析了教师在实践中所使用的知识。他们通过对教师课堂教学进行描述性研究，提出了教师个人实践知识（personal practical knowledge）的概念，并指出，教师知识是一种独特的知识，从本质上说不同于系统、严密的科学知识或技术知识。这种知识来源于教师的实践，依托于特定的实践环境和社会环境，是高度经验化、个人化的知识，是个人在成长过程中不断积累的（Clandinin 1985；Clandinin & Connelly 1986，1987；Elbaz 1983）。关于教师个人实践知识的研究不再将教师知识视为客观的内容，而将其视为一种富有价值观、情感、审美等个人特征的知识。此类描述性研究回答了教师在教学实践中实际拥有和使用了何种知识、这些知识有何种特点的问题，进一步丰富和深化了教师知识的内涵，是对教师知识基础研究的重要补充。遗憾的是，尽管这两类教师知识基础研究为教师学习研究提供了理论依据，但它们最终都没有回答教师如何学习、如何获得这些知识等更为关键的问题。

真正对这些问题做出回应的是美国学者Donald A. Schön所开展的关于反思的研究。在其经典著作《反思的实践者：专业工作者如何在行动中思考》（*The Reflective Practitioner: How Professionals Think in Action*）中，Schön（1983）提出了"行动中的识知"（knowing-in-action）这一概念并指出，包括教师在内的从业者依靠的并不是外来的理论知识，而是实践者自己建构的"行动中的识知"；他们依靠这些知识指导行动，解决问题；这种知识的形成和发展来源于从业者在实践过程中的反思，即"行动中的反思"（reflection-in-action）（Schön 1983：59）。由此，教师通过反思成为知识的创造者和实践者，反思也成为教师学习的一个重要途径。

20世纪90年代以来，随着建构主义学习理论的发展，教师学习研究获得了更多的理论支持。建构主义学习理论承认教师已有的知识和信念，认为教师的学习就是将他们已有的知识和信念与新理论、新知识有机结合的过程，教师在这一过程中会不断重构自己的知识、信念和教学实践（Cochran-Smith & Demers 2008）。在建构主义学习理论视角下，教学是一种理解，是教师基于自身经验和所处情境对教学事件的个人解释；而这种解释是随着教师对自身知识的不断建构而改变的。建构主义心理学视角下的教师学习突出了教师在知识建构中的主体地位，将教师放在了学习过程中的核心位置。但遗憾的是，建构主义学习理论视角下的教师学习是一种教师个人的心理认知活动，忽略了教师学习的情境性和互动性特征，具有一定的局限性。

世纪之交，社会文化理论（Vygotsky 1978；Wertsch 1991）、活动理论（Engeström 1987，2001；Leont'ev 1978，1981）、情境认知理论（Lave & Wenger 1991；Wenger 1998）等理论逐渐被应用到教师学习研究中，拓宽了研究的理论视角。研究者提出了情境化、社会化教师学习的观点。"社会文化—活动"理论源于苏联心理学家Lev S. Vygotsky的研究。该理论认为，心智是与环境相互联系的，心智的功能是寻找模式来解读环境以帮助主体做出恰当的反应。在"社会文化—活动"理论视角下，教师学习是教师在情境中参与社会化互动，从中获取资源，并对情境做出恰当回应的过程。这个过程包括四个基本环节：内化、转变、外化和习俗化（Harré 1984）。

　　教师学习的第一步是公共知识的内化。学习始于社会交往，即教师接触公共知识，包括理论知识、其他教师的教学经验等。这些知识的引入帮助教师从新的视角反思自身实践的不足，并进一步将这些公共知识与自己的教学情境相联系，产生新的理解，生成可以有效指导实践的个人理论。这是新知识的情境化转变过程，也是形成"成熟概念"（mature concept）的过程。接着，成熟概念开始指导教师的实践，教师也在实践中不断对这些概念进行调整，实现二者的互动，这是成熟概念的外化过程。外化的结果是形成某种实用的实践模型。最后，教师以论文、公开课、研讨等形式与他人分享新的实践模型，使之逐渐成为群体中新的行为规范，完成习俗化的过程。教师在学习中不仅吸收集体文化，促进自身的成长，也通过学习成果的外化和习俗化来促进集体的成长。一轮学习结束后，教师又投入新一轮的学习，呈现出循环式的学习路径。

　　在"社会文化—活动"理论视角下，教师学习由教师个人的认知活动扩大为社会化活动。为这种社会化活动提供土壤和养分的是教师所处的实践共同体（communities of practice）。实践共同体的概念最早由Jean Lave和Etienne Wenger两位学者在其专著《情景学习：合法的边缘性参与》（*Situated Learning: Legitimate Peripheral Participation*，1991）一书中提出，用以说明个体在共同体活动中的重要性以及共同体对合法的个体实践的重要性。两位学者认为，共同体意味着学习者系统参与某一项活动，其成员共享他们的理解，了解他们共同的事业以及他们的参与对彼此生活和共同体的意义。Wenger（1998）对这一概念进行了更为深入的探讨。他指出，一个共同体包括一系列由个体共享、彼此熟知的实践和信念，以及他们长期追求共同利益的愿景。建立实践共同体的关键是使学习者与社会建立联系，在学习者参与共同体的过程中赋予他们合法的社会身份或真实的任务。在实践共同体中学习的过程也是意义协商的社会化过程，是成员参与共同体并将实践具体化的过程。这种参与首先是合法的、边缘性的，随着参与程度和复杂性的增加，学习者沿着从旁观者、参与者到实践的示范者的轨迹发展，从边缘性参与者逐步发展为共同体中的核心成员，从新手逐步成长为专家。

由此可见，教师学习是在特定情境中发生的。随着教师参与实践共同体并在其中互动，教师学习不断进行。教师学习也不再是将知识和理论付诸实践的过程，而是教师在特定情境下参与实践活动的过程中建构新知识、构建新理论的过程。他们由此获得的知识是一种从业者知识（practitioner knowledge），是理论化的教师实践，也是教师理解世界、进行教学的依据（Burns & Richards 2009）。这一观点使教师学习研究者开始关注实践共同体的建立，其成员参与社会化实践、合作建构意义的情境，以及教师如何通过社会化互动获得共同体成员身份认同，并在此过程中实现自身发展等问题。

1.3 外语教师学习研究的历史沿革

随着一般教育学领域中教师学习研究的兴起和发展，针对外语教师学习的研究也逐步兴起，二者的发展脉络基本一致。总体而言，20世纪80年代前后，相关实证研究在国内外期刊中并不多见，到20世纪90年代之后才逐渐增加。

对外语教学性质的不同理解，决定了外语教师学习研究的取向。早期的外语教师学习研究是伴随着外语课堂教学研究而开展的。20世纪70年代以前，受到行为主义学习观的影响，外语课堂被认为是教师将所学的学科内容知识和教学方法论知识付诸行动的场所。外语教师学习教学的过程是教师在掌握教学内容的同时，学习如何使用外语课堂教学方法的过程。教师教育的目的是通过干预式训练，使教师熟练掌握"有效的""科学的"教学行为，并能够在课堂上模仿和使用（Shulman 1986a）。Freeman（2002）在回顾这一时期的外语课堂教学研究时指出，教师只是课堂的实施者，是其他人所提出的关于课程、教学方法论和学生学习机制等思想的执行者；教师的思维和教师行为背后的心理过程在这一研究范式下完全被忽略了。进入教师教育项目的职前教师被认为对教学或者教师角色一无所知，他们的背景、经验及其所处的社会环境等对形成教师知识的作用也完全被忽视了。

在这一研究范式下，有两类研究处于主导地位：其一是对课堂中分立的、显性可见的教学行为的研究；其二是对教学法的讨论。在第一类研究中，作为"局外人"的研究者利用特定的观察量表，如"弗兰德斯互动分析系统"（Flanders interaction analysis system，FIAS）（Flanders 1970）、"外语互动"（Foreign Language interaction，FLint）（Moskowitz 1976）、"情境中观察交际的焦点"（foci for observing communication used in settings，FOCUS）（Fanselow 1977）、"语言教学交际取向"（communicative orientation of language teaching，COLT）（Allen *et al.* 1984）开展观察，对显性可见的教学过程进行分解，以"量"的方式计算各个独立的观察范畴，内容涉及教师的语言输入、教师提问、反馈、纠错、话轮分配、课堂任务组织等（Chaudron 1988；Tsui 2001）。此类研究将教师在被观察期间(一节课或多节课中)的某一行为范畴(如提问、反馈)作为一个整体进行研究，探讨教学的有效性，这既忽视了教学的情境，如学生水平、课堂环境等的差异，也忽视了教师自身复杂的认知特点。尽管这类研究对理解课堂教学有一定的意义，但它们仍然具有片面性（Allwright & Bailey 1991；Shulman 1986a）。

此外，为了寻找有效的语言教学法，外语教学界展开了对语言教学法的讨论。研究者在对不同的教学法进行对比、评价、检验的同时，提出了更多新的教学法（Krashen & Terrell 1983；Seliger 1975；Wilkins 1976）。尽管不同的教学法都或多或少地具有一些优势，但外语教学界始终没能找到"最佳"的教学法。在这一过程中，不同的教学法此兴彼衰。直到20世纪70年代中后期，交际语言教学法（communicative language teaching）才逐渐成为主流的教学法（Freeman 2002）。

　　由于教师行为研究并没有带来预期的教学效果，因此摒弃教学法研究的呼声日益高涨，外语教学研究的重心开始转向学习者和学习者的语言，以探究语言习得过程及其影响因素，为语言教学提供理论支持和实践基础。在语言学领域，Noam Chomsky将研究的关注点转向学习者和语言学习的认知过程。由此，第二语言习得逐渐成为一个新兴的研究领域。从某种程度上说，二语习得研究有助于学者和教师了解语言学习的本质和过程，提高外语教学的效率。但是，语言学习是一个复杂的过程，受到许多因素的影响和制约，对二语习得过程的认识并不足以保证有效的课堂教学（Brown 2000）。20世纪80年代后期，研究者逐渐意识到，外语教学的关键仍然在教师身上。由此，教师再次成为外语教学研究的重点，只是研究的关注点逐渐从行为转向认知，从对教师显性教学行为的描述转向对行为背后的教师思维和认知活动的探究。

　　20世纪60至70年代，认知主义学习理论逐渐兴起。认知主义学习理论视角下的外语课堂教学不再是简单的行为上的累积，而是一种思维；显性的课堂教学行为被看作是教师对课堂信息做出感知、判断和决策等一系列思维活动的结果。这一时期的外语教学和教师教育研究主要是针对外语教师思维层面的研究，即探究教师行为背后的原因。随着建构主义学习理论的兴起，研究者对教学的认识既融入了教师的个人变量，又融入了教学环境的社会变量。研究者认为教学是包含特定课堂事件、教师个人历史、教师对教学的理解，以及周围现实环境的一幅完整的图画，教师根据个人知识与经验和所处的环境来理解或解释课堂事件（Freeman 1996a）。Freeman（1996b）指出，教学是教师不断理解外部世界的过程，教师对学科、课堂、学生的理解对他们的思维和教学行为而言至关重要。这种理解构成了教师的解释性框架，也是教师的一种情境性知识，是教师在长期学习教学的过程中形成的，也是形成真正有效教学行为的基础。

这一时期的外语教学和教师教育研究逐渐转向教师思维和教师认知，关注教师决策、教师知识、教师信念等内部心理构念。此类研究从教师的角度出发，关注教师的心理过程、教师对自己和学生行为的解释，以及教师对学生思维的了解，并综合考虑课堂的社会环境。同时，研究者也从教师学习过程中隐性的心理世界出发，尝试理解教师学习教学的经历。正如Johnson（1995）所言，课堂教学既包括教师和学生的语言及互动行为，又体现教师和学生带入课堂中的个人知识、信念；若想理解外语课堂交际的机制，不仅要研究课堂中显性的教学行为，更要探究这些教学行为背后的知识、经验、信念等隐性的因素，以及它们对教师外在行为的影响。因此，教师学习教学不仅是掌握课堂教学的行为性知识的过程，更是形成包括个人价值观和信念在内的解释性框架的过程。

1996年，Donald Freeman和Jack C. Richards联合主编了《语言教学中的教师进修》（*Teacher Learning in Language Teaching*）论文集，这标志着外语教师学习正式成为一个新的研究领域。全书收录了15篇论文，从不同的侧面揭示了外语教师学习教学的过程，全面展现了教师的心理生活，包括教师信念、教师决策等。在该书的序言中，两位编者指出，长久以来，外语教学领域一直被传统的教学法、惯例性思维和学科知识所垄断，人们很少对这些产生质疑或进行系统研究。因此，教师学习成为外语教学领域中一个"未被研究的问题"（unstudied problem）。他们强调，为了更好地理解外语教学，我们需要更多地关注外语教师，了解他们的教学行为，他们思考、获取知识、学习的方式，等等。具体来说，我们需要了解外语教师如何看待他们的工作，即他们如何理解外语教学和自己的课堂教学行为，教师知识和思维过程如何通过正式的教师教育课程和非正式的教学经验获得。他们指出，尽管教师在教学中具有关键性的作用，但直到该论文集出版之时，关于教师如何学习的问题都没有在外语教学领域得到足够的重视（Freeman & Richards 1996）。

此后，外语教师学习作为一个重要的研究方向逐渐在外语教师教育研究领域中受到重视。1998年，Donald Freeman和Karen E. Johnson在国际知名期刊《世界英语教师协会季刊》（TESOL Quarterly）上发表了《语言教师教育知识基础的概念重构》（Reconceptualizing the knowledge-base of language teacher education）这一重要论文，对外语教师教育的知识基础进行了概念重构。两位研究者指出，外语教师教育研究领域才刚刚将教师作为理解和发展外语教学的关键，其发展已远远滞后于一般教育学领域。他们建议从建构主义角度理解教师如何学习教学，并指出，教师学习通过教师在教学的特定情境中参与社会性活动开展，是一个长期、复杂、发展性的过程。在此基础上，他们认为教师教育主要包括三个研究领域：作为教学学习者的教师、作为教师学习社会情境的学校和学校教育，以及课堂中的教与学活动。这三个领域通过学习、社会化过程、实践共同体以及教学活动彼此联系。两位研究者认为，教师学习研究不仅需要了解教师开展教学所需要的知识，还需要了解教师关于教学的信念、他们的学习过程、教学的情境，以及他们的教学行为等。如果说在此之前，外语教师教育研究的关注点是教学方法和教学策略的话，那么Freeman和Johnson对外语教师教育知识基础的概念重构将研究的关注点转向了教师学习，使研究者真正开始关注教学、教师学习、学生学习及三者的关系。

随着对教师认知研究的深入，研究者发现，教师的个人价值观和信念主要由他们自身的经历塑造，在理解教师的课堂教学行为以及这些行为所体现出的教师认知时，应了解形成这些认知的原因。教师的个人生活经历、学习经历、教学经验、学术背景等因素对教师认知的形成和变化有着重要的影响（Connelly & Clandinin 1994）。由此，教师在自然的工作环境下（如个人生活经历、教学实践）和人为的干预条件下（如教师培训、课程改革)的学习经历和学习过程以及在这一过程中教师认知的变化成为外语教师学习研究中的重要议题。

2009年，Karen E. Johnson出版了专著《第二语言教师教育：社会文化视角》(*Second Language Teacher Education: A Sociocultural Perspective*)，将社会文化理论正式引入外语教师学习领域。该书从这一新的理论视角对外语教师学习和教师教育的理论与实践进行了全面深入的阐释，标志着外语教师学习研究的社会文化转向。该书从五个方面分析了外语教师教育中不断变化的核心观点：(1)教师是谁？他们如何学会教学？(2)语言是什么？教师应该如何认识语言？(3)教学是什么？教师应如何教授外语？(4)教学的宏观环境是什么？教师应如何理解外语教学所处的社会文化、历史宏观结构？(5)外语教师的专业发展由什么构成？如何实现外语教师的专业发展？

Johnson指出，理解外语教师如何学习、探究外语教师专业发展的轨迹及其影响因素是外语教师教育研究的核心。她认为，教师是教学的学习者，他们在学习过程中所经历的认知过程和社会过程理应成为外语教师教育研究中一个至关重要的问题。社会文化实践将教师学习的认知过程和社会过程联系起来，有助于我们更为深入地理解教师如何在自己的工作情境中开展学习。关于语言的本质，Johnson指出，语言是社会实践：它既是理解经验的心理工具，也是分享自身经验、理解他人经验的文化工具。语言用于描述行为，它从特定社会文化情境下的具体交际活动中获取意义。因此，外语教师应该重视语言在表达意义时所蕴含的概念，即语言的表意功能。

Johnson指出，在社会文化视角下，语言教学是"对话中介"(dialogic mediation)。当外语教师创造机会让学生参与各种活动，帮助他们直接体验到新的心理工具的使用时，这些工具也就成为强大的学习工具。从这个意义上说，学习者、教师以及学习环境中的各种资源之间互动的数量和特征对于学习的效果至关重要，为语言的发展提供了条件。关于教学的宏观结构，Johnson认为，教师的活动和行为与社会文化、历史宏观环境等相互影响，这些宏观结构也构成了他们的专业世界。外语教师教育应帮助教师了解教育政策、课程要求、高风险考试等影响其工作的宏观结构并学会如何与之相适应。

关于外语教师专业发展的构成，Johnson指出，外语教师学习应超越传统的课程、工作坊、研讨等模式，将教师所参与的非正式的社会、专业共同体和他们自己的课堂纳入学习场所范围。她提倡外语教师遵循探究式专业发展途径（inquiry-based approaches to professional development），通过参与各种探究活动，如合作发展、批判性朋辈小组、同伴指导、课例研究、教师学习小组等，对自己的教学行为和学生的学习开展持续、深入的反思，推动自己在课堂、学校以及更广阔的专业共同体中的社会化进程。将这一观点与Johnson所提出的关于教学的观点相联系，便会发现，教师教育不再是自上而下的知识和技能的传递，也不是个体在已有知识基础上的知识建构，而是教师与教师教育者和学习环境的互动。在这种"对话中介"中，各方主体参与对话是生成和理解新教育理念的重要途径。由此，教师学习从关注教师个人的发展转向强调教师之间的相互学习和共同发展。探究教师间的专业合作与对话成为教师学习研究的新趋势。

随着"社会文化—活动"理论的发展，外语教师学习研究的发展突飞猛进。研究者采用质性研究方法，如民族志研究、个案研究、叙事探究等，从教师生活的现实和历史环境中探寻他们成长的轨迹，发现教师学习的主要途径及关键影响因素，揭示教师学习的过程及这一过程中教学行为、知识、信念、身份认同等的变化。研究发现，外语教师学习受到外语教师入职前的个人学习经历和所接受的教师教育的影响（Almarza 1996；Johnson 1994；Moran 1996；Numrich 1996；Yaman 2010）。促进教师学习的有效途径包括：教师反思（Farrell & Ives 2015；Kang & Cheng 2014）；教师所参与的各种干预式学习活动，如合作发展（Boon 2007；Boshell 2002；de Sonneville 2007）、批判性朋辈小组（Franzak 2002；Vo & Nguyen 2010）、同伴指导（Benson & Cotabish 2014；Charteris & Smardon 2013；Zwart *et al.* 2008）、课例研究（Lee 2008；Nami *et al.* 2016；Pella 2011；Xu 2015；Zhang *et al.* 2019）、教师学习小组（Firestone *et al.* 2020；Lambson 2010；Yeh *et al.* 2012）、合作教学（Carless & Walker 2006；Gladman 2015；Martin-Beltran & Peercy 2014；Rao & Chen 2020；Stewart 2018）、行动研究（Wang & Zhang 2014；Yuan & Burns 2017；Yuan *et al.* 2016）等。

1.4 小结

本章对比了"教师培训""教师教育""教师专业发展"和"教师学习"这四个概念，从概念的变迁中揭示了教师学习的内涵。教师学习强调教师在自身专业成长过程中的主体性，突出了教师的自我发展意识。教师学习研究的兴起和发展与学习理论的变迁息息相关。随着相关理论的发展，研究者对教师、教师职业、教学、教师知识等概念的认识也发生了根本性的变化。自20世纪70年代以来，教师学习研究的聚焦点从教师行为转向教师认知，从教师个体的知识建构转向教师群体的社会化进程，该领域取得了巨大的进展。外语教师学习研究尽管起步较晚，但在20世纪90年代以后也取得了较大的进展，为外语教师教育的理论和实践带来了积极的变化，从整体上提升了外语教师教育领域的研究水平。该领域的发展为教师专业发展带来了观念上的转变。外语教师不再是被动接受知识和技能培训的教书匠，他们成为自觉的学习者，具有强烈的自主发展意识，能够主动寻找各种学习机会，通过多样化途径促进自身专业成长并从中获得职业满意度和职业幸福感。

教师学习研究的理论基础

从教师学习研究的发展脉络来看，研究的内容和方法等受到相应学习理论的影响。学习理论是心理学的一个分支，旨在系统阐释学习的本质、过程、机制、条件及影响因素等（施良方 2001；王晓明 2015）。由于学习的复杂性，研究者从不同的视角入手，提出了不同的理论，形成了多样化的理论流派，为探讨学习中的基本问题，了解学习的本质、条件和规律提供了理论基础。

Jon Roberts在《语言教师教育》（*Language Teacher Education*，1998）一书中总结了四种教师学习模式：（1）基于行为主义的模仿式学习；（2）基于人本主义的非指导性学习；（3）基于认知主义的建构式学习；（4）基于社会建构主义的社会性学习。这四种教师学习模式的理论基础分别是行为主义学习理论、人本主义学习理论、个人建构主义学习理论和社会建构主义学习理论。本章将主要回顾这四种学习理论的基本观点并分析与之相关的教师学习模式。

2.1　行为主义学习理论与教师学习

行为主义心理学形成于20世纪初期，20世纪40—50年代，行为主义心理学对语言教学和教师教育产生了深远的影响。该学派抵制对人的心理和意识的内省研究，主张用客观、实证的方法对人的外显行为开展探究。本节主要介绍行为主义学习理论及其对教师学习模式的影响。

2.1.1　行为主义学习理论

行为主义学习理论又称刺激—反应学习理论（stimulus-response theory of learning），是学习理论的主要流派之一。该理论主要探究环境刺激与行为反应之间的关系，认为个体所有行为的产生和改变都是刺激与反应之间的联结。因此，学习是由经验引起的行为方面相对持久的变化，其实质就是刺激与反应的联结。

1913年，John B. Watson在《心理学评论》（*Psychological Review*）期刊上发表了《行为主义者心目中的心理学》（Psychology as the behaviorist views it）一文，正式宣告了行为主义心理学的诞生。行为主义学习理论包含一系列有关学习的条件反射理论，如Burrhus F. Skinner的操作性条件反射理论、Edward L. Thorndike的联结主义理论、Ivan P. Pavlov的经典条件反射理论、Edwin R. Guthrie的邻近学习理论等。其中，最著名的是Skinner所提出的操作性条件反射（operant conditioning）理论。通过实验研究，Skinner提出，经由条件反射发生的学习可以分为两类，一类是经由经典条件反射发生的学习，另一类是经由操作性条件反射发生的学习。经典条件反射是由刺激引发的"应答性反应"，是有机体被动地对环境做出的反应。当一个刺激（如铃声）与另一个无条件刺激（唾液分泌）建立刺激—反应的联结之后，如果该刺激单独出现，将引发有机体类似无条件反应的条件反射，如小狗"学会"在只有铃声没有食物的情况下分泌唾液。操作性条件反射则是有机体发出的"操作性反应"。这种反应不是由已知的某种刺激物引起的，而是有机体主动作用于环境的结果。当一个操作发生后，得到某种强化刺激，那么在类似环境里发生这种反应的概率就会增加。例如，白鼠通过操作性行为（压杆）

获得强化刺激（食物）之后，压杆的频率就会大大增加，也就"学会"了压杆取食。Skinner使用"强化"的概念替代了Thorndike效果律中"奖赏"的概念，来指称使个体反应频率增加的一种刺激，并指出，强化是构成学习的必要条件。他进一步将强化分为正强化（positive reinforcement）和负强化（negative reinforcement），前者指由于某一刺激的出现而增加个体反应频率的强化（如给予奖励），后者则指由于刺激的消除而增加个体反应频率的强化（如取消某种惩罚）。正负强化均由个体的反应所致，即个体自己的行为后果决定了其以后的行为，例如，因努力而成功，将会继续努力，因逃避而免于处罚，将会继续逃避。因此，这种操作性条件反射中的强化也被称为"后效强化"（contingent reinforcement）。

Skinner认为，个体对复杂行为的学习过程可以通过连续渐进（successive approximation）的方式来进行（转引自卢家楣 2009）：首先确定目标行为，然后将其分解为一系列连续的单一行为，通过后效强化的方式逐步建立刺激—反应的联结，最后将一系列连续的单一行为连贯起来，形成复杂的行为。由此，从教学的角度来说，教师首先要明确教学的内容，然后将任务分解成小的、连续的步骤，接着鼓励学生按自己的步调来学习，并及时提供正强化，以提升教学效果和学生的学习成效。

尽管行为主义研究者对学习机制的具体阐释并不完全一致，但他们也认同一些基本假设（Ormrod 2012）。第一，学习的原理同等地适用于所有的生物个体，包括人类和动物。行为主义研究者认为，人类和其他动物的学习方式是相似的，他们把从动物研究中提炼出的学习原理应用到对人类学习的解读中，并经常使用有机体（organism）这个词来指称包括人类在内的所有生物个体。第二，将刺激—反应作为研究的关注点会使学习过程研究更为客观。行为主义研究者认为，心理学家必须通过客观、科学的方法来研究学习活动。只有当研究的焦点集中于刺激—反应这类可观察、可测量的研究对象时，研究才具有客观性。与此相对，大部分行为主义研究者认为，主体内部的认知过程，如思想、动机具有不可观察性和不可测量性，应从研究中剔除。因此，行为主义心理学有时也被称为刺激—反应心理学。第三，学习是指行为上的改变。传统的行为主义将学习视为一种行为上的改变，并认为，只有当人们外显的行为发生变化时，学习才的确发生了。第四，有机体天生是一块白板（*tabula rasa*）。许多行为主义研究者认为，除了某些物种的特殊本能外，有机体并非生来就具有某种行为方式。受到特定环境的影响，有机体获得自己独特的行为方式。第五，学习在很大程度上是环境作用的结果。许多行为主义研究者认为，学习是个体经验的结果，学习的发生常常不受有机体自身的控制。

　　行为主义学习理论对教学的启示主要体现在以下四个方面。第一，重复练习是重要的。对刺激—反应联结的重复可以加强这种联结。学习者必须通过大量的重复练习才能学会对某种刺激的反应。第二，学习者应在愉悦的学习环境下开展学习活动。当学习者将学习内容和积极的情绪联系在一起时，就会更自觉地学习。相反，消极的学习体验将会引发恐惧、焦虑等破坏性条件反应。这些反应一旦被条件化，就很难消除，这会影响学习的有效开展。第三，一个坏习惯代表着一个不良的刺激—反应联结。若想消除，就必须用更积极的刺激—反应联结来代替现有的联结。第四，学习者行为的改变是学习发生的标志。教师可以通过观察学习者行为的变化来评估学习的效果。换言之，无论学习是否给学习者带来认识上的变化，只有行为改变才能最终表征学习的发生。因此，在教学实践方面，教师应掌握塑造和矫正学生行为的方法，为学生创设一种愉悦的学习环境，在最大程度上强化学生的恰当行为，消除不恰当行为，以实现良好的教学效果。

2.1.2　基于范例的学习

　　基于范例的学习（model-based learning）是行为主义学习理论影响下

主要的教师学习模式。在这一学习模式下，学习的内容，即教学，被分解成一系列孤立的教学行为范例，以书面或视频的形式呈现给教师，教师通过模仿范例和反复训练达到熟练掌握的水平。这种教师教育/培训模式主要依靠的方法是微格教学。此外，尽管传统的学徒制教师教育（craft/apprenticeship-based teacher education）模式的出现远早于行为主义学习理论，但该模式与基于范例的学习模式也基本相似，所学习的内容是范例，学习过程也是基于模仿和操练的（Roberts 1998）。以下将对学徒制和微格教学这两种教师学习模式加以探讨。

2.1.2.1 学徒制

20世纪50年代以前，学徒制教师学习模式在英国颇为盛行，是职前教师培训的传统模式。在这一模式下，职前教师（徒弟）深入学校，与有经验的教师（师傅）一起工作，听取师傅的指导和建议，通过模仿师傅的教学行为来开展教学。由此，教学的"手艺"从师傅处传递给了徒弟。Wallace（1991）用简单的线性模型来表征这一传统的教师学习模式（见图2.1）。

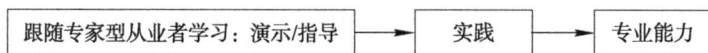

跟随专家型从业者学习：演示/指导	→	实践	→	专业能力

图 2.1　学徒制教师学习模式（译自 Wallace 1991：6）

学徒制教师学习模式将对教师的培养等同于对工匠的培养，这一培养过程是作为徒弟的职前教师在担任师傅的有经验教师的指导下习得知识和技能的过程。通过这种"传帮带"的学习方式，职前教师在真实的教学场景中观察有经验教师的实际教学，感知和模仿师傅的教学行为和方法，然后在师傅的指导下开展教学，从简单过渡到复杂，逐渐学会师傅的"手艺"。学徒制教师学习模式将教学视为一种"手艺"，对教学中的经验性知识给予了其应有的肯定。但是，作为"手艺"被传递的教学知识、技能和方法常常是保守的、静态的，甚至是与不断变化的课程要求相悖的。而且，"手艺"训练基本上是模仿性的，职前教师自身的经验、知识和信念等因素在学习的过程中被完全忽视了。但实际上，教师对师傅教学的观察和学习并不一定是简单的模仿，而是一种基于其自身对教学认识的思考，是教师个体的反思和意义建构。

2.1.2.2 微格教学

微格教学的方法兴起于20世纪60年代，由美国斯坦福大学教育学院（School of Education at Stanford University）首先提出，是一个主要用于培训职前教师的"控制性操练系统"（Allen & Eve 1968: 181）。这一系统采用多媒体视听手段对教学进行记录、分析、反馈、评价等一系列有目的、有计划的操作。所谓"微格"，是指学生数量少、教学时间短、教学目标有限、教学技能聚焦。微格教学突出对教学技能的训练，将复杂的教学过程分解成若干易于掌握的单一技能，对每一个技能提出训练目标和子目标。受训教师通过观摩教学范例，感知和模仿这些技能，在有控制的条件下进行反复练习，借助多媒体设备记录练习过程，在反馈和反思的基础上加以改进，通过强化正确的行为达到掌握的目的。在规定的时间里，受训教师主要练习1—2个微技能，待一个技能成熟或发展后，再开展下一个技能的学习。

微格教学一般包括六个步骤。(1)理论学习：受训教师在指导教师的安排下学习教学设计、目标设定、教材分析、技能分类、课堂教学观察、教学评价等理论知识。(2)备课：指导教师确定需要重点培训的教学技能，选择恰当的教学内容，帮助受训教师设定特定的教学目标，进行教学设计，编写教案。(3)观看录像或现场教学：受训教师观看录像或现场教学，感知、理解并分析重点教学技能。(4)现场微格教学及录像：受训教师每5—10人组成一个教学单位，开展现场微格教学，教学时长一般为5—10分钟。参与者轮流扮演"学生"或"教师"的角色。教学过程中使用录像机等多媒体设备记录教学过程。(5)观看录像，接受反馈与评价：指导教师和受训教师共同观摩教学视频，反思教学过程，开展自我评价、同伴评价和指导教师评价等活动。(6)反思与改进：受训教师根据反馈和评价修改教案，进入微格教学的再循环。

无论是学徒制教师学习，还是微格教学，都是一种基于范例的学习，即将师傅的"手艺"和某种教学技能范例作为学习内容，将模仿和练习作为学习方式。这种学习模式隐含了两个错误的基本假设。其一，教师可以通过模仿一套"最佳"的教学行为学会教学。但事实上，由此所学会的教学知识和技能是僵化的。当教学情境发生变化时，教师会缺乏应对的方法和策略。教学是复杂的、充满不确定性的活动。多样化的教学情境决定了教学目标和教学方法的多样性。单一的教学方法很难满足多样化的教学需要。其二，学习的过程是对"范例"的简单模仿，学习教学的教师在开展学习之前被认为对教学一无所知。然而，教师存在个体差异，他们具有不同的语言学习和教学学习经历，对教学有着不同的理解。对于同样的范例，不同教师的理解可能并不相同。范例或许有一定的启示作用，但教师自身对教学的理解在其学习过程中也扮演着不可忽视的角色。

2.2　人本主义学习理论与教师学习

人本主义心理学于20世纪50—60年代在美国兴起，盛行于70年代。它起源于欧洲的人文主义并受到存在主义心理学和现象心理学的影响，是在反对行为主义和精神分析理论过程中逐渐兴起的。本节主要介绍人本主义学习理论及其对教师学习模式的影响。

2.2.1　人本主义学习理论

人本主义心理学主张研究"完整的人"（the whole person，亦称"全人"），而不是把人的各个方面，如行为、认知、情绪等割裂开来。人本主义学习理论认为，对人的研究不能在动物实验研究的基础上加以推论，研究外显的行为也不足以全面了解人；研究应关注人的内在心理和主观经验，关心人的尊严，充分重视人的需求和意愿，研究人的价值、创造性和自我实现。

从这一基本思想出发，人本主义学习理论在研究学习时并不局限于对具体行为的解释，而是也涵盖对学习者个人成长历程的解释。人本主义学习理论强调人的自主性、整体性和独特性，突出人自身在学习过程中的重要性。其基本原则是尊重学习者，将学习者视为学习活动的主体；重视学习者的意愿、情感、需求和价值观，相信学习者都具有教育自己、发展自身潜能，并最终达到"自我实现"状态的能力。由此，学习的实质就是学习者获得知识和技能、发展智力、探究情感、学会与他人交往、阐明自己的态度和价值观、实现自身潜能的过程。

人本主义心理学的代表人物之一是Carl R. Rogers。他提出了"以学生为中心"的学习理论，主张将学生视为学习活动全过程的中心，在教学中相信任何学生都有满足自我实现这一基本需求的能力；教师的责任就是与学生建立良好的人际关系，创造良好的学习氛围，促进学生的学习，为学生的充分发展创造条件（Rogers 1969）。Rogers指出，对学生而言，学习可以分为有意义学习和无意义学习两类。前者指能够引起学生行为、态度和个性变化的学习，后者则指只涉及学生心智，不涉及其情感，也不产生个人意义的学习。Rogers认为，教育应倡导有意义学习，即不仅要增长学生的知识，还要促进学生完整人格的发展。他认为，有意义学习包括四个要素。第一，个人参与性（personal involvement），即学生整个人，包括其情感和认知这两个方面都投入到学习活动中；第二，自发性（self-initiatedness），即学习的动力来自学生内部，有效的学习是一种主动的学习；第三，渗透性（pervasiveness），即学习会促进学生的全面发展，使学生的行为、态度、情感、认识乃至个性等各个方面发生变化；第四，自我评价（evaluated by the learner），即学习是由学生自我评价的，只有他们最了解学习是否满足了自己的需求。

Rogers认为，学习的另一个核心是要让学生自由学习，即要相信学生具有自主学习的潜能。只要教师对学生有这种信任，并愿意让学生自由学习，教师就能帮助学生逐渐形成适合自身风格的学习方法。他还提出了十种促进学生学习的教学方法，包括构建真实的问题情境、提供学习资源、利用学生合约（student contract）、利用社区资源、开展同伴教学、组织分组学习、鼓励探究式学习、适当利用程序教学、创设交友小组（encounter group）、开展学生自我评价（Rogers 1983）。

Rogers的学习观具有全人教育的取向。他认为，"教人"比"教书"重要，教育的目的就是要培养健全的人格，促进人的变化和成长。学生的学习应该是以学生自我为主体、以教师为辅的有意义学习。只有与学生个人生活和实践息息相关的有意义学习才能激发学生的情感，推动学生开展学习。教学则应激发学生的学习动机，发展其潜能，使之能自己教育自己，最终达到自我实现的状态。因此，学习是一个教师协助下的学生自我激发、自我促进、自我评价的过程。他主张在教学过程中以情感影响为主要手段，不对学生实行强制性的学习命令，不胁迫学生学习其不愿学的知识。这种教学方法就是"非指导性教学"（nondirective teaching），它要求教师创设良好的学习环境，充分相信学生的潜能，真诚对待学生，尊重学生的经验、情感和意见，洞察学生的内心世界，为学生着想，给予学生无条件的积极关注。

非指导性教学模式可以分为五个阶段（王晓明 2015）。（1）确定辅助情境阶段：在交谈中鼓励学生自由表达自己的思想、情感等。（2）探索问题阶段：在鼓励学生表达各种情感的基础上，了解学生的情感。（3）发展学生洞察力阶段：启发学生从多角度观察、分析问题，鼓励其发表对问题的看法，发展他们分析问题的能力。(4)规划和决策阶段：引导学生做出与自己期望一致的规划和决策，并开展行动。(5)整合阶段：学生汇报所采取的行动，逐步提升分析问题和解决问题的能力，进一步完善行动。非指导性教学以师生间的非指导性交谈为核心，以师生间和谐的关系为基础，是教师促进下的学生自主学习。

2.2.2　非指导性教师学习

人本主义学习理论下的教师学习既尊重教师的个人自主性，将教师教育或学习的过程视为教师自我实现的过程，也尊重教师在个人变化过程中的情感维度，强调对教师的学习加以支持，认为教师学习应注重教师自我发展能力的提高，包括自我评价能力、小组合作能力等。

这一理论在教师教育中最直接的体现是针对职前教师所开展的"非指导性指导"（nondirective supervision）（Gebhard 1990）。在这一模式下，职前教师与指导教师是一种合作的关系：指导教师的主要职责是引导并协助职前教师发展，而不是对其加以控制。他们鼓励职前教师对其所面临的问题进行反思，并提供"理解性反馈"，即首先对职前教师所提出的观点和想法加以理解，然后利用自己的专业知识协助职前教师探究自己的想法、思考可能的解决方案并制定行动计划。这个指导过程体现了指导教师对职前教师的理解、尊重、信任和支持，具有非评价性、非指导性的特点。研究表明，在非指导性指导的实习模式下，职前教师与指导教师建立了一种支持和信任的合作关系，职前教师能够充分、自由地表达和阐明自己的想法。在这种氛围下，职前教师能勇于尝试新的想法，并充分投入教学，与指导教师共同开展对教学的探究（Gebhard 1990）。

在在职教师的学习方面，许多教师学习途径，如合作发展、批判性朋辈小组、同伴指导等，也都体现了人本主义学习理论的非评价性、自主性学习理念。这些学习途径既关注教师认知、行为等方面的变化，也关注教师在学习过程中的情感需要，通过批判性朋辈、同伴或合作者寻求对教师自主学习的全方位支持。本书第六章将对这些教师学习途径及其相关研究进行详细介绍和分析，在此不再赘述。

　　基于人本主义学习理论的教师学习强调教师在学习中的主体地位及自主性，注重在教师学习的实践和研究中将教师视为完整的人，除了关注其技术性能力和外在角色之外，对其个人经历、情感和内心世界也给予了高度重视。因此，人本主义学习理论的基本概念——学习者的自主性和自我决定性，成为当前教师学习的一个重要特点。但是，人本主义学习理论也有其明显的不足之处。其核心假设——人性本善且均有求知本能，片面强调了遗传决定发展的观点，忽视了人的社会性本质以及环境对教育的影响。事实上，作为教师个人自我追求的教师学习也会受到社会情境的影响。因此，教师学习绝不能脱离学校和社会的宏观环境（Richards & Lockhart 1996；Roberts 1998）。

2.3　个人建构主义学习理论与教师学习

　　20世纪50年代，认知主义学习理论在心理学研究中逐渐兴起。与行为主义心理学形成鲜明对比的是，认知心理学关注的是人在学习中的思维方式和心智过程。但是，认知主义心理学家研究人类思维的方法各不相同（Williams & Burden 1997）。一类研究以信息加工理论为代表。此类研究将人看作像计算机一样的信息加工系统，认为认知就是信息加工，包括编码、存储和提取等过程。另一类研究则以建构主义学习理论为代表。建构主义学习理论认为世界是客观存在的，人们通过自己的经验来解释现实，建构现实，但每个人对世界的理解大不相同；认知是一个主动的建构过程，个体已有的认知结构在其中发挥了重要的作用，个体的认知结构也在这一建构过程中不断发展。

　　根据知识建构主体及建构形式的差异，建构主义学习理论可以分为个人建构主义学习理论和社会建构主义学习理论这两个不同的派别。前者强调个体在知识建构过程中的主体地位以及个人建构的特异性；后者则强调主体间的互动在知识建构中的作用，即知识不再是个体与外部世界相互作用的产物，而是个体、群体和外部世界等各要素共同作用的产物。2.3节将主要介绍个人建构主义学习理论及其对教师学习模式的影响。2.4节则主要介绍社会建构主义学习理论及其对教师学习模式的影响。

2.3.1　个人建构主义学习理论

个人建构主义学习理论最早是由美国心理学家George A. Kelly在其专著《个人建构心理学》(*The Psychology of Personal Constructs*，1955)中提出的。在这部两卷本的专著中，Kelly提出了关于人性的新假设，即人人都是科学家。他认为，科学家总是在不断发展自己的理论，对未来的实践进行预测，以减少不确定性；每个人也都像科学家一样，不断提出并检验自己关于世界的假设，预测和掌控生活中的各种事件，减少不确定性。Kelly认为，人们通过各种模式来观察、解释世界；他将这些模式称为"建构"(constructs)，即个人在解释自己的经验时所使用的一种思想、观点或看法。他指出，个体在预测事件时所采用的主要方法是"个人建构"(personal construct)，它是个人理解经验、赋予经验意义或预测经验的工具；人人都有独特的个人建构，能够不断把关于经验的信息纳入个人建构之中，形成个体对具体事件的"成功模拟"。个人建构也同时在个体对世界的不断适应和理解中逐渐完善：能够较好地预测事件的建构得以保持，否则被修正或放弃。换言之，个人的经验影响了他们对世界的建构，由此所建构的个人认知又进一步影响其今后对世界的参与。Kelly的理论改变了将认知视为一种纯理性活动的传统看法，使认知的概念更接近于人们真实的思维活动。但是，Kelly在其理论体系中虽然关注了个人建构的本质、概念和作用，却未对其起源和发展加以解释。

此后，瑞士心理学家Jean Piaget在《发生认识论原理》(*The Principles of Genetic Epistemology*, 1970/1972) 一书中进一步阐述了关于认知的结构、发生和发展过程以及心理起源的观点。Piaget的理论体系中的一个核心概念就是图式 (schema)，即个体对世界的感知、理解和思考方式，是个体用于表征、组织和解释经验的模式或认知结构。他认为，图式是认知结构的起点和核心，是人类认识事物的基础，图式的形成和变化是认知发展的本质。认知的发展受到三个基本过程的影响：同化 (assimilation)、顺应 (accommodation)、平衡 (equilibration)。

其中，同化与顺应是知识建构的两个基本过程。前者主要指个体对环境的作用，是个体对外部刺激输入的过滤或改变过程，即当我们分析、解释外部信息时，对之加以改变，使之能够适应我们已有的认知结构。后者则主要指环境对个体的作用，即已有认知结构因外部新信息的刺激而发生重组和改造。同化和顺应是两个相辅相成、对立统一的过程。当个体不能用原有图式来同化新的刺激时，便会做出顺应，对原有图式进行修改或重建，直至达到认识上新的平衡。平衡即指个体通过自我调节机制使认知发展从一种平衡状态向另一种较高的平衡状态过渡。同化与顺应所达成的平衡过程是一种认识上的适应，是认知发展的过程，也是智慧的实质所在 (Piaget 1975/1977)。

Piaget认为，影响儿童认知发展的主要因素包括：生物成熟度、物理环境、社会环境和具有自我调节作用的平衡过程。其中，平衡过程调节个体和环境之间的互动，从而引起认知图式的重建。因此，平衡过程是认知发展的核心影响因素和动力，决定了另外三个因素的作用，使内部心理结构与外部环境达成一致。对平衡过程的阐释也是Piaget认知发展理论体系区别于其他学习理论和发展理论的独特之处。由此，在Piaget看来，学习的结果是认知图式的重建，决定学习结果的因素是个体与环境的互动。他认为，对儿童认知发展过程的研究就构成了对学习的解释。

Piaget关于学习的理论主要包括三个方面 (转引自施良方 2001)。第一，学习从属于发展。儿童的认知发展制约了他们所能学习的范围。只有当儿童达到一定的认知发展阶段，具有相应的信息整合能力时，他们才能理解与该阶段相适应的概念或问题。第二，学习是一个积极建构的过程。行为主义学习理论所提倡的练习固然可以教会儿童某种知识，但这种知识很快就会被遗忘。只有当儿童真正理解这些知识，积极参与建构过程，并把它们同化到自己已有的认知图式中时，有效的学习才能发生。第三，错误是有意义学习所必不可少的。学习是一个通过思考引发错误并逐渐消除错误的过程。学习者需要经历某些冲突或不平衡才会开始自我调节，实现真正的学习。错误会引起学习者采用同化与顺应过程来建构或改变自身的认知结构。学习就是通过平衡过程成功解决冲突的过程。

Piaget关于儿童认知发展的理论是个人建构主义学习理论的重要基石。这一理论较好地解释了人类学习过程的认知规律，包括学习如何发生、意义如何建构、概念如何形成，以及良好的学习环境应包含哪些因素等问题。从其基本观点来看，个人建构主义学习理论主张将学习者作为知识的建构者放到学习的中心位置，并认为个体从出生开始就积极建构个人意义，在经验中建立自己的个人理解。理解事物需要依赖个体原有的知识经验。知识经验的不同决定了个体理解的不同。学习是一个建构的过程，是学习者通过新旧经验相互作用来形成、丰富和调整自身经验结构的过程。教学不是把外部的知识经验装入学习者的头脑，而是要引导学习者从原有的经验出发，建构新的经验。

虽然个人建构主义学习理论承认环境和外部因素对个人的影响，将社会环境作为影响认知发展的四个因素之一，但是Piaget对社会环境的理解只包括人与人之间的互动、社会文化的传递和学习者的社会经验等方面，显得较为狭隘，实际上忽视了社会环境在儿童智慧发展中的重要作用以及社会过程和认知过程之间的关系（施良方 2001）。这一不足在社会建构主义学习理论中得到了弥补。我们将在2.4节中加以详述。

2.3.2 反思性教学

建构主义学习理论强调将学习者自身的经验融入学习过程中，让学习者成为积极的意义建构者。促成意义建构一个不可或缺的环节是反思。反思是建构主义学习的核心特征之一，是学习者不断更新、重构知识的根本途径。反思性教学是教师从自己的教学经验中学习的过程。

反思性教学，亦称反思性实践（reflective practice）。最早将反思的概念引入教育学领域的是美国哲学家、教育家John Dewey。Dewey在其专著《我们如何思维》（*How We Think*，1933）中阐释了"反思性思维"的基本概念。他认为，反思性思维是一种特殊的思维形式，是人们"针对任何信念或假定的知识形式所开展的，基于其支撑基础和进一步结论所进行的积极的、持续的、细致的思考"（Dewey 1933：9）。他将"反思"定义为"人们有意识地关注某一问题并给予认真的思考"（Dewey 1933：30）。Dewey认为，只有当个体面临困难情境并寻求理性的处理方式时，真正的反思才会发生。

此后，美国学者Donald A. Schön将反思的概念推广至教师教育领域。在其专著《反思的实践者：专业工作者如何在行动中思考》（*The Reflective Practitioner: How Professionals Think in Action*，1983）中，Schön正式提出了反思性实践的概念。在该书中，Schön深刻批判了传统的技术理性（technical rationality），并指出，技术理性将专业实践看作从业者将职业的一般性原则应用到具体问题中以解决问题的过程，这是一种过于简单化的理解。专业实践具有复杂性、不确定性、不稳定性、独特性和价值冲突，需要从业者对不确定的情境进行鉴别和思考，尝试用不同的方法解释情境、建构问题，并最终改善行动。Schön认为，从业者若想提高专业水平，就必须在行动中建构或重构自己的实践经验，即对自己的实践行动以及内隐于其中的知识和观念进行有意识的思考，并将思考的结果反馈于行动中以改善行动。Schön所提出的反思性实践是对传统实践的重新认识，体现了"知"与"行"的统一。

在此基础上，教师教育研究者针对反思和反思性实践的概念开展了大量研究。在外语教学和教师教育领域，Bartlett（1990）提出，反思性教学是指教师不再思考教学和思维中的技术性问题，如"怎么做"的问题，转而在更为广阔的社会文化、历史情境下探究教学中的深层次问题，如"是什么""为什么"等问题，对日常课堂教学加以控制并做出改变。Richards & Lockhart（1996）进一步将反思的对象从教学行为扩展到教师的计划、决策、态度、信念等。Richards（1995）认为，反思是"对以往经验的一种回应"，是教师对经验的有意识的"回想"（recall）、"思考"（consider）和"评价"（evaluate）（转引自Farrell 1995：95）。

Wallace（1991）提出了针对外语教师的反思性学习模式（见图2.2）。他认为，反思模式下教师学习的基础是教师已有的经验，即他们根深蒂固的"概念图式"（conceptual schemata）和"心理构念"（mental construct），如与教学有关的一系列信念、态度等。这些经验一方面来源于教师的"获得性知识"（received knowledge），另一方面来源于他们的"体验性知识"（experiential knowledge）。前者是教师通过正式学习所获得的客观的理论性知识和概念，如语言学知识（如语音、语法、词汇、语用知识）、关于评价的知识（如测试的信度、效度）。后者则是教师在具体行动中所积累的"行动中的识知"（Schön 1983）。它是默会的、直觉上的知识，内隐在行动中，潜在于处理事务的感受里，来源于教师的教学经历。反思性学习的核心是反思循环，反思循环是教师在具体的教学实践情境中所开展的关于其获得性知识和体验性知识的持续性反思过程。Wallace认为，教师教育的内容主要包括两个维度，即获得性知识和体验性知识，反思循环是以教师所具有的这两类知识为源泉的；持续的反思和实践循环最终帮助教师发展专业能力。

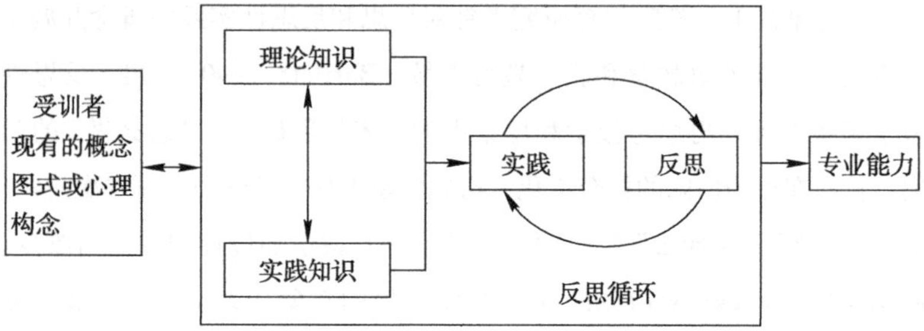

图 2.2　反思性教师学习模式（译自 Wallace 1991：49）

　　在国外研究的基础上，不少国内学者也针对反思性实践提出了自己的观点。甘正东（2000）认为，反思性教学是教师凭借其教学经验，在实践中发现问题，通过深入的思考、观察寻求解决问题的方法和策略，以期达到自我改进、自我完善的目的的过程。刘学惠（2004）提出，反思性教学包括以追求实践合理性为目的的教学探究活动、以提升专业知识为目的的教师学习活动和以解决问题为导向的教师思维方式。

　　国内外学者对反思性教学的概念界定虽然各有侧重，但也有一些共同之处，主要体现在以下几个方面。第一，反思与教学实践密不可分，二者互为动力，相辅相成。第二，教师是教学和教学学习的主体，反思性教学以解决问题为导向，其核心是实现教师的个人发展。第三，在反思性教学中，教师必须根据个人所处的特定教学情境，借助自己关于教育、教学的知识和信念，对实践中的问题做出选择和判断，从而创造性地解决问题，改进实践。第四，当教师开展反思性实践时，他们也成为情境中的研究者，会在特定的情境中建构新的知识，而不是仅仅依赖已有的理论知识和技能。

　　反思性教学一般包括五个环节（Bartlett 1990）（见图2.3）：观察/记录（mapping）、分析（informing）、质疑（contesting）、评价（appraisal）、行动（acting）。在反思的初始阶段，教师观察并记录自己的教学。记录的方式包括录音、录像、撰写教学日志等，主要目的是描述自己的教学行为及对教学的想法，即回答"作为教师，我做了什么"这一问题，逐步聚焦具体的教学问题。接着，在记录完教学行为和自己对教学的理解之后寻找意义，分析"我的教学的意义是什么""我原本打算怎么做"等问题，主要目的是发现教学行为背后的理据。分析的对象可以是一堂课，也可以是一个教学片段。教师可自己独立分析，也可与同伴共同讨论。紧接着，教师质疑自己关于教学的理解和教学行为背后的原因，关注"我是如何变成这样的""我对教学的理解为什么会是这样的"等问题。最有效的质疑方式是与同行分享，分享的对象也可以包括学生、家长等教学的利益相关方。之后，进入评价阶段，关注"我如何能够改善教学"这一问题。在这一阶段，教师根据自己对教学新的理解寻求不同的教学方法。最后，采取行动，回答"我现在应该教什么""我现在应该怎么教"等问题。行动并不是反思过程的最后一个环节，教师行动可能会与前面的各个环节持续互动。因此，反思性实践的过程并不是线性的，而是一个伴随着教师系统性的观察和思考的循环往复、螺旋式上升的过程。在这个过程中，各个环节环环相扣，教师有时需要经历数次循环才能最终达到改善教学的目的。

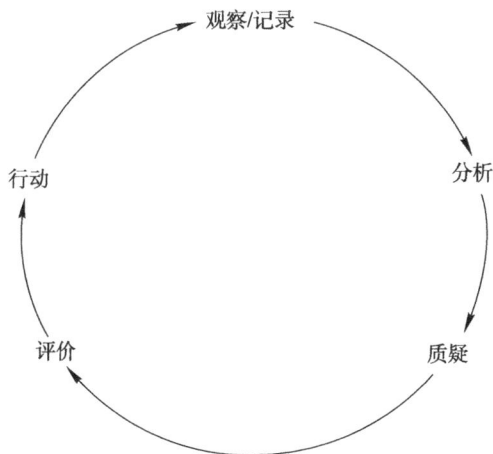

图 2.3　反思性教学循环（译自 Bartlett 1990：209）

　　反思性教学是教师对自己的教学行为及其背后的理据进行自我探究的过程，也是教师自主建构个人实践知识的过程。教师的反思需要一定条件的支持，支持的来源既包括其所在学校、同行或专业组织，也包括时间等其他资源。刘学惠（2004）认为，探究式、非指导性、基于课堂的互动是教师反思的有效形式。在此过程中，如有外部指导者和合作者的参与将会大大提升教师学习的效果，但是，将外部支持转化为内部支持，促进校本教师合作反思氛围的形成才是实现持续的反思性教学的关键。

2.3.3　体验式学习

　　体验式学习的代表人物是美国心理学家David A. Kolb。在借鉴John Dewey、Kurt Lewin和Jean Piaget等学者的理论观点的基础上，Kolb在其于1984年出版的专著《体验学习——让体验成为学习和发展的源泉》(*Experiential Learning: Experience as the Source of Learning and Development*，1984)中正式提出了体验式学习理论(experiential learning theory)。Kolb指出，体验式学习理论并不是一种替代性的学习理论，而是通过这一概念，将学习所涉及的体验(experience)、感知(perception)、认知(cognition)和行为(behavior)等各个方面进行全面整合，以区别于强调认知多于情感的其他认知学派以及忽略个体意识作用和主观体验的行为主义学派。

　　体验式学习理论以建构主义学习观为基础，认为学习是一种个人图式或理论的发展，是学习者在不断体验的过程中对个人图式或理论进行确认或否定的过程。它特别强调体验在学习过程中所发挥的核心作用，将学习具体定义为"通过体验的转变(transformation of experience)创造知识的过程"(Kolb 1984: 38)。Kolb认为，知识不是内容传递与获得的结果，而是理解体验(grasping experience)、转变体验(transforming experience)的结果。他提出了体验式学习模型(experiential learning

model)（见图2.4），以描述体验如何转变为概念并指导新体验的选择
（Kolb 1984：21）。

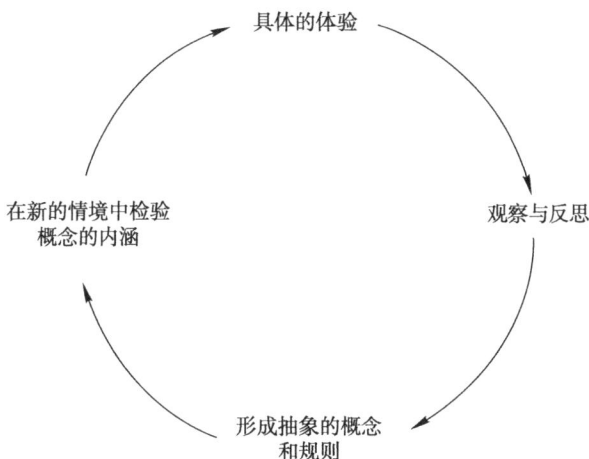

图 2.4　体验式学习模型（译自 Kolb 1984：21）

　　体验式学习包括四个阶段：（1）具体的体验（concrete experience），
指学习者完全投入到体验活动中，在真实的环境中通过亲身体验来获取
经验；（2）观察与反思[1]（observations and reflections），指学习者从多角
度观察和思考自己的亲身经历和体验，反思自己的学习并与他人分享学
习感悟；（3）形成抽象的概念和规则（formation of abstract concepts and
generalizations），指学习者通过对体验进行解释、归纳和提炼，形成一
般性概念和理论；（4）在新的情境中检验概念的内涵（testing implications
of concepts in new situations），指学习者将新的理论付诸实践，在新的
情境中检验概念和理论的准确性、合理性。如果概念和理论被否定，学
习者将开启新一轮的体验循环。

1　体验式学习模型中的反思具体指的是对行动或体验的理性分析。

Kolb（1984：30）指出，要完成有效的体验式学习，学习者必须具备四个方面的能力：（1）参与具体体验的能力（concrete experience abilities），即能够以开放、无偏见的态度充分参与到新的体验中去；（2）反思性观察能力（reflective observation abilities），即能够从多角度观察并反思自己的体验；（3）抽象的概念化能力（abstract conceptualization abilities），即能够将观察的结果与逻辑恰当的个人理论整合在一起，创造新的概念；（4）积极实践的能力（active experimentation abilities），即能够利用个人理论做出决策、解决问题。

体验式学习理论为教师学习提供了灵活的理论框架。Roberts（1998）指出，体验式教师学习包括体验、反思与讨论、公共知识的获取和实践等环节。在体验式教师学习中，个人直接的体验以及针对这些体验的反思对于教师概念的发展至关重要。对教师而言，学习是一个创造知识的过程，是个人知识与社会公共知识相互作用的过程，是主观经验与客观经验互动的结果。一方面，教师通过对体验的观察和反思提炼出个人知识；另一方面，教师在阅读和正式学习中所获得的抽象理论为这种概念化过程提供支持——它有助于教师理解具体的体验，为其分析和解读这些体验提供专业的词汇和理论支撑。同时，Roberts也指出，仅靠体验本身并不足以促成有效的学习，教师还需要对这些体验进行反思，而且个人理论的概念化过程也需要讲述、分享和讨论等活动的支持。由此可见，体验式学习不应是一种个人的认知活动，而是个人与其他人就共同的体验所开展的合作性知识建构活动。这体现了知识建构的社会性，也指向了社会建构主义学习理论下的教师学习。

2.4　社会建构主义学习理论与教师学习

社会建构主义（social constructivism）是在修正个人建构主义的基础

上发展起来的，是建构主义思潮中的重要流派之一。与个人建构主义一样，社会建构主义也把学习看成个体建构的过程，但它更强调知识建构的社会性，关注社会性的客观知识在个体主观知识建构过程中的中介作用，更重视社会的微观和宏观背景与自我的内部建构、信念和认知之间的相互作用（王文静 2001）。

社会建构主义关注学习和知识建构背后的社会文化机制，强调社会共同体对个体认知活动的影响；它认为，个体与社会相互联系、密不可分，个体建构活动所产生的意义中也包含着对相应社会文化意义的理解和继承。个体的心理活动是与特定的文化、历史和习俗紧密联系在一起的。社会文化情境在认知发展中有着重要的作用。知识和学习活动都存在于一定的社会文化情境中，不同的社会活动是知识的来源。知识不仅是在个体与物理环境的互动中建构起来的，更是在社会成员之间互动的基础上建构的。学习和发展是一种有意义的社会协商。

社会建构主义学习理论源于苏联心理学家Vygotsky的研究，有时也称"维果茨基社会建构主义理论"。在其重要著作《思维与语言》(*Thought and Language*，1986)、《社会中的心智 —— 高级心理过程的发展》(*Mind in Society: The Development of Higher Psychological Processes*，1978) 中，Vygotsky阐述了心理机能的文化历史理论，这些著作体现了丰富的社会建构主义思想。20世纪后期，这些著作被翻译成英文，为西方大多数心理学家所熟悉。他的很多观点在许多针对学习和发展的研究中得到了验证，其影响力逐渐增强。Vygotsky学派的其他学者不断发展其理论，逐渐形成了社会文化理论 (sociocultural theory) (Wertsch 1991)、活动理论 (activity theory) (Engeström 1999，2001；Leont'ev 1981)、情境学习理论 (situated learning theory) (Kirshner & Whitson 1997；Lave & Wenger 1991) 等重要理论。这些理论的共同特点是关注个体与情境的互动。本节主要介绍社会建构主义学习理论框架下的社会文化理论、活动理论、情境学习理论及其对教师学习模式的影响。

2.4.1 社会文化理论

社会文化理论是在Vygotsky的文化历史理论的基础上发展而来的一个理论流派，有时也被用作一个概括性术语来指称Vygotsky的主要理论。20世纪20年代中期至30年代初，出于对行为主义追求客观主义和内省心理学追求主观主义的不满，Vygotsky寻求了一种中间立场，从辩证唯物主义和历史唯物主义观点出发，从环境对意识的作用这一视角考虑环境因素，创立了新的心理学范式，即"文化历史理论"（cultural-historical theory）或"文化历史心理学"（cultural-historical psychology）。他区分了两类心理机能：低级心理机能（lower mental functions）和高级心理机能（higher mental functions）。前者是生理性的，遵循自然法则，只涉及个体与环境的直接互动及个体所表现出的特征，如知觉、感觉、记忆等；后者是人类特有的技能，是有意识的、聚焦性的认知过程，如计算、判断等，是社会与文化发展的结果。他提出，个体的高级心理机能来源于社会环境，受社会规律制约。个体的心理发展是个体心理从出生到成年，在环境和教育的影响下，由低级心理机能向高级心理机能转化的过程。

Vygotsky强调社会互动的重要性，并指出，社会互动为思维过程提供基础。当成人对儿童提供帮助时，儿童就能够完成最近发展区（zone of proximal development）里的任务；随着儿童的发展，他们会逐渐内化与成人合作时的认知过程，并开始独立运用这些新获取的认知能力。Vygotsky还认为，人类活动以文化工具为中介。文化工具分为两类，一类是作用于环境的物理工具（physical tools），如锤子、锄头等劳动工具；另一类是用于思考的心理工具（psychological tools），如语言、标志、符号等。使用心理工具可以改变个体的思维和心理结构，形成了人类特有的、以工具为中介的高级心理机能。Vygotsky指出，中介（mediation）是发展与学习过程中的关键机制，人类的学习活动是人类在文化工具的中介作用下与他人进行互动的过程。

事实上，Vygotsky本人并没有使用"社会文化"这一称谓，而是使用

"文化心理学"（cultural psychology）或"文化历史心理学"（cultural-historical psychology）这两个术语。Wertsch（1985）提出用"社会文化"这一视角来阐释人类如何通过参与和使用不同文化中介形式获得心理机能的发展（转引自Lantolf & Beckett 2009）。Wertsch（1991）指出，Vygotsky关于心理机能的理论试图解决社会文化的情境性（sociocultural situatedness）问题，却未对之进行详细的解释。而以Vygotsky的理论为基础的社会文化视角则弥补了这一不足。

社会文化理论不是研究"社会"或"文化"的理论，而是关于人的认知如何发展的理论，是一个关于学习的理论，其研究目标是描述并解释人类心理过程（human mental processes）与其所处的文化（cultural）、历史（historical）、机构（institutional）情境的关系（Wertsch 1991: 6）。经过多年发展，社会文化理论已深入众多学科领域，包括教育学、人类学、语言学、应用语言学等。社会文化理论认为，高级认知源于社会生活，人类的学习是一种植根于物理和社会情境中的动态的社会活动，具有情境化、社会化的特点；人类认知的发展是通过参与社会活动进行的，是个体与其所处的社会文化、历史情境不断互动的结果。这种互动通过一定的中介实现。社会文化理论的重要概念包括：中介、内化（internalization）、最近发展区等。

"中介"是社会文化理论中最核心的概念。Vygotsky认为，人的高级心理活动是以工具为中介的。所谓中介，是指人类调节（regulate）"物质世界或他们自己与彼此的社会和心理活动"的过程（Lantolf & Thorne 2006: 79）。调节工具包括文化制品（cultural artefacts）、文化概念（cultural concepts）和文化活动（cultural activities）等。其中，文化制品包括书本、纸张、技术等；文化概念包括自己、个人、家庭、时间、法律等。二者是人类在参与文化活动的过程中创造出来的，而文化活动则包括产品生产、儿童抚养和教育、绘画创作等。中介概念中的主体、客体和工具之间形成了一个三角结构（见图2.5）。

中介手段（工具）
（机器、写作、口头表达、手势、建筑、音乐等）

主体
（个人、同伴、小组）　　　　　　　　　　　　客体/动机 ——→ 结果

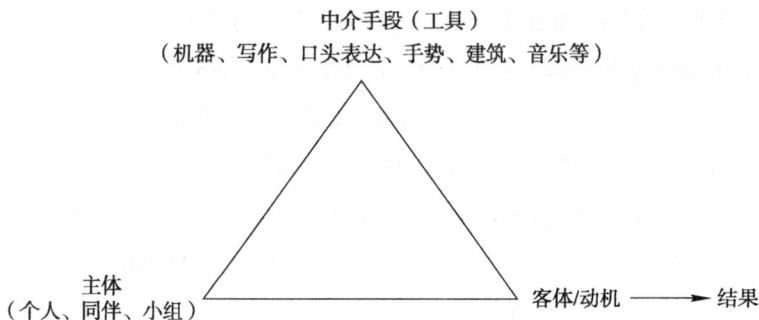

图 2.5　中介概念的三角结构（译自 Daniels 2001：86）

　　如图2.5所示，个人(中介主体)与外部世界(中介客体)之间的互动并不是直接的互动，而是依赖工具的中介作用，从而达到预期的结果。换言之，人类通过中介工具与周围的环境打交道。这些工具可以是物理工具也可以是心理工具。它们是人类在长期的历史文化实践活动中创造出来的，也随着社会和文化的发展而发生变化。创造和使用中介工具是人类有意识地组织和控制心智活动，在外部世界中进行实践活动的基本能力，也是人类区别于其他动物的基本特征。最主要的心理工具是符号。符号不仅可以作用于外部世界，而且可以作用于人类自身，促进人类自身认知的发展。语言是最重要的符号。儿童是通过与更有能力的人交往，尤其是言语交往来发展心智的。因此，言语交流和语言使用在个体的心理发展中有着重要的意义。

　　根据中介发生作用的主体不同，中介的调节过程一般分为三种：(1)"外物调节"（object-regulation），即个体完全由外部环境所控制；(2)"他人调节"（other-regulation），即个体活动需要周围的其他人(如能力更高的人)协助完成；(3)"自我调节"（self-regulation），即个体能够自主控制自己的心理过程。调节过程是个体逐渐摆脱外在帮助，实现内化的过程。

内化是社会文化理论中的又一个重要概念。内化是外部操作的内在重构（internal reconstruction）过程（Vygotsky 1978：56），是人们对自己的认知机能，如记忆、关注、计划、学习等建立控制的机制，是个体将在外部形成的中介工具融入自己的思维活动，并有意识地用之指导和控制自己思维活动的过程。Vygotsky认为，将历史、文化活动加以内化是人类心理学的独特特征，也是从动物心理学向人类心理学的一个质的飞跃。他指出，人类的一切高级心理机能起初都是通过外在形式表现的，经过内化过程，这些外在的表现形式逐渐转化为个体心理机能，也就是由外部活动内化为内部活动。对文化符号系统（如语言、数字系统等）的内化会带来行为上的变化，也连通了个人以往和今后的发展。Vygotsky（1978）指出，高级心理机能在个体发展中会出现两次。它首先出现在社会层面，即个体间（interpersonal）交往的层面，然后是出现在个体内部的（intrapersonal）心理层面。由社会层面向心理层面转化的过程就是内化。换言之，学习不是把知识和技能直接从外部照搬到内部的过程，而是从外物调节和他人调节到个体内部自我调节的内化过程。内化之后，活动的性质发生了变化，个体也实现了发展。

内化源于模仿（imitation）。模仿并不是简单的行为复制，而是有意的、复杂的、具有潜在变化性的过程。个体对能力强于自己的他人的语言或行为的重复，是将外部中介纳入自身认知的最初表现。从出声重复（模仿）到自言自语，即私语（private speech），再到默念或无声言语，即内部言语（inner speech），个体从有意识变成无意识，完成了对外部符号、概念等的逐步内化过程。因此，内化机制通过模仿、私语、内部言语等不同阶段得以运作。在这一过程中，个体也从外物调节和他人调节走向了自我调节。

内化是在最近发展区内完成的。最近发展区也是社会文化理论中的一个关键概念，它衍生于Vygotsky的中介思想，描述中介作用下的认知发展，主要指"由个体独立解决问题的能力而决定的实际发展水平与个体在与成人或更有能力的同伴合作时所能达到的潜在发展水平之间的差距"（Vygotsky 1978：86）。Vygotsky指出，最近发展区定义的是儿童尚未成熟但正在成熟中的能力，即正处于"胚芽"状态的学习及解决问题的能力。最近发展区会随时间的变化而变化。当一个任务完成了，更复杂的任务就会出现，提供新的挑战，促进新的能力的发展。因此，挑战性任务能够促进儿童认知发展的最大化，而协助儿童完成挑战性任务，帮助其穿越最近发展区的成人(教师、家长)或同伴则常常被比喻为"脚手架"/"支架"（scaffolding）。脚手架/支架主要指儿童或新手在超出自身能力的条件下解决问题、完成任务或实现目标的过程中，成人对其所提供的帮助。这种支持作用强调的是为儿童或新手创造一种通过合作的方式共同完成任务的教学情境。

总之，社会文化理论强调教师学习的社会化、情境性特征，强调学习既是一种认知过程，又是一种社会化过程，为理解教师学习的本质、内容和过程提供了新的理论和方法。

2.4.2　活动理论

活动理论也是对Vygotsky理论的延续。Vygotsky的学生Aleksei Nikolaevich Leont'ev继承了Vygotsky的主要思想，将Vygotsky提出的主要概念，如个体与环境的互动、中介作用、工具使用等置于社会实践活动的分析框架之下，将侧重点从个体转移到集体，强调参与社会实践活动在个体发展中的重要作用，提出了以活动为中介的活动理论（Leont'ev 1978，1981）。

Leont'ev（1978）区分了"活动"（activity）与"行动"（action）的概念，并指出，活动是以客体（object）为导向的，驱动活动的动力是主体的动机（motive）。活动之间的区别在于客体的不同，活动客体的变化和发展与主体策划这一活动的动机相关。一个活动可以分解为不同的行动。行动是活动的基本组成部分，是以目标（goal）为导向的，其目标是要实现活动并最终满足主体的动机。个体或小组的行动是由明确的目标驱动的，它指向特定的目标。行动依赖一系列操作完成，这些操作依赖于一定的条件（conditions），这些条件是主体用于实现目标的外部手段。由此，活动可以分解为一系列的行动，行动又可以分解为具体的操作。其层级关系如图2.6所示。

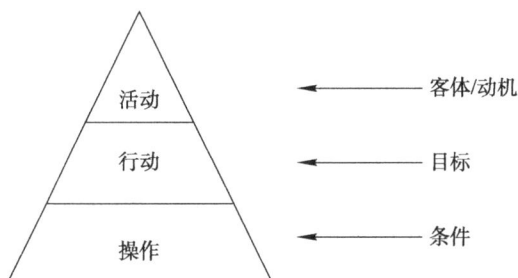

图 2.6　活动的层级结构（译自 Daniels 2001：87）

Leont'ev（1981）又进一步丰富了活动理论，关注个体与共同体之间的关系，认为历史进化中的劳动分工使得个体行动和共同体行动有所区别。个体行动会受到个体所处共同体及共同体中规则与分工的影响。他指出，动机可以是集体层面的，但目标是个人层面的，他还区分了部分目标和整体目标，为Yrjö Engeström进一步拓展活动理论奠定了基础。

20世纪80年代末，芬兰学者Yrjö Engeström对活动理论进行了拓展。Engeström（1987）指出，Vygotsky的中介模型可以称为第一代活动理论（见图2.5），但第一代活动理论仍然以个体为重点，没有将活动放在社会规则和结构中考量，也没有考虑个体与共同体的差异（Daniels 2001）。因此，Engeström提出了第二代活动理论（见图2.7）。

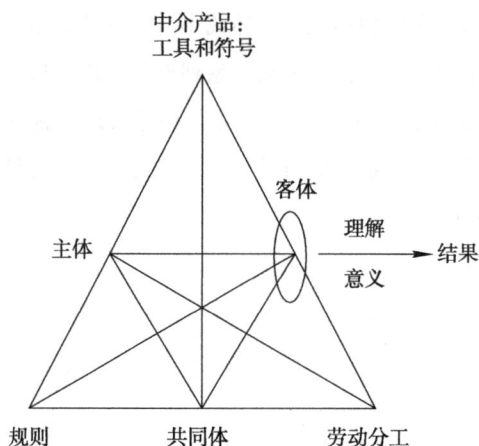

中介产品：
工具和符号

客体

主体　　　　　　　　　　　理解　　　→结果

　　　　　　　　　　　　　　意义

规则　　　　　　共同体　　　　劳动分工

图 2.7　第二代活动理论模型（译自 Engeström 1987：78）

　　第二代活动系统包括六个要素。(1)主体(subject)，指参与社会活动的主体，可能是个体或集体，其中最重要的是主体的能动性(agency)，如主体的动机、意志等。(2)客体(object)，指活动的对象或目标，是主体操作的对象，可以是物质层面的，也可以是精神层面的。(3)中介产品(mediating artefacts)，指帮助主体作用于客体，达成目标，取得所期望结果的中介，包括物理工具和心理工具(符号)。(4)共同体(community)，指具有共同目标的实践群体和各个活动主体之间的合作关系。共同体由若干个体组成，有着共同的客体(目标)。(5)规则(rules)，指主体在行动时所共同遵守的制度和规范等。(6)劳动分工(division of labor)，指活动集体中每个成员的责任与任务，包括横向的任务分配以及纵向的权力和地位的分配。

　　第二代活动理论兼顾宏观上集体层面和微观上个体层面的活动系统，加入了共同体、规则、劳动分工等组成部分，并强调这些部分之间的互动。其优势在于能够动态分析某一现象或活动，更好地诠释个体和集体开展学习、实现目标的动态过程。但其不足之处是，忽略了文化的多样性以及不同传统和观点之间的对话（Cole 1996）。因此，Engeström（1999）发展出第三代活动理论（见图2.8）。

第三代活动理论吸收了对话性（dialogicality）和多重声音（multivoicedness）的概念，关注学习系统中目标和动机的协商、活动系统内部的矛盾与挣扎，也关注发展的活动系统中的权力（power）与控制（control），并强调矛盾是活动得以发展的基础，活动系统不断变化且与其他活动系统相互作用。因此，第三代活动理论能够更好地解释活动系统之间的互动性、交互活动系统间的对话和不同共同体的多元视角，能够解释活动系统如何在适应外部影响的过程中促进自身的发展（Daniels 2001）。

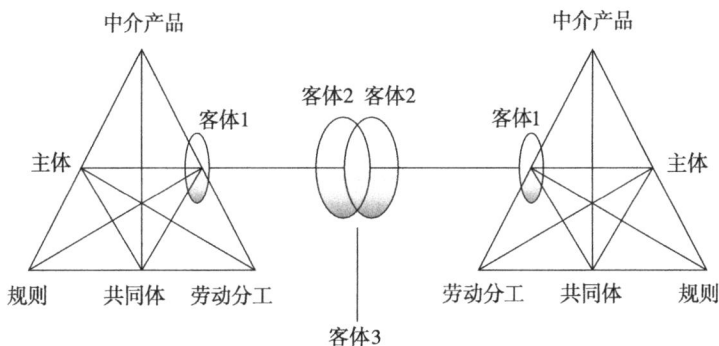

图 2.8　第三代活动理论（译自 Engeström 2001：136）

Engeström指出，活动的客体从初始的未加考虑的、情境下既有的原始材料（unreflected, situationally given raw material）（客体1）转变为由活动系统建构的有意义的集体性客体（客体2），再转变为潜在的共同建构的客体（客体3）。第三代活动理论有五个原则：（1）分析单位是集体的、具有中介工具的、客体导向的，处于活动系统网络中的活动系统。次级分析单位包括目标导向的个体或集体行动和自动化的操作等。它们只有在整体的活动系统背景下才能最终被理解。活动系统通过创造各种行动和操作得以运行和发展。(2)活动系统具有多重声音。一个活动系统永远都包括共同体中的多种观点、传统和兴趣。某项活动中的劳动分工为参与者设置了不同的职位，这些参与者有着自己不同的历史，因此，活动系统中存在多层次的历史，融入系统中的工具和规则中。在处于互动状态的活动系统中，这些声音会大量增加，需要不断进行协商。(3)历史性(historicity)。活动系统的形成和发展需要长期的实践。对于其中的问题和潜力的理解需要依赖其自身的历史，既包括活动及其客体的历史，也包括构成活动本身的理论/想法和工具的历史。(4)矛盾(contradiction)在变化和发展中发挥主要的作用。所谓矛盾，是指活动系统内部和系统之间长期积累下来的结构性紧张局面，分为主要矛盾(primary contradiction)和次要矛盾(secondary contradiction)。其中，主要矛盾存在于活动系统的所有元素中。活动是一个开放的系统，当一个活动系统从外部吸收新的元素时，新老元素会发生碰撞，导致次要矛盾的产生。这些矛盾既会带来困扰和冲突，也会带来活动的改变和创新。(5)活动系统内具有发生拓展性转变(expansive transformation)的可能性。当一个活动系统中的矛盾累积到一定程度，一些个体参与者就会开始质疑并偏离现有的规范。在某些情形下，这会带来合作的想法和有意识的集体性改变。当主体改变此前的活动模式，重构活动的客体/动机时，拓展性转变才得以实现。这种转变可以理解成一个集体跨越最近发展区的过程。要实现活动系统高质量发展，需要相对较长的周期，呈现为螺旋循环的过程。

　　基于以上观点，Engeström(2001)提出了拓展性学习循环(expansive learning cycle)(见图2.9)，描述了活动系统内由内部矛盾引发的拓展性学习。Engeström认为，每个目标的实现过程都会经历这种拓展性学习的螺旋循环。拓展性学习的循环过程就是活动系统内部和系统之间不同观念与声音相互碰撞、协商、融合的过程。

7. 巩固新实践

一级矛盾
需求阶段
1. 质疑

四级矛盾
关系重组
6. 反思全过程

二级矛盾
双重束缚
2A. 历史分析
2B. 现实分析

三级矛盾
阻力
5. 实施新模式

3. 构建新方案

4. 检验新模式

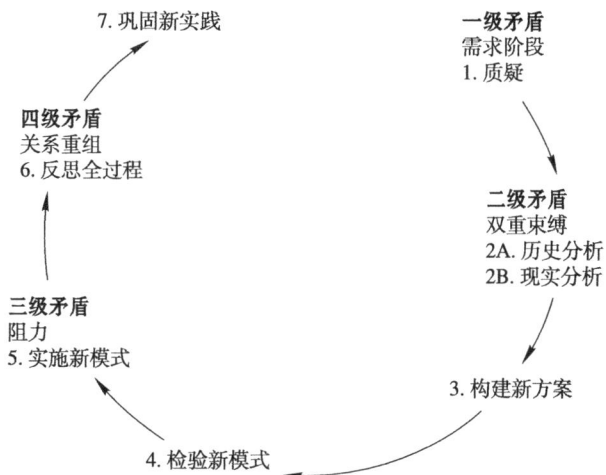

图 2.9 拓展性学习循环模型（译自 Engeström 2001：152）

　　拓展性学习循环模型强调个体和社会情境之间的动态关系，尤其是个体改变实践和重构活动的能力，为教师学习提供了新的理论框架。但是，该模型也面临着一些质疑，例如，它没有直接解释影响学习活动的各种背景因素，在强调学习活动拓展过程的同时并没有对知识获取过程做出明确的解释(吴刚、洪建中 2012)。解决这些问题需要进一步的理论和实践探讨。

2.4.3　情境学习理论

　　情境学习理论形成于20世纪80年代后期。它的兴起与学习理论的建构主义转型有关。与其同时代兴起的理论包括社会文化理论、分布式认知理论等。情境学习理论受到了文化历史心理学和活动理论等理论的影响，它也是一种社会性学习理论。它关注学习的情境性和文化性特征，中心议题是探讨认知和情境之间的关系（Daniels 2001）。与建构主义框架下的其他学习理论不同的是，情境学习理论拓展了对"建构内容"的认识，认为个体不仅在互动中建构自身的知识，而且还参与共同体中的意义和个人身份认同的建构，建构过程受到其所依存的情境的影响（王文静2005）。

1987年，美国教育研究协会（The American Educational Research Association，AERA）新任会长Lauren B. Resnick（来自美国匹兹堡大学心理学系）发表了题为"学校内外的学习"（Learning in school and out）的就职演说，并随后将该演说内容发表在期刊《教育研究者》（*Educational Researcher*）上。Resnick区分了日常生活情境和学校情境，并指出，校内学习是个体化的、无外部工具支持的、抽象的，强调内容的一般性和普适性，而校外学习是社会共享性的、有外部工具支持的、具体的，强调知识的情境性。此后，她又出版了一部专著和多部论文集，如《教育与学会思考》（*Education and Learning to Think*，Resnick 1987b）、《识知、学习与教学：罗伯特·格拉泽纪念文集》（*Knowing, Learning, and Instruction: Essays in Honor of Robert Glaser*，Resnick 1989）、《思考的课程：当前的认知研究》（*Toward the Thinking Curriculum: Current Cognitive Research*，Resnick & Klopfer 1989）、《社会共享认知的视野》（*Perspectives on Socially Shared Cognition*，Resnick *et al.* 1991），进一步奠定了情境认知理论和情境学习理论的基础。此后，Brown *et al.*（1989）的论文《情境认知与学习文化》（Situated cognition and the culture of learning）较为完整地阐述了这一理论。同时，以Jean Lave和Etienne Wenger为代表的学者从人类学的视角对情境认知和情境学习开展了研究。其中最有代表性的是以下两本专著：《情景学习：合法的边缘性参与》和《实践共同体：学习、意义和身份认同》（*Communities of Practice: Learning, Meaning, and Identity*，Wenger 1998）。

情境学习理论认为，知识和学习是与情境化的社会实践活动联系在一起的，知识体现在实践共同体成员的活动和文化之中，学习者通过参与共同体中的社会实践活动逐渐形成这种知识。学习不仅是一个个体建构意义的心理过程，更是一个具有社会性和实践性并以差异化资源为中介的互动参与过程。知识的意义以及学习者自身的身份和角色都是在学习者与情境的互动、学习者与学习者之间的互动过程中生成的。

情境学习理论强调知识的默会性和情境性。Lave（1988）通过对考试和超市购物两情境的对比发现，同一个人在不同情境下（如考试和超市购物）对"Becca有4个苹果，Maritza有5个苹果，那么总共有几个苹果"这一问题的回答存在不同。在考试中，这个问题的答案只有一个，即9个苹果。但在超市购物的情境中，如果要回答"一共需要购买几个苹果"的问题，答案则有多种可能。购物者需要考虑到家里剩余苹果的数量、孩子的人数、每人每天要吃的苹果数量、距离下一次购物的时间间隔、冰箱的存储空间等因素，综合决定一共要购买多少个苹果。这个答案是由购物者所面临的具体情况所决定的。Lave认为，在设定问题、寻找答案的同时，问题也被答案重新定义了；问题和答案都是在"超市购物"这个活动情境下形成的。因此，她认为活动这一概念应该包括进行活动的人、活动的场所和活动本身，人的思维活动是一种情境下的认知活动，是由情境、活动和活动中的人共同构成的。

在解释情境性知识（situated knowledge）这一概念时，Brown *et al.*（1989）指出，传统的教学实践暗含这样一种假定，即概念性知识可以从学习和应用的情景中抽象出来，而正是这种假定在很大程度上限制了教学实践的有效性。此外，他们将知识与工具进行了类比并指出，工具及其使用方式体现了共同体成员的集体智慧，如果不了解使用工具的共同体或文化，就不能正确使用工具。因此，学习知识不仅意味着要掌握知识所涉及的明确规则，还意味着要了解知识在共同体的活动情境中的使用时机和使用条件。共同体成员的观点以及共同体所拥有的知识本身决定了知识将如何被使用。知识的意义不是固定不变的，而是共同体成员互动协商的产物，是受到共同体中的文化和活动影响的。在共同体中，知识、活动和文化是相互依存的，学习时必须兼顾这三者。他们同时还提出了学习中的文化适应（enculturation）这一概念，指出文化群体中的成员通过观察和实践逐渐学会群体共享的语言，模拟群体的行为，并在言行方面与群体的标准保持一致。

通过对手工业学徒的实地调查研究，Lave & Wenger（1991）发现了在学习过程中情境性的默会知识对新手的重要性。他们认为，和学徒一样，经过长期的耳濡目染，普通学习者会在真实的情境中潜移默化地获得大量的默会知识，又会将这些知识应用到真实的情境中。在此过程中，学习者从共同体的边缘走向核心，最后充分参与，在真实的情境中不断成长和发展。这就是"认知学徒制"（cognitive apprenticeship）的含义。

Lave & Wenger认为，学习是情境性的活动，是现实世界中创造性社会实践活动的一部分，是对不断变化的实践的理解和参与。他们进而又提出了情境学习的概念框架，即学习是一个社会性协商的过程，是"合法的边缘性参与"（legitimate peripheral participation）过程。合法的边缘性参与是情境学习理论中的一个核心概念。所谓"合法"，是指情境中的学习者必须是共同体中的"合法"参与者，即实践共同体中的各方都接受新手成为共同体中的一员。在一个实践共同体中，"参与"包括多个层次和方式。"边缘性"是一个积极的术语，表明参与程度和方式的多元化、多样性，指参与者或多或少地参与共同体，与之相对的概念是对共同体活动所表现出的"不相关性"（unrelatedness）或"非相关性"（irrelevance）。合法的边缘性参与具有动态性。随着时间的推移，参与方式和参与者的个体身份都在不断地改变。刚进入实践共同体的新手只能参与实践共同体中的部分活动，承担部分责任，进行边缘性参与。随着技能的增长，他们才被允许做重要的工作，进入共同体的核心。在参与过程中，新手对共同体中专家的工作进行观察，与同伴和专家进行讨论，在产生知识的真实情境中学会建构知识，也学会利用其中的资源。他们对资源的利用程度随着学习的不断深入而加深，他们也从边缘的外围参与逐渐过渡到核心的实质性参与，其身份也逐渐从"新手"和"学徒"过渡为"老手"和"专家"（Lave & Wenger 1991）。

学习者是在参与实践共同体的过程中进行学习的。所谓"实践共同体"，是指"人、活动和世界之间的一套关系"，它既随着时间的变化而变化，也与其他或疏离或交叉的实践共同体保持着联系（Lave & Wenger 1991：98）。实践共同体是知识得以存在的内在条件，是分析学习的基本单位。Lave & Wenger 认为，共同体的成员具有共同的文化和历史，共同的目标、信念体系和实践活动。新成员在参与团体实践活动时，从老成员那里继承共同的经验和社会规范，个体也在不断建构知识和能力的基础上逐渐确立自己在团体中的身份及与其他成员的关系。同时，新成员的成长又会推动共同体的发展。在这种持续、循环的相互作用中，个体与共同体不断发展、进步。这种发展具有循环再生性和可持续发展性。因此，个人从个体学习者到社会实践参与者的身份转变过程十分重要。成员在这一过程中能够逐步获得知识，同时成员之间的相互交流也会促进新思想火花的迸发，以及新知识的创造。知识就是行动中的个体与他们的行动环境相互作用的结果（Wenger 1998）。

情境学习理论立足于对传统学校的批判，从对学习理论研究的反思出发，既满足了学校实践的需求，又顺应了学习理论不断发展与丰富的趋势。它关注由个体、共同体以及环境资源等构成的活动系统整体以及系统中各个成分之间的互动作用，具有较强的理论整合性，对以往的学习理论也有更大的包容性和扩充性（王文静 2005；姚梅林 2003）。但也有研究者指出，情境学习理论对实践共同体的过度关注可能会使研究者忽视完整的生命个体，而这些个体往往又有着共同体以外的生活经验，这会导致研究者的关注点仅局限于特定的实践共同体（夏家发 2000）。

2.4.4 合作探究式学习

社会建构主义视角为外语教师教育研究提供了强大的理论基础，为理解和促进不同环境下的教师学习开拓了有效路径。社会建构主义视角强调学习是个体在社会文化情境下，通过与他人的互动共同建构知识的过程。Johnson（2006）指出，社会文化理论的核心概念有助于理解教师学习的内在过程。根据社会文化理论，教师学习是一个植根于物理和社会情境中的动态的社会活动，是个人与其所参与的活动、所使用的中介工具进行互动的结果。因此，教师学习具有社会性、情境性、互动性。教师学习的过程是其参与实践共同体的过程。教师在共同体的社会性协商过程中共同建构知识，同时也推动着共同体的发展。教师学习研究需关注教师群体的实践活动与社会文化情境的协同作用以及教师学习活动的主体、客体、中介工具与共同体等诸要素对教师发展的重要意义。这一观点与情境学习理论、批评社会理论等理论的观点是一致的。它们共同引领了外语教师教育研究的社会文化转向。

社会文化理论视角下的教师学习具有以下五个主要特点（崔琳琳、杨鲁新 2014）。第一，学习是个体参与某一社会群体的话语和实践活动的过程。第二，学习是获得活动系统内的知识并在该系统内创造新知识的过程。第三，学习是人与社会情境持续互动的过程。换言之，教师学习既是个体受到特定社会文化情境影响的过程，也是个体重塑环境的过程。第四，教师学习是教师个体在已有经验和中介工具调节下获取意义的过程。教师个体的经验和中介工具对学习有着重要的影响。第五，情境是教师学习研究的重要分析单位。

由此，Johnson（2009）指出，如果承认社会文化、历史情境对教师学习的影响，就需要重新界定教师专业发展。除了传统的课程学习、工作坊、研讨等方式之外，教师专业发展还可以发生在教师的非正式社会和专业关系网以及课堂中。社会文化理论视角下的教师学习是一种自我导向式（self-directed）、合作式（collaborative）、探究式（inquiry-based）学习，是教师"在实践中、通过实践、为了改进实践而开展的系统性学习"(Johnson 2009：112)。合作探究式教师学习[1]的主要途径包括：合作发展（cooperative development）、批判性朋辈小组（critical friends groups）、同伴指导（peer coaching）、课例研究（lesson study）、教师学习小组（teacher study groups）等。

尽管这些教师学习途径的具体形式和实施步骤不尽相同[2]，但它们具有一些共同特点，那就是强调教师学习要基于学校或专业实践共同体的合作文化，提倡教师在共同体中开展反思，进行平等对话和分享，并在此基础上对自身的教学和教学背后的个人理解进行探究。在探究的过程中，教师应与教学的情境、自己、同伴或周围其他人开展对话，这旨在加深他们对教学的理解，提高教学效果，促进学生学习。由此可见，这种合作探究式学习也是一种问题导向式学习。

这种合作探究式教师学习承认教师的参与和情境在教师学习中的核心地位，为教师开展基于证据的学习、做出合理的教学决策创造条件。作为一种中介工具，合作探究式教师学习过程中的对话或互动为教师学习创造了中介空间，帮助教师达到最近发展区，实现教学的进步。教师通过对自身的教学和学生的学习开展持续、深入、系统的反思和探究，推动自身的认知发展，与同伴和教师教育者进行持续性的对话，解决自身专业发展和课堂生活中所遇到的问题，并进一步推动自己在课堂、学校和更广阔的专业实践共同体中的社会化进程。

针对合作探究式教师学习，社会文化理论、活动理论和情境学习理论都表现出强大的解释力。根据社会文化理论，教师合作的基本方式是开展对话。作为中介工具的语言促进了这种互动。教师通过语言传递、交换信息，就所探讨的问题达成共识，实现自身的变化和发展。教师间

1　Johnson（2009）中回顾的合作探究式教师学习途径与本书第六章列举的合作式教师学习途径基本一致。为了叙述的方便，本书第六章将强调基于合作的外语教师学习途径单独归纳为"合作式外语教师学习"，将包含系统性数据收集和分析过程的、有目的的外语教师研究活动归纳为"基于研究的外语教师学习"。在Johnson（2009）看来，这些活动都是教师对教学的一种探究。

2　本书第六章将具体探讨这些教师学习途径的内涵、实施步骤及相关实证研究。

的合作也体现了支架作用下最近发展区的跨越。在活动理论框架下，教师作为参与主体，具有较强的促进自身发展的主观能动性。他们基于共同的目标形成学习共同体，建立合作关系，借助语言这一中介工具，通过不同的学习途径采取具体的学习行为，在共同体中遵守合作的原则和制度，承担各自的职责和任务，扮演不同的角色，为了实现目标、产出成果而进行社会实践（如互动）。在教师合作的整个活动体系中，在具体的情境下，教师与他人进行互动，分享知识和经验，在一系列的社会实践中实现个人的发展。根据情境学习理论，教师学习是教师参与实践共同体，并在其中通过互动不断建构情境性知识和专业身份的过程。教师的知识是在其与学生、家长、管理者和同行的互动协商中形成的。因此，Darling-Hammond & Richardson（2009）指出，有效的教师专业学习途径就是专业学习共同体。

2.5　小结

教师学习理论的发展与教育学和心理学对于学习这一现象认识的变化有着密切的联系。理论是研究的基石，引领着研究的方向。本章介绍了教师学习领域中四个颇具影响力的理论流派，探讨了这些理论的基本观点及其对教师学习模式的影响。这些理论流派围绕"学习是什么""学习如何发生"等问题展开了探讨。简而言之，行为主义学习理论认为学习是刺激—反应之间联结的加强，人本主义学习理论认为学习是自我的变化，个人建构主义学习理论认为学习是个体积极建构意义的过程，社会建构主义学习理论则强调学习是个体参与社会性协商并建构意义的过程。

受到不同理论的影响，教师学习的途径也发生了变化。行为主义视角下的教师学习是一种基于范例的学习，是新手模仿和操练"有效"教学行为的的过程。人本主义视角关注人的潜能、个性与创造性的发展，认为教师的发展是一个自我实现、自我选择的过程。个人建构主义视角下的教师学习是教师主动反思、参与体验式学习，并不断创造知识的过程。社会建构主义视角则更强调知识建构的社会性，强调教师通过参与实践共同体的活动，对自己的专业领域进行探究，获得情境性默会知识。

　　教师学习是发生在教师这一特定职业群体中的心理学现象。教师作为学习者这一概念的提出强调了教师专业发展的持续性、终身性和过程性特征。每一位教师都植根于特定的社会文化、历史情境，构建着自己的个人世界和专业世界，从懵懂中起步，在探索中成长。

第三章 教师学习的研究方法

教育是一种复杂的社会现象。教育研究属于社会科学研究的范畴，旨在寻求对教育现象、教育教学行为和过程等的理解和解释。20世纪60年代以来，教师教育研究逐渐成为教育研究中最为活跃的一个领域，在理论构建和研究思路等方面取得了巨大的进展。与此相对应的是研究范式和研究方法的发展。教师学习研究作为教师教育研究领域的一个重要议题，在研究方法方面遵循社会科学研究方法的理论假设、基本准则、逻辑思路和具体过程。本章主要探讨与教师学习研究相关的研究范式及具体研究方法，以期为研究者更好地开展教师学习研究提供方法论基础。

研究方法主要指研究的"思维方式、行为方式以及程序和准则的集合"，是开展研究的"计划、策略、手段、工具、步骤及过程的总合"（陈向明 2000：5）。陈向明（2000：5）指出，研究方法可以从三个层面进行探讨。其一是方法论，即指导研究的思想体系，包括基本的理论假设、原则、研究逻辑和研究思路等。其二是研究方法或方式，即研究的程序和操作方法。其三是具体的研究技术和技巧，即在研究中所使用的具体工具、手段和技巧等。下文将从这三个层面展开，首先对教师学习研究所遵循的主要研究范式和方法论进行回顾，然后对相关的研究方法及具体的研究技术进行介绍。

3.1 教师学习研究的主要范式

"范式"（paradigm）源自希腊语paradeigma，意思是"模式"（pattern）或"模型"（model）。Kuhn（1962：10）首先使用这一概念来描述特定的研究者群体从事研究工作时所共同遵循的范例，它是包括定律（law）、理论（theory）、应用（application）及手段（instrumentation）的集合。在Kuhn看来，范式是研究人员开展常规科学研究时所遵循的理论基础和实践规范，是某一学科领域的研究者群体所共同遵从的世界观和行为方式，在某种程度上包含了研究者共同认可的基本理论、观点和方法，以及他们共同接受的信念、自然观和世界观。范式决定了科学研究所关注的研究对象、研究内容、研究问题、研究假设、研究方法及相应的研究工具、对结果的解释等。Kuhn关于范式的概念最初只涉及自然科学，是其开展自然科学史研究时提出的。此后，西方社会科学界对这一概念进行了广泛的借用。

自20世纪初以来，教育研究领域出现了科学和人文两大范式并存的局面。前者源于自然科学的研究方法，认为社会科学和自然科学的本质是一样的，都是寻找那些用以规范个人和社会行为的自然普适法则。它强调通过科学化、量化的研究和数学工具来建立教育的科学体系，该范式下的研究侧重于确立因果关系并做出解释，这种研究范式称为实证主义范式（positivist paradigm）。后者从人文学科衍生出来，虽然认同自然科学和传统社会科学的目标，但在描述和解释个人行为时更强调个体的差异。它注重整体性和定性信息，从反实证主义（anti-positivism）的视角强调对现象的理解，以揭示其背后所蕴含的意义，亦称为解释主义范式（interpretive paradigm）（Cohen *et al.* 2007）。

在社会科学领域，研究范式的分类由本体论（ontology）、认识论（epistemology）、方法论（methodology）这三方面的理论视角和概念假设决定。其中，本体论主要关注社会现实的本质与形式；认识论是关于知识的理论，关注研究者与研究对象（即社会现实）的关系属性；方法论则关注研究者如何探究研究对象（即社会现实），即研究者如何发现知识。本体论决定了对认识论和方法论问题的解答，进而决定了具体的研究方法（Guba & Lincoln 1994）。本节将主要从本体论、认识论和方法论这三方面分析实证主义和解释主义这两个研究范式。

3.1.1 实证主义范式与量化研究

作为一个哲学传统，实证主义植根于古希腊以来的西方哲学中。作为一个具有明确内涵的哲学思潮，实证主义首先由法国哲学家Auguste Comte提出。Comte不仅首创了社会学这一领域，提出了社会学的框架和构想，还开创了社会学实证主义研究的传统，并致力于将实证主义的科学精神贯彻到所有的知识领域中。他认为，获取实证知识应采用自然科学的研究方法，如实验法、调查法等，并将之应用到社会科学研究中；而这些方法所蕴含的基本原则代表着一个明确的科学观，即社会与自然同质，应采用自然科学的原则和理论来解释社会现象，以建立知识的客观性（转引自Oldroyd 1986）。此后，实证主义经历了巨大的发展和变化，对20世纪的哲学研究产生了重要影响，也在各个研究领域占据了主导地位。

19世纪末，在实证主义范式的影响下，教育研究开始向着科学化的方向发展。研究者在普通心理学、实验教育学和教育心理学等领域首先尝试了定量研究方法，从而在教育研究领域逐渐确立了实证主义范式，形成了教育学的定量研究传统。实证主义范式为教育研究引进了现代科学研究方法，使得教育研究迅速科学化、课题化、专业化。

在本体论方面，实证主义认为社会现象是独立于人的意识之外的客观存在，可以作为客观事实被独立研究。在认识论方面，实证主义认为知识是刚性、客观、有形的，是独立于人的意识之外的产物；研究主体和研究客体是两个独立的实体，前者只能通过一定手段获得对后者的认识，机械地反映后者。在方法论的理解和选择上，实证主义强调量化的必要性，注重对概念的定义和测量，主张通过科学的方法分析不同因素间的关系及其规律，寻找能够解释所观察现象的普适法则并从中发现潜在的主题。

实证主义范式在教育研究的目的、对象、方法和过程等方面都有鲜明的特征。在研究目的上，实证主义认为，教育是一种客观事实，研究应致力于发现和总结教育活动中普遍存在的规律和行为。在研究对象上，实证主义强调研究对象的客观性，注重说明并阐释教育事实，揭示教育规律。在研究方法方面，实证主义认为教育科学可以直接借鉴自然科学的方法论，遵循自然科学研究的一般程序，如提出假设、实验测定、分析数据、结果验证等，通过实验、调查等方法对教育现象进行量化分析，用普遍法则和理论来解释教育现状，预测教育发展，实现教育研究的精确化、科学化。在研究过程中，研究者应排除先入为主的判断或个人的价值观取向，只对研究对象进行客观的描述，揭示事实或变量之间的关系，得出客观的结论。一般步骤包括：收集研究数据、基于数据对假设进行检验、根据假设检验的结果构建新的理论等。

3.1.2　解释主义范式与质性研究

解释主义范式的出现与反实证主义息息相关。由于自然科学的成功，实证主义被视为唯一正确的范式，成为科学研究的普遍方法，这导致人文社会科学逐渐丧失了独立性。19世纪中期，不少有影响力的人文社会科学家纷纷对实证主义展开了批判。他们指出，人文社会科学的研究对象是社会现象和人，这与自然科学存在巨大的差异，因此不应直接套用自然科学的方法论。他们主张回归人性化的理解传统，以争取人文社会科学的独立地位。19世纪末，文化教育学在德国的教育研究领域逐渐兴起。文化教育学的奠基人Wilhelm Dilthey在其于1888年发表的《关于普遍妥当的教育学的可能》（Über die Möglichkeit einer allgemeingültigen pädagogischen

Wissenschaft）一文中明确否定了超越时代、超越民族、寻求普遍意义的教育研究（转引自谢地坤 2008）。他将历史主义思维引入教育学，以心理学和伦理学等精神科学作为理论基础，构建了文化教育学的体系。Dilthey倡导充分运用哲学或精神科学来理解人的社会性和历史性，提出要对精神生活进行理解，这奠定了"理解"成为人文社会科学独特的方法论的基础。经过进一步发展，"理解"不仅成为一种思维方式，而且被提升到本体论的高度，成为解释主义的核心方法，逐渐为研究者所接受（冯建军 2003）。20世纪20年代以来，以理解为基础的解释主义范式成为与实证主义范式并存且相互斗争的主流教育研究范式。

在本体论方面，解释主义范式认为，社会世界不同于自然界。社会现实是个人意识的产物。人们在活动中有目的地行事并生成意义。在认识论方面，解释主义认为，知识具有个人的主观独特性，研究主体与研究客体是不可分离的，二者互为主体、相互渗透。主体对客体的认识是主客体在互动过程中对客体的重新建构。人作为行为的发起者和自由支配者能够塑造自己的环境。在方法论方面，解释主义强调个人主观经验在创造社会世界中的作用，研究的关注点是主观的、相对的社会世界，而不是客观的、绝对的外部现实。研究目的是了解个人如何创造、改变、理解世界，并解释个体行为的独特性。因此，研究者可以深入实地或现场，在自然的环境下与研究对象共同生活，倾听他们的心声，了解他们的想法，并对其生活和经验进行意义建构。

解释主义范式在理解教育研究的目的、对象、方法和过程等方面也具有显著的特点。解释主义认为，教育活动是人的有意识的活动，具有主观性。研究的目的不是发现客观的规律，而是揭示教育在主观世界中所蕴含的意义，并对之进行体验、表达和理解，解释教育的丰富内涵，推动其实现更深层次的发展。这种研究不是通过客观量化的方式来发现规律，而是理解和解释这些事实背后的意义。在研究对象方面，解释主义范式以整体观审视教育现象，注重教育行为的个体性和情境性，强调在真实自然的情境下对研究对象及与之相联系的人、事、物等因素进行整体性研究，注重对研究对象的社会文化、历史情境的理解，揭示其中所蕴含的意义。在研究方法方面，解释主义范式将研究者本人作为研究工具，采用民族志研究、叙事探究、现象学等质性研究方法，通过访谈、观察等手段收集数据，通过描述特定的教育场景、现象或过程，揭示其中所蕴含的意义，探索教育现象中不同要素之间的联系，形成基本的理论模型或概念系统，实现对教育现象的深入理解，对今后的教育行为产生影响。在研究过程中，研究者带着个人的经验和知识深入到研究的场域，与研究对象和文本积极互动，形成对研究对象的理解，从而揭示教育现象的意义及特殊性。

3.2　教师学习研究中的主要研究方法

方法论决定了研究中需要使用的具体研究方法和数据收集方法。本节将主要介绍量化和质性这两个方法论体系中最为常用的三种研究方法。

3.2.1　调查研究

3.2.1.1　调查研究的基本概念

调查研究是社会科学研究中最基本的研究方法，也是教育研究中常用的研究方法之一。调查的目的是通过从研究对象总体（population）中抽取的样本（sample）处所收集的数据，推断出研究对象总体在某一个时间点上的状态、态度或行为等信息（Nunan & Bailey 2009）。调查研究中最常用的数据收集工具是问卷。作为一种书面的数据收集工具，问卷向研究对象呈现一系列问题或陈述，要求研究对象通过选取答案或给予主观答复的方式提供事实性、行为性和态度性信息（Brown 2001；Dörnyei

2003）。其中，事实性问题主要收集研究对象的个人信息，包括年龄、性别、教育背景等。行为性问题主要收集研究对象现在或过去的某种行为或习惯方面的信息，如学习策略、学习习惯等。态度性问题主要探究研究对象的所思、所想，例如其态度、观点、信念、兴趣、价值观等。

问卷的形式多种多样，其中最常用的是李克特量表（Likert scale）。该量表是一种等级量表，一般采用三、五或七个选项，每个选项都有相应的文字描述。例如，让研究对象在一个五分量表上评价他们对外语教学的某种认识，相对应的五级选项为"非常同意""同意""不确定""不同意""非常不同意"，分别记为5分、4分、3分、2分、1分，每个研究对象的态度总分就是他/她对各道题所做出的回答的分数总和。这一分值可以说明研究对象态度的强弱及其在五级态度分布上的位置。

调查研究的主要优势是操作简单易行，对时间、精力和资源等方面的需求较低。通过发放问卷，研究者可以在短时间内获取大量信息；借助数据分析软件，研究者能够相对迅速地完成数据分析。此外，问卷调查用途广泛，适用于针对各种类型的研究对象、不同主题下的研究。在外语教师学习领域，问卷调查主要用来描述教师学习的结果，如探究影响教师学习参与度的因素（Tang *et al.* 2016），追踪教师在学习过程中所呈现出的知识、信念的动态变化等（Peacock 2001；Richards *et al.* 2001；Scott & Rodgers 1995；Tatto 1998；Tillema 1998）。例如，Tang *et al.*（2016）采用问卷调查法研究了香港特别行政区132位职前教师在教育学硕士项目的实践和理论课程中的参与度（engagement）及其与教师所感知的专业能力（professional competence）之间的关系。Richards *et al.*（2001）采用问卷调查法调查了112位外语教师的教学信念、课堂教学行为的变化以及导致这些变化的因素。Peacock（2001）使用问卷调查了146位英语作为第二语言（English as a second language，ESL）职前教师在三年学习过程中的教学信念变化。在一些研究中，问卷也作为一个辅助研究工具，帮助研究者筛选出符合研究需要的研究对象。例如，

El-Bilawi & Nasser（2017）利用开放性问卷从30位潜在研究对象中筛选出符合研究需要的20位教师进入正式的数据收集环节，并通过访谈最终确定了13位教师作为研究对象。

尽管问卷调查是一种经济、高效的研究方法，但它也存在一定的不足。第一，问卷调查主要用来描述变量的特点或变量之间的关系，回答"是什么"的问题，但这种描述性研究过于简单，不利于对研究对象进行深入的理解，难以回答"为什么""怎么样"等问题。要探究变量的内部机制，需要采用质性研究方法。第二，在问卷调查中，研究者缺乏与研究对象进行面对面交流的机会，研究对象所给予的回答是得出研究结论的唯一依据。此类研究方法对研究对象的参与度和诚信度依赖性较高，研究对象的语言水平、他们对问卷内容的理解以及参与问卷调查的态度等都会对数据的信度产生影响。因此，许多研究采用混合研究设计，在大规模发放问卷的同时还增加访谈等数据收集工具，以增强研究的信度和效度，全面深入地对研究议题展开探究。

3.2.1.2 调查研究的实施

调查研究的主要目的是在不对研究对象施加干预的情况下获取其想法、态度、观点等信息。调查研究的实施过程较为简单，主要包括三项任务：（1）设计问卷；（2）选择研究对象；（3）收集数据（文秋芳 2001）。

一、设计问卷

与个案研究、叙事探究等质性研究方法相比，问卷调查耗时少、费用低，但设计一份高质量的问卷却并不容易。问卷设计一般包括以下几个步骤：（1）拟定问卷题目，建立问卷题库；（2）选择问卷题目并排序；（3）确定问卷的外观样式；（4）试测问卷，进行问卷项目分析（Dörnyei 2003）。

（1）拟定题目，建立题库

问卷题目主要有两个来源渠道。其一，从现有的研究中借用；其二，从前期探索性质性研究中收集，如焦点小组访谈、学生/教师反思等。研究者可从不同渠道获取尽可能多的问卷题目，建立题库，供后期筛选。

问卷题目的措辞非常重要。措辞不当的题目可能会给研究对象造成理解上的困难，从而影响回答的质量。一般来说，题目的措辞应尽可能简单直接、通俗易懂，避免使用专业术语、缩略语等；避免使用含义模糊（如"许多""经常"）、语气绝对（如"从不""总是"）或带有情感色彩（如"传统方法""真实的语言"）的语言；避免导向性语言（如"我喜欢实践性很强的教师培训课程""我和许多研究者一样都认同反思的重要性"）。问卷应平衡正反两个方面的问题，避免研究对象不经思考就选择单一方向的答案。

（2）选择题目并排序

在建立问卷题库之后，研究者首先需要对题库中的问题进行筛选。问卷一般会将所探究的概念分成若干个维度，每个维度下包含若干个题目。一般来说，在选择题目的阶段，每个维度下的题目数量不应少于4个。这主要是为了避免对某个题目的过度依赖，从而影响问卷的有效性。一旦后期试测问卷时发现某个或某几个题目质量不高，就可以删除这个/些题目，同时保证各维度下还能留存足够数量的题目用于研究。在选择题目时，可以设计一个表格，一列是问卷的各个维度，另一列是各维度对应的题目编号。研究者通过反复阅读问卷题目，保证同一维度下的题目数量充足，且内容共同指向该维度。

接着，研究者需要对题目进行排序。问题的排序在问卷设计中十分重要，因为任何一个问题的含义都可能被出现在其前后的问题所影响，最终干扰研究对象的理解和回答（Dörnyei 2003）。

对问题进行排序时一般遵循三个原则。第一，问卷整体结构要清晰、有序。同一类型或同一主题下的题目应归为一个部分，清楚地与其他部分分开，必要时每部分需提供明确的指令。第二，问卷开头部分的问题应尽量简单、有趣、重点突出。这能使研究对象对问卷形成一个良好的第一印象，并愿意花时间继续回答。Cohen et al.（2007）指出，问卷题目排序的关键是避免过早给研究对象带来一种不良的情绪（如不愿意继续回答问卷的情绪)或某种心理预设(如研究者希望我如何回答)。第三，问卷题目应遵循从客观到主观的顺序，将事实性问题放在最前面，接着是封闭性问题，最后是开放性问题。问卷开头可设置风险性较小的事实性问题，如年龄、性别、工作年限、教育背景等。开放性问题一般放在问卷的末尾，因为一般回答此类问题需要仔细思考或提供一些敏感的个人信息(如个人的想法)，这容易使研究对象产生畏难情绪，从而影响他们对其他封闭性问题的回答。

(3)确定问卷的外观样式

在确定了具体的问卷题目及其顺序之后，就需要对问卷进行排版。问卷的排版会影响研究对象回答问卷的态度，进而影响他们的回答质量。一般而言，一份问卷包括标题、指令(关于问卷的整体性指令和具体的任务指令)、问卷题目、附加信息(如研究者的联系信息、问卷的回寄地址)以及感谢语等五个部分。问卷的整体长度不宜过长，控制在四页左右为宜，研究对象完成问卷所需的时间不应超过半小时。在教师学习研究中，研究对象主要是教师，他们的工作时间非常紧张，往往只能在课间或午休时完成问卷。因此，最好将问卷控制在三页左右，将预计完成时间控制在20分钟左右。

在格式方面，问卷一般用A3大小纸张正反面打印，装订成册。这样使问卷更易读，翻页也更方便。不要为了节省空间而减小行间距，使内容挤在一起。这样容易使研究对象觉得任务有难度，降低其参与积极性，最终导致问卷回收率或回答真实性降低。研究者可以使用11或12号字体，适当减小页边距；问卷页面要打印清楚，重点处可用粗体突出显示。在问题的排序方面，建议用罗马数字(如Ⅰ、Ⅱ、Ⅲ)标识每个部分，用阿拉伯数字(如1、2、3)标识每一道题。如果某些问题又包括若干细节，可用小写英文字母(如a、b、c)标识，例如第Ⅱ部分第1b或6c题。

(4)试测问卷

在正式发放问卷之前，研究者一般需要进行小规模试测，以发现潜在的问题，及时予以修正。在试测过程中，研究者应重点关注题目的内容、措辞、顺序、难度、指令、格式等。首先，研究者可邀请潜在研究对象参与访谈，检查他们对问题的理解与研究者的初衷是否相符。接着，研究者可对问卷进行小范围试测，并对数据进行初步分析。试测对象应与参加正式调查研究的对象相仿。研究者可通过一些统计手段，如因子分析、信度分析等，检测问卷的结构效度和信度。通过对访谈结果进行分析和使用统计手段进行检验，研究者可以考虑删除一些质量较差的问题，修改一些措辞有问题或容易造成歧义的问题，并对完成问卷所需的时间、问卷的难易度、排版及后期正式调查研究可能用到的数据分析工具进行检验。

二、选择研究对象

调查研究的基本假设是通过研究样本可以推断出研究对象总体的情况。因此，研究者需要从研究对象总体中选择一个样本进行研究，并尽可能将样本中的发现应用到总体中。这就要求样本具有充分的代表性。那么如何从总体中选出具有代表性的样本呢？这就需要研究者根据研究需要选择恰当的抽样方式。一般来说，常用的抽样方式包括（Nunan & Bailey 2009）：简单随机抽样（simple random sampling）、系统抽样（systematic sampling）、分层抽样（stratified sampling）、整群抽样（cluster sampling）、方便抽样（convenience sampling）、目的抽样（purposive sampling）（详见表3.1）。

表 3.1　抽样方法

抽样方法	抽样步骤
简单随机抽样	从总体中随机抽取研究对象
系统抽样	通过一定的抽样间距进行抽样（如每隔20或30人抽取一人）
分层抽样	将研究对象按照一定标准（如性别）分组后再进行随机抽样
整群抽样	将研究对象分为若干群组，再随机抽取几个群组（如从某市随机抽取若干个区）
方便抽样	从可获得的潜在研究对象中以最方便的方式选取研究对象
目的抽样	根据既定的抽样标准选取符合标准的研究对象

（译自 Nunan & Bailey 2009: 128）

在以上六种抽样方法中，前四种都属于随机抽样的方法，通过这些方法可以获得较有代表性的样本，较适合开展问卷调查研究。后两种抽样方法抽样误差较大，在代表性上有一定缺陷，不常用于问卷调查研究。其中，方便抽样仅适用于探索性研究或小规模的问卷试测，而目的抽样则常用在个案研究等质性研究中，有助于研究者在短时间内确定符合研究需要的、能够积极配合研究的小型样本。

除了具体的抽样方法之外，开展调查研究前还应确定研究对象的数量。样本的大小取决于研究的目的和内容。如果研究的主要目的是调查我国中小学英语教师专业发展的现状，那么样本就要足够大，抽样应覆盖我国不同区域，样本要具有足够的代表性。如果研究的主要目的是调查某市中小学骨干英语教师的专业发展现状，那么研究者只需在该市的所有中小学骨干英语教师中进行抽样，样本可以相对小一些。一般来说，根据统计分析的要求，问卷调查的最小样本量不可少于30人。如果涉及不同组间的比较，每组的样本也至少需要30人。

三、收集数据

当问卷印制好，抽样也完成后，就可以收集数据了。与问卷的设计一样，问卷的发放也会影响研究对象答案的质量，对于研究而言也十分重要。一般来说，问卷既可以通过邮寄的形式发放，也可以由研究者以一对一的形式当面向研究对象发放，或是通过电话等形式向研究对象发放。但是，集中发放是外语教学和教师教育研究中最为常见的一种发放形式。在这种形式下，研究者将研究对象集中到某一场所(例如，在某个教师培训的现场、某课程的课堂中)，向研究对象统一发放问卷，这能保证问卷有相对较高的回收率。

教师教育研究的主要研究对象是教师。在发放问卷时，研究者应尽量展现出专业研究者的身份，简单、清晰地介绍研究的相关情况。在该过程中应尽量表现出友善和专业性，争取给研究对象留下良好的印象，使他们形成积极参与研究的态度。研究者需要介绍的内容包括两个方面。

其一是告知参与者研究的背景，包括研究的目的、主要内容、重要性，以及研究对象选取的依据等；其二是告知参与者问卷调查的相关事项，如所需时长、答题方式、对研究对象个人隐私的保护情况等。介绍结束后，研究者还可以邀请研究对象针对自己关心的问题进行简短提问，并在有可能的情况下向研究对象承诺会针对问卷调查的结果提供反馈。

研究者在介绍研究目的时应讲究技巧。尽管研究的伦理道德要求研究者向研究对象充分介绍研究的相关信息，以获取其知情同意。但在某些研究中，将真实的研究目的和盘托出可能会给研究带来"致命"的问题。例如，在一项探究教师认知与课堂教学行为关系的研究中，如果研究者将研究目的如实告诉教师，就很可能会影响他们的回答，进而影响研究的效度。在这种情况下，研究者可以换一种说法，例如，本研究主要调查教师开展教学时的所思所想。这既避免了专业术语可能会给教师带来理解上的困难，又避免了教师因为猜测研究意图而给出不真实的答案。是否能够以及在多大程度上能够向研究对象透露真实的研究目的，在很大程度上取决于研究者的经验和主观判断。

3.2.2　个案研究

3.2.2.1　个案研究的基本概念

个案研究起源于19世纪中期的法国社会学研究领域，后广泛应用于各个领域。个案研究传承了解释主义的研究传统，是外语教学、二语习得、外语教师教育研究中一种常用的质性研究方法。

个案研究是针对真实情境下的某一现象所开展的实证研究（Yin 2009）。从分析的单位来讲，个案研究就是针对个案的研究，其研究对象是处在自然环境下的单一实体。因此，Merriam（1988：16）将个案研究定义为针对"单一实体、现象或社会单元所进行的全面、深入的描述和分析"。

尽管不同的研究者从不同角度定义个案研究，但他们给出的定义有两个共同点（Nunan & Bailey 2009）。其一，他们都将个案视为"有边界的实例"（bounded instance）。这个"边界"既可以是空间上的，如某所学校、某位教师或某名学生，也可以是时间上的，如一堂课（有明确的开始和结束时间）。其二，他们都承认研究现象的情境性。与调查研究不同，个案研究不强调研究对象的代表性或规模性，而是注重对个案及其所处的自然情境的观察、描述和解释。

除了边界性和情境性之外，个案研究还有历时性、多角度验证性、特殊性和解释性等特点（Duff 2008；Nunan & Bailey 2009）。首先，个案研究在历时研究中具有天然的优势。研究者可以对个案进行较长时间（一年甚至以上）的追踪，探究研究对象的历时变化。在外语教师研究中，许多关于教师学习结果（Kang & Cheng 2014；Pennington 1995；Tang *et al.* 2012；Teng 2016；Yuan & Lee 2014；高强 2011）和教师学习过程（Ahonen *et al.* 2015a；Selvi & Martin-Beltrán 2016；So 2013）的历时研究都采用了个案研究的方法。例如，Tang *et al.*（2012）对四位随机选取的职前外语教师进行了为期四年的研究，追踪了他们在职前教师教育课程学习期间的教学信念变化。

其次，个案研究常常综合运用多种研究工具，收集多种来源的丰富数据，既能对研究对象进行深刻的描述，又能实现数据之间的相互验证。在教师学习研究中，个案研究常常被用来对教师的学习体验进行深度描绘，揭示教师对学习的态度及其学习过程的复杂性。该方法下研究所收集的数据常常包括教师反思日志、课堂观察和访谈数据，等等。不同来源的数据有利于研究者从多角度进行三角验证（triangulation），这也是提高研究效度的一种质量控制手段（Merriam 1998）。

再次，个案的特殊性和典型性与个案的边界性相关。当研究者基于某些标准选择典型个案进行研究时，他们注重的是对这些特殊个案进行深度理解，而不是发现普适性的规律。个案研究的逻辑基础是通过个案上升到一般结论的归纳推理形式。因此，个案研究注重的不是统计意义上的可推广性，不需要通过样本推测总体的情况，找出事物的规律并将研究结果推而广之。它注重的是分析意义上的可推广性，即通过研究某一个典型或特殊案例，来帮助研究者理解其他类似的个案、现象或情境。这就要求所选择的个案既具有典型性，又具有特殊性。通过个案研究，研究者既可以寻找共性，又可以揭示个案的特殊性。研究的目的在于通过对具有典型意义的个案的研究，形成对某一类现象较为全面、深入的认识。在阐释个案的意义时，Larsen-Freeman（1996）使用了这样一个隐喻：如果研究沙粒，你会发现每一粒沙都是特殊的；通过研究这一粒沙和其他类似的沙粒，你就能了解整个沙滩。

最后，个案研究具有解释性，即能为所研究的事物或现象赋予意义，并加以阐释。个案研究的主要功能是描述和解释。研究者通过对某一事物或现象进行清晰的刻画和描述，使读者感受到情境的内在意义。同时，研究者对所描述的事物或现象进行解释，寻找其中隐含的模式。

3.2.2.2　个案研究的实施

个案研究在教师学习研究中被广泛使用，主要用于回答"是什么""为什么""怎么样"这类描述性和解释性问题。其实施过程需重点注意两个方面：(1) 个案的选取；(2) 个案资料的收集。

一、选取个案

与问卷调查研究不同，个案研究的研究对象一般不需要通过随机抽样的方式选取。通常情况下，研究者会采用方便抽样和目的抽样这两种方式（见表3.1）。其中，目的抽样是个案研究中更为普遍的抽样方式，它有助于研究者根据研究目的抽取那些能够为研究提供最大信息量的个案。

选取个案时要考虑的一个重要问题就是确定个案数量：选择单一个案还是多个案。一般来说，选择单一个案主要出于三个考虑（Yin 2009）。其一，该案例是检验某一理论的"关键案例"（critical case），可以用于验证、质疑或拓展该理论。这种关键案例对于知识建构和理论构建有着重要的贡献，有助于某一领域聚焦今后的研究方向。其二，该案例具有极端性或特殊性。例如，入职非常不顺利、在第一年就选择放弃教师职业的新手教师；长期坚持学习、专业发展成果卓著的优秀教师。此类案例有助于研究者发现问题或现象的本质。其三，该案例具有启示性，能反映出以往一些研究未能触及的问题。除此之外，单一个案还可以用来开展探索性研究，为进一步的正式研究奠定基础。与单一个案相比，多个案能展现研究场景或对象的多样性，从多角度验证研究发现的准确性，提升研究的外部效度，更有利于新理论的构建和新知识的建构。陈向明（2000）指出，研究对象的选取主要取决于研究目的。当研究目的是回答"是什么"的问题时，研究者应该选取那些"典型的"、具有一定"普遍"意义的案例；当研究的目的是回答"潜在的可能是什么"这一问题时，研究对象则应该是一些特殊的、不同寻常的、达到极限的案例。

在选取个案之前，研究者首先要确定个案所应具备的条件或特征，如教龄、教育背景等。如果是多个案，研究者还要决定这些研究对象在哪些特征上应该相同，哪些可以不同，哪些特征需要加以控制。其次，研究对象的态度也是研究者应该考虑的一个重要因素。个案研究的研究对象数量较少，研究对象需要付出较多的时间和精力完成一系列任务，如多次接受访谈。他们参与研究的态度会对研究的信度和效度产生重要的影响。研究对象不配合，甚至中途退出都会对研究产生"致命"的打击。因此，在开展研究前，研究者必须要向研究对象阐明研究的内容和具体要求，告知研究中将会使用的设备，如录音、录像设备等，使其对研究的进程和研究中的任务有充分的准备，以获得研究对象的知情同意。当然，在某些情况下，为了避免参与研究本身可能会给研究对象和数据的准确性及可靠性带来的影响，研究者可以只透露部分研究目的，甚至完全隐瞒研究的真实目的（陈向明 2000）。研究对象能获得何种回报也是个案研究的伦理道德规范应该关注的一个问题。一般来说，这种回报可以是物质上的，如小礼物，也可以是精神上的，如为研究对象提供建议或帮助等。

二、收集个案资料

在个案研究中，研究者常常使用不同的工具，通过多渠道收集数据。教师学习研究中较为常用的数据收集工具包括访谈、课堂观察、日志等。研究者通常在一项研究中使用两种或多种工具，以实现数据的多角度验证，提升研究的信度。以下将对这些常用的数据收集工具进行介绍。

（1）访谈

访谈是质性研究中最常用的研究工具。访谈是一种"有目的"的对话，通过深入访谈所获取的数据能够使研究者了解研究对象对某一问题或经历的看法和观点（Creswell 2007；Kvale 1996；Merriam 1998）。Kvale（1996）认为，访谈是研究者与研究对象就彼此关注的话题所进行的观点交流，是双方通过互动共同建构知识的过程。它有助于双方探讨他们对自己所生活的世界的理解，表达自身的观点。从这个意义上讲，访谈不仅是一种收集生活素材的工具，其本身也是生活的一部分。

根据对话的自由程度，访谈可以分为三类：无结构式访谈（unstructured interview）、半结构式访谈（semi-structured interview）和结构式访谈（structured interview）。无结构式访谈的自由度非常高，互动双方就像是在聊天。此类访谈没有既定的问题或措辞，所有问题完全来自互动的即时情境，提问在自然的互动中完成，研究对象可能都没有意识到自己在接受访谈。这种访谈的优势是具有人情味，具有个人独特性和情境性，访谈问题具有突出性和相关性。不足之处在于，其所收集的数据常常缺乏可比性、系统性和全面性，不利于后期的数据组织和分析。

与无结构式访谈的开放性相对，结构式访谈是最具有可控制性的一种访谈形式。在此类访谈中，研究者事先拟定好一系列具体问题，按照拟定好的顺序和措辞向研究对象提问，访谈过程中不能改变问题的顺序、措辞或追加问题。这种做法能够增强数据的可比性，从而提高访谈的信度，有利于数据的组织和分析。但其不足之处也很明显：它较为机械，缺乏灵活性，访谈过程不自然，缺少人情味。

半结构式访谈结合了前两者的优势，兼具灵活性和可控制性。在此类访谈中，研究者会事先准备好访谈提纲。在访谈过程中，研究者会根据实际谈话的进程决定提问的顺序和具体的措辞。一般来说，访谈提纲的内容包括访谈的主题、该主题下的所有议题及其所涉及的具体问题、探讨这些议题和具体提问时可能会需要的提示等。在访谈过程中，研究者可以见机行事，随时调整提问方式和提问顺序，对研究对象进行合理的追问。这种访谈既能保证数据的完整性和全面性，使数据收集过程更具有系统性，也能保证访谈的情境性和互动性。但是，它对研究者的提问技巧提出了较高的要求。研究者需要随时发现重要的议题，深入追问，但又需要避免离题太远，做到收放自如。

与发放问卷不同，访谈使研究者能够有机会与研究对象进行面对面的交流，直接询问研究对象的情况，了解他们看问题的视角，并针对新的发现进行追问。这使访谈所收集到的数据更具有信度和效度。但是，由于受到访谈对象的表达能力和个人偏见等因素的影响，其在访谈中所提供的信息也可能缺乏准确性。此外，在教师学习研究中，研究对象所声称的所思、所想、所学可能并不真实，有可能无法帮助研究者掌握真实的信息，甚至会误导研究者。因此，访谈常常与其他研究工具（如课堂观察）一起使用，它们共同揭示研究对象的真实情况。

（2）课堂观察

课堂观察也是教师学习研究中较为常用的一种数据收集工具。在许多研究中，课堂观察都作为一种数据收集手段，帮助研究者了解教师在课堂中的具体教学行为，使其能借助教师访谈数据进行三角验证。课堂观察的内容既可以包括课堂中的一些事实性信息，如学生人数、座次安排、教师所使用的教材等，也可以包括课堂中发生的事件信息，如师生话语量、课堂活动类型、教学流程等，还可以包括课堂中的情感态度表现，如学生的参与态度、教师对待学生的态度等。总体来说，课堂观察可以收集到的数据包括（Cohen *et al.* 2007：397）：①物理环境（physical setting），如教室布置情况、座位设置等；②人物环境（human setting），如座次安排、学生构成等；③互动环境（interactional setting），如课堂互动的形式、正式程度、即兴或非即兴等；④项目环境（programme setting），如教学资源及其安排情况、教学风格、课程及其安排情况等。

根据研究者在观察中的角色，课堂观察主要分为两类（Cohen *et al.* 2007）：参与式观察（participant observation）和非参与式观察（non-participant observation）。其中，最常见的课堂观察形式是非参与式观察，即研究者坐在教室的后排，观察并记录课堂教学情况，不与教师和学生发生接触。而在参与式观察中，研究者则需深入到课堂教学中，一边参与教学流程，一边进行观察。

与访谈类似，课堂观察也可以分为结构式观察和无结构式观察。在结构式观察中，研究者利用观察量表对课堂互动进行编码，记录课堂中发生的教学行为。例如，Flanders（1970）提出的"弗兰德斯互动分析系统"从教师话语、学生话语及其他言语行为等三个角度将课堂言语行为分成十类。研究者可利用该量表统计不同言语行为的频率，将之量化并进一步分析。Allen *et al.*（1984）提出的"语言教学交际取向"量表，从课堂参与形式、教学内容、教学材料、学生模态以及师生言语互动等方面考察课堂教学。研究者在观察课堂或观看课堂录像的同时，可利用这些量表标注相应的课堂教学活动及其涉及的教学行为，以"量"的方式对各个独立的观察范畴进行计算和对比。

与利用观察量表关注特定的课堂教学行为不同，在无结构式观察中，研究者通过田野笔记以叙述的形式全面记录课堂中所有的教学行为和活动，并对课堂教学过程进行录音、录像。通过无结构式观察收集到的数据一般是质性的，但研究者在进行类属分析的同时也可以对这些类属加以量化。

在进行课堂观察时需要注意的是，无论研究者是否参与教学，其作为课堂观察者的存在本身就可能对教师的课堂教学产生一定程度的干扰，从而对数据的真实性产生影响。这是课堂观察的不足之处。如果研究者还携带明显的录音、录像设备进入课堂，那么这种影响可能会更加明显。解决方案就是延长课堂观察的时间，使被观察者(研究对象)和学生习惯于观察者的存在，尽量将这种干扰降到最低。较长时间的课堂观察还有助于研究者捕捉教师在课堂教学中的历时动态变化，为研究提供更为丰富的数据。

（3）日志

20世纪70年代后期，日志常常出现在二语习得和外语教师教育研究中，并成为探究外语教学过程的一种研究工具。在外语教师学习研究中，日志的使用也非常普遍，主要涉及反思日志（reflective journal），即教师以第一人称记录自己的教学和学习经历，包括他们对所做、所思、所想、所学及自身经历的反思。教师反思日志不仅是教师进行反思的一种工具，也是研究中的一种数据收集工具，常用于了解教师的想法、态度、信念等，也可以用来收集教师对各类教师教育课程的反馈。一般而言，教师反思日志贯穿于个案研究的始终，既可以作为独立的数据收集工具使用，也可以和教师访谈及课堂观察一起使用，便于进行数据的三角验证。

用于研究的日志不同于普通的日记，研究对象不能随心所欲地写。研究对象必须围绕研究问题展开记录，也必须在记录中实事求是，这对研究对象提出了较高的要求。因此，研究者应在研究开始前向研究对象明确阐述自己对日志撰写的要求，如日志中需要叙述的内容、如何记录、记录的间隔时间等，否则日志所提供的信息很难或不足以为研究所用。

3.2.3　叙事探究

3.2.3.1　叙事探究的基本概念

叙事就是讲故事，讲述人们生活中正在发生或已经发生了的各种故事。叙事探究就是通过使用或分析叙事材料所开展的研究。从广义上讲，教育研究中的叙事是指所有关于教育的理论与实施的话语，既包括理性的、哲学的、科学的，也包括经验性的和描述性的（丁钢 2008）。从语言逻辑和叙事方式来看，叙事可以分为两类：宏大叙事（grand narrative）和经验叙事（experience narrative）。前者是思辨式的，试图安排人类精神和生活；后者则侧重于实践知识，关注个体和群体的内在世界和经验意义（丁钢 2008：5）。在大量的教育叙事文本中，思辨式叙事一直是一种主导的叙事样式。在这些宏大的叙事中，现实和实践往往被忽略了，理论常常脱离实际，很难联系到具体而复杂的实践操作层面。

20世纪80年代开始，在人类学、社会学和心理学等研究领域兴起了一股批判技术理性、客观主义知识观的思潮。研究者认识到，实证哲学实质上否定了人类自身的生活经验，排除了人类社会现象的复杂性、情境性、多义性、模糊性。在这种社会背景下，教育研究的关注点也从宏大规划、理想和项目驱动的技术实践向实践驱动的反思性实践转变，以学校为本，以人为出发点，摆脱理论脱离实践的模式，由此开创了以描述和诠释社会经验为特征的叙事探究的热潮。

在教育学领域，叙事探究是作为对教师知识的故事性理解而出现的。Clandinin & Connelly（1995）基于对教师知识研究的反思提出了叙事探究的概念和方法。他们认为，此前对教师知识的研究是被切割了的，不仅忽略了教师知识的整体性，还忽略了教师作为"社会人"所处的复杂环境以及这些环境对教师知识的影响。教师知识存在于教师以往的经验中，存在于教师现实的身心中，存在于教师未来的计划和行动中，这些知识都是以故事形式存在的。要真正理解教师，教师要真正理解自己，都需要借助叙事探究，用故事的形式对这种"故事化"的知识进行研究和阐释。因此，叙事是教师知识的存在形式和表述方式。他们认为，叙事是通过讲述经验来探究如何解释经验并赋予其意义的过程。这里的"叙事"包含"故事"和"讲故事"两层概念。后者指对经验意义的探究，是包含研究内容、研究方法和表述方式在内的探究形式；前者则指作为探究的结果而呈现的故事性研究成果。

叙事探究的哲学基础是John Dewey等学者提出的实用主义哲学观点。Dewey（1938）将经验与教育和生活联系起来，并指出，教育就是指个人在社会生活中与人接触、相互影响，逐步积累并改造经验。经验的改造必须与生活紧密融为一体，并能促使个人成长。人就是通过不断改造经验而生活着，而这种经验的改造就是"生活的本质"。因此，教育的本质就是生活，是成长，也是经验的不断改造和重新组织。Dewey认为，经验具有连续性（continuity）和互动性（interaction）。连续性涉及经验的时间特性，即经验处在过去、现在和未来的连续体上。经验的连续性说明当下的经验来自以往的经验，并且会引起将来经验的产生。互动性则意味着经验处于各种关系之中，包括个人与社会、个人与他人的关系等。这种互动性表明，经验不仅具有个体意义，也具有社会意义和文化意义。

受到Dewey的影响，Clandinin & Connelly（2000）提出，社会科学研究就是对人、人际关系、人和环境之间关系的研究。叙事既把个人的生活放置于其亲身经历的情境中，也放置于广阔的教育情境中。经验是研究的基础，而经验本身是各种情境下人们生活的故事，需要通过叙事去呈现这些故事。叙事探究既是一种生活方式，也是理解经验的一种方式，是体验经验的一种形式。在叙事探究过程中，研究者与研究参与者在具体的研究场景中通过互动开展合作。研究者"以叙事的方式思考"（think narratively），即用一种有着内在意义联系的方式来思考人类的生活经验和叙事探究活动本身（Clandinin & Connelly 2000）。

在教师教育和教师学习研究领域，叙事探究既是一种研究方法，也是一种教师学习途径[1]。作为一种研究方法，研究者以叙事的方式来描述他

---

[1] 本节主要介绍作为质性研究方法的叙事探究。关于对叙事探究作为一种教师学习途径的探讨，详见6.3.2节。

人的经验、行为以及他人作为群体和个体的生活方式，通过叙事理解并讲述生活，诠释经验的意义。它关注教师的日常生活中和课堂教学、研究等活动中已经发生或正在发生的实践，对教师的经验故事进行重构，对经验的意义进行解读。作为一种教师学习途径，叙事探究是教师出于专业发展的目的针对自己所开展的研究，其中研究者亦为研究对象。它有助于摆脱传统教师培训中理论说教的方式，鼓励教师通过讲述自己的故事、对故事进行反思、再讲故事、再反思的过程，在自己的故事中思考并探究自身经验的意义，建构新的知识。在这一过程中，教师与自己进行对话，深入反思自身的经验，最终实现内心世界的变化及个人的专业发展。

3.2.3.2　叙事探究的实施

作为质性研究方法的叙事探究要求研究者进入研究场域，从"局内人"的视角出发，用叙事性的思考方式研究教育中的问题。它强调对经验的具体体验和对生活的积极参与，不仅要把研究的内容展示给读者，也要把研究的过程本身展示给读者。因此，叙事探究是一个研究者与被研究者共同构建研究的过程。叙事探究围绕三个事件展开，即现场、现场经验文本和研究文本（Clandinin & Connelly 2000）。因此，在实施中需要特别关注三个重要环节：现场经验的收集、现场文本（field text）的生成和研究文本（research text）的生成。

一、现场经验的收集

现场经验的收集主要指研究者走进研究现场，通过观察、访谈、教师反思日志及实物（文件等）收集等方法，全面收集关于研究对象的数据，捕捉经验/故事素材。教师学习研究的对象是教师。走入研究的现场就意味着研究者要进入教师活动的时空，如校园里、教室里、课堂上等，与教师同呼吸、共生活，全面收集"原汁原味"的现场资料。

在收集数据的过程中，研究者应具有敏锐的观察力，善于捕捉有意义的事件；还要有一颗敏感的心，能深入细致地分析研究环境和研究对象，真正理解研究对象，关注他们过去及现在的生活故事，倾听他们的感受，并与之共情。这意味着研究者应与研究对象建立一定程度的亲近关系，以便理解、记录和思考现场经验。

二、现场文本的生成

叙事探究的第二个重要环节是生成现场文本，即尽可能把从研究场域中收集到的资料以故事的形式详细地书写出来。现场文本不是对事件的简单实录，而是研究者和研究对象共同创造的，它是代表各个方面现场经验的文本，是具有叙事性质的现场资料，也是一种经过选择、演绎和诠释的经验记录。

每个人的个体生活都包含许多不同的生活故事。每个故事都有一定的结构，包括叙事者、情节、场景、人物、事件等。从经验的连续性、互动性和情境性这三个方面出发，Clandinin & Connelly（2000：50）提出了"三维叙事探究空间"（three-dimensional narrative inquiry space）的概念。其中，时间是第一维度，涉及事件及其前后关系，体现过去、现在和将来的连续性；个人和社会为第二维度，涉及内在条件和外部环境，体现二者的互动性；情境为第三维度，是具体教育图景的边界，体现经验的情境性。

在时间维度上，研究者在生成现场文本时应将经验放置在时间的连续体上，关注过去的、记忆中的故事和早前的经验，当前的故事和经验以及隐含的期望和今后可能生成的经验，因为"我们对日常经验中的人物、学校和教育图景的研究关联着一个漫长的历史叙述"（Clandinin & Connelly 2000：19）。在个人和社会的维度上，研究者既应关注个体的内部（inward）状况，包括感觉、希望、审美反映、精神调整等，又应关注外部（outward）情况，如实际存在的状况，他人的打算、意图、设想和观点等。在情境维度上，研究者应注意对经验产生或故事发生的空间、地点的叙述，描述故事发生的情境。

三、研究文本的生成

研究文本的生成是将现场文本转换成研究论文或研究报告的过程。将现场文本转换为研究文本是叙事探究中一项复杂、困难的工作。其间，研究者需要反复思考自己所叙述的故事，并对故事的意义进行诠释。现场文本接近经验，通过描述一系列事件而形成；研究文本则要回答意义和重要性的问题。研究者需要理解叙事本身的意义及其对他人和社会的意义。由现场文本生成研究文本，须通过研究的主题和思路来促成，要将研究者的观点融入整个研究中，这也是生成研究文本的核心。因此，研究者的存在必须要在研究文本的生成过程中体现出来，如果研究者没有真实的在场体验就去构思研究文本，那么这种研究是缺乏效度的。

在生成研究文本的过程中，研究者需要"反复回归经验"（re-live the experience），并"反复叙述故事"（retell the narrative）。前者指研究者反复阅读现场文本，将自己重新带回经验中；后者指将经验置于一定的关系中，探究其内在关联和社会意义，这是一个不断对经验加深理解、解释经验的过程。研究者需要将经验放在"三维叙事探究空间"里加以理解和阐释，也要将经验与一定的理论相结合，去探讨经验的理论意义。

叙事探究在描述、分析丰富的教师经验和独特的生活故事方面为教师学习研究提供了有益的工具。事实上，教师每天的生活都与叙事交织在一起，教师就是从叙事中学习的。叙事对教师日常教育教学工作中富有价值的教育事件和具有意义的教学活动进行描述，将这些教育教学经验组织成有结构的事件，赋予看似平凡、重复的教师活动独特的意义。

3.3　小结

"工欲善其事，必先利其器。"如果说理论是研究的基石，那么方法论就是研究的技术保障。对方法论问题的讨论直接关系到教师学习研究是否能够顺利开展以及以何种方式开展。实证主义和解释主义是教育研究中的两大主流范式，教师学习研究也在这两大范式的并存和冲突中不断发展。尽管实证主义视野下的量化研究方法在教师学习研究领域中占有一席之地，被广泛应用于大规模研究项目，但解释主义视角下的质性研究方法为研究者理解教师学习中的各种现象及相关情境提供了支持。

本章起笔于对两种方法论内涵的介绍及比较，落笔于对具体研究方法及其实施过程的介绍，以期帮助读者更好地理解方法论的理论和实践。限于篇幅，本章只能重点介绍三种研究方法。事实上，无论是量化研究还是质性研究，其包含的具体研究方法都是多种多样的。研究者应根据具体的研究问题和研究情境选择恰当的研究方法，甚至对研究方法进行创新，毕竟研究的发展在一定程度上取决于研究方法论的创新和发展。

第四章 外语教师学习的结果

本书前三章对教师学习的研究脉络、理论基础和主要研究方法进行了回顾，奠定了教师学习研究的本体论、认识论和方法论基础。从本章起，我们将对外语教师学习相关实证研究[1]进行回顾，以期深入细致地描绘外语教师学习领域的研究图景。

刘学惠、申继亮（2006）将教师学习研究分成三个维度：第一，针对教师学习结果的研究，即回答教师应该学习什么和学习到了什么的问题；第二，针对教师学习内在过程的研究，即探究教师学习发生的微观机制；第三，针对教师学习外部条件的研究，即回答教师学习所处的环境如何、有哪些促成或阻碍因素、教师学习环境的构成要素是什么及这些要素对教师学习有何影响等问题。其中，教师学习的外部条件既包括学习发生的环境，也包括教师在特定的环境中开展学习的途径。为了叙述方便，本书将教师学习的外部条件进一步划分为途径和环境这两个维度，具体从教师学习的结果、过程、途径和环境这四个维度对当前的研究进行梳理。根据研究发展的历程，早期教师学习研究主要关注的是学习的结果，针对教师学

1　本书所回顾的实证研究主要是针对外语教师学习的研究。但对于某些研究议题，如教师学习的过程、教师学习的环境，针对外语教师的研究数量有限。为了帮助读者了解这些议题在外语教师学习领域的研究进展，本书也回顾了一些针对其他学科教师（或不区分具体学科，但包含英语学科教师）的相关研究。这些研究大多具有典型性，同样会对外语教师学习研究提供启示。

习过程的研究到20世纪90年代才逐渐兴起。进入21世纪以后，关于教师学习途径和环境的研究才大规模发展起来。因此，本章将首先聚焦关于教师学习结果的研究。第五、六、七章将分别介绍关于教师学习过程、途径和环境的相关研究。

从刘学惠、申继亮（2006）的界定方式来看，针对教师学习结果的研究应该涉及两个方面的问题：其一，教师应该学习什么；其二，教师学习到了什么。第一类问题主要涉及教师的知识领域，属于教师学习的对象或内容，即通过学习，教师应该具备何种知识基础。最著名的几个相关研究是美国学者Lee Shulman及其同事所开展的关于教师知识基础的研究（Shulman 1986b，1987；Wilson *et al.* 1987）。第二类问题主要涉及教师学习的成果或产品，集中体现为教师在特定条件下，包括在自然和人为干预条件下开展学习的过程中所呈现出的变化。此类问题关注的是学习的显性成效，即教师的变化，主要回答教师在学习中是否发生变化、发生了什么变化、这些变化有什么特点等问题。

本书对教师学习结果的界定属于上述第二类，具体体现为教师通过各种学习活动所实现的专业发展，隶属于教师变化（teacher change）研究的范畴。正如Clarke & Hollingsworth（2002：948）所言，"学习"即"变化、发展"，是教师和学校的专业活动中一个"自然的、可预期的"组成部分。教师变化具有复杂性、多层面性，一般体现为教师在知识、信念、态度、理解、自我意识、身份认同、教学行为等多个方面的变化（Richards *et al.* 2001）。由于篇幅有限，本章仅回顾外语教师在学习过程中所体现出的教师认知、身份认同和课堂教学行为的变化。它们是外语教师变化研究中最受关注的三个方面。

4.1 外语教师认知的变化

4.1.1 外语教师认知的概念

学界对教师认知的关注主要源于对行为主义理论主导下教学研究的不满。在行为主义理论的指导下，教师被视为理论知识的执行者和课堂教学的实施者，他们在教学中的认知过程和心理过程往往被研究者忽视。然而，教学的关键在于教师。Clark & Peterson（1986）指出，教师研究的重点应该从行为转向认知，从对教师显性教学行为的简单描述转向对行为背后教师思维和认知活动的探究。

教师认知研究主要探究教师内在的精神生活，回答教师是谁、知道什么、相信什么、如何学习、如何在不同的情境下实施教学等问题（Johnson 2006）。在实际研究中，研究者采用多种术语从不同的角度对涉及教师的心理构念进行了探讨，主要包括：教学原则（pedagogical principles）（Breen *et al.* 2001；Burns 1996；Johnson 1992），教师准则（teachers' maxims）（Richards 1996），教学推理技能（pedagogical reasoning skills）（Richards *et al.* 1998），教师信念（teacher beliefs）（Basturkmen *et al.* 2004；Borg & Burns 2008；Evrim *et al.* 2009；Farrell & Kun 2008；Johnson 1992；Lam 2000；Newberry & Davis 2008；Richardson *et al.* 1991；Woods 1991），教师个人实践知识（teachers' personal practical knowledge）（Golombek 1998；Meijer *et al.* 1999），教师价值观（teacher values）（Moran 1996），教师个人形象（teachers' personal images）（Johnson 1994），教师行动理论（teachers' theory of action）（Marland & Osborne 1990），教师感知（teacher perception）（Borg 2001；Martin 2004；Newberry & Davis 2008），信念、假定与知识（beliefs, assumptions and knowledge，BAK）（Woods 1996）。

2003年，英国学者Simon Borg在《语言教学》（*Language Teaching*）上发表了一篇具有里程碑意义的研究综述《语言教学中的教师认知：一项关于语言教师所想、所知、所信和所为研究的综述》(Teacher cognition in language teaching: A review of research on what language teachers think, know, believe, and do)。在这项综述中，Borg（2003：81）至少归纳出16种与教师心理相关的术语，并提出采用"教师认知"这一术语来概括教师的"所想""所知""所信"以及这些心理构念（mental constructs）与教师在语言课堂中"所为"之间的关系。在其之后出版的专著《教师认知与语言教育：研究与实践》(Teacher Cognition and Language Education: Research and Practice，2006) 中，Borg对外语教师认知领域的大量文献进行了回顾，将"语言教师认知"进一步定义为"语言教师在工作中所借鉴的，具有复杂性、实践性、个体性、情境性的知识、想法、信念网络"（Borg 2006：272）。由此，"语言教师认知"作为一个上位词，涵盖了语言教师所具有的各种心理构念，描述了由这些心理构念所组成的"个人的、默会的实践系统"（Borg 2006：35）。Borg认为，教师认知具有个体性、实践性、默会性、系统性和动态性特征，是教师在其生活的世界中基于特定的教育、教学和专业发展经历所形成的。它与教师的课堂教学行为紧密相关，又受到教师个人的学习经历、教师教育课程以及情境等因素的影响，并处于不断变化中。

4.1.2　关于外语教师认知变化的实证研究

在教育学领域，关于教师认知的研究兴起于20世纪70年代中期。在外语教学领域，相关研究到90年代中后期才大量涌现（Borg 2003）。从研究时间的跨度来说，关于外语教师认知的研究主要分为两类：一类是关于教师认知的静态性本体研究，主要描述教师认知的构成、特点及其与教师教学之间的关系等；另一类是关于教师认知的动态性研究，主要预测或解释教师在学习过程中所呈现出的认知变化，揭示变化的过程及其影响因素等（康艳 2016a；刘学惠 2008）。其中，针对教师认知的动态性研究又可以细分为两类[1]：一类探究教师在非人为促进的学习过程中所呈现出的认知变化，如探究教师的个人生活经历、教学实践、社会/组织环境等对教师认知的影响；另一类探究教师在人为干预或促进的学习过程中所呈现出的认知变化，如探究教师教育/培训课程方案、反思性教学、行动研究、教学改革等条件下的教师认知变化（刘学惠 2008）。

从数量上说，针对教师认知的动态性研究数量远少于描述教师认知的静态性研究。从研究方法上说，质性个案研究是最常用的方法，主要数据收集工具包括访谈、课堂观察、教师反思日志等，也有少部分研究采用量化的问卷调查法。在专门探究教师认知历时性变化的研究中，大多数是关于人为干预条件下教师学习的验证性研究，所涉及的干预条件包括教师教育课程（Borg 2011；Liu & Fisher 2006；Mattheoudakis 2007；Richards *et al.* 1996），反思性实践（Farrell & Ives 2015；Kwo 1996），教师所参与的其他各类专业发展活动，如行动研究（Atay 2008；Cisar 2005；Ginns *et al.* 2001；Rathgen 2006；Warren *et al.* 2008；王蔷等 2010）、课例研究（Lee 2008；Nami *et al.* 2016；Pella 2011；Xu 2015）、教师学习小组（Dubetz 2005；Yeh 2013；刘学惠 2007）等。只有少部分研究关注自然、无干预条件下学习过程中的教师认知变化，相关因素主要涉及教师的个人生活、学习和工作经历。关于教师学习的人为干预因素，如教师反思性实践和各种教师专业发展活动对教师认知的影响，本书将在第六章着重分析。本节主要回顾常规性外语教师教育课程，包括职前和在职外语教师教育课程，以及外语教师的个人经历对教师认知的影响。

1　"非人为促进的学习"主要指伴随着教师日常学习和工作而开展的教师学习，相关因素包括教师的个人生活经历、教学实践、社会/组织环境等。"人为干预或促进的学习"指教师在研究者所施加的或研究所关注的学习条件下开展的学习活动，例如，职前/在职教师教育课程、教学改革、反思性教学、教学研究活动等。当然，二者的界限有时并不是十分明显。例如，教师在常规的教学实践中也可能自发地进行反思、参与在职教师培训、开展教学改革等。在回顾当前研究时，如果这些活动并非研究者所施加，而是教师在常规教学实践中自然发生或经历的，且研究者关注的对象也并非这些活动的效果本身，而只因为它们是教师专业发展经历中不可忽视的一部分，那么我们也将之视为"非人为促进的学习"。

4.1.2.1 职前外语教师教育课程中的教师认知变化

职前教师教育课程对教师认知和教学行为的影响一直是一个有争议的问题。一方面，有研究表明，职前教师教育课程很难改变教师已有的个人信念，其对教师认知和课堂教学行为的影响不大（Çapan 2014；Peacock 2001；Powell 1992；Tatto 1998）。新手教师走上工作岗位之后常常发现，他们在职前教师教育课程中所学到的理论知识在实践中毫无用处，以致他们不得不抛弃课程所提倡的教学理念或方法（Alatis 1974；Johnson 1994；Ur 1992）。另一方面，不少研究通过对职前教师的追踪调查也发现，教师教育课程倡导的理念的确对教师认知及教师实习期间的教学行为产生了不同程度的影响（Liu & Fisher 2006；Mattheoudakis 2007；Richards *et al.* 1996）。

Richards *et al.*（1996）对接受"教授英语为第二语言"（Teaching English as a Second Language，TESL）教师资格证书课程培训的五位香港地区外语教师进行了研究后发现，通过课程学习，教师逐渐形成了对教师角色和身份的认同，掌握了专业领域内的话语知识，能够使用恰当的专业话语探讨教学行为，并以此为基础对自己和他人的教学进行思考和比较，对学生的学习进行描述。研究者指出，职前教师在学习过程中以自己独特的方式理解教学内容，并依照自己已有的关于个人、教师、教学和学生的信念与假设建构新的知识；个人知识建构方面的差异体现在教师的教学决策、教学计划和对教学的评价中。该研究既证实了职前教师教育课程对教师认知的积极作用，也反映了教师学习的个体性差异。

在一项针对香港城市大学全日制本科TESL课程为期三年的研究中，Peacock（2001）发现，该课程中的职前外语教师对外语教学核心领域的认知并未发生改变，这些领域具体包括词汇、语法教学以及智力因素在外语学习中的作用等；职前外语教师的认知始终与在职有经验的外语教师存在显著性差异。Peacock认为，教师的某些认知很难通过教师教育课程学习得以改变，影响学习效果的主要因素是教师自己作为学生的英语学习经历。因此，教师教育课程应鼓励教师反思并调整自己对教学已有的认知。

与以上两项研究不同，Mattheoudakis（2007）认为，不同维度的教师认知的变化速度并不一致，有的较快，有的较慢。在该研究三年的研究期内，大部分的教师信念发生了变化；但也有一小部分没有发生变化，这些信念主要包括关于语言学习能力、语言学习困难以及教师角色的信念。Mattheoudakis认为，教师认知是否变化以及变化的快慢取决于教师固有信念的强度。受到个人学习经历的影响，教师对某些问题抱有强烈的信念。随着教师对教师教育课程的学习，这些信念的强度会逐渐减弱。课程的针对性越强，教师信念减弱的程度就越大。该研究进一步发现，职前教师在课程第一年和最后一年的信念存在显著性差异。这说明，教师信念的变化是一个缓慢渐进的过程。教师在学习过程中不断修正自己的信念，直至信念产生质的变化。这对于我们理解教师认知变化的本质有着重要的意义。另外，该研究还有一项十分有趣的研究发现，即教育实习对教师信念没有任何影响。研究者认为，这主要是因为职前教师在实习中被要求遵循既定的教学大纲和教材，所以他们无法改变传统的教学方法，进行任何教学创新。这与新手教师今后将面对的教学现实一致，也佐证了真实的教学情境对教师实践及学习成效的影响。但研究者同时也指出，教育实习的作用在于向学生展示教学所面临的现实情境，使教师有机会检验自己的知识，审视自己对教学的个人信念。可见，职前教师教育课程不仅应该帮助教师反思并修正已有的认知，更应该使其了解并学会应对教学所处的真实情境。

Peacock（2001）与Mattheoudakis（2007）是两项采用历时量化研究设计的典型研究。在教师认知变化研究中，更为常见的是质性研究，其中较常见的是个案研究。例如，Liu & Fisher（2006）通过个案研究探究了三位职前教师在学习为期九个月的教育学研究生证书（Postgraduate Certificate in Education，PGCE）课程过程中自我概念（conceptions of self）的变化。研究者将自我概念定义为对课堂教学表现的概念、对师生关系的概念、对在学生眼中自我形象的概念和教师身份的概念。通过对教师访谈结果、教师反思日志、开放式问卷和结课反思报告的分析，研究者发现，三位教师在上述四个方面的自我概念发生了不同程度的变化，呈现出不同的变化模式。在对课堂教学表现的概念方面，得益于对学校的逐步了解和教学经验的积累，三位教师发生了持续的变化。其中两位教师在教学自信和课堂管理方面变化突出，另一位教师的变化则相对适中。在教师身份方面，三位教师也表现出类似的变化模式。在结束课程学习后，他们都感觉自己已成为能够独立承担责任的真正的教师。这主要得益于他们与学生的频繁接触和学校/导师的支持。在对师生关系的概念方面，三位教师都认为自己能够更好地与学生相处。在学生眼中的自我形象方面，两位教师的认知发生了积极的变化，而另一位教师的认知则基本保持稳定。该研究不仅证实了职前教师教育课程对教师认知的积极作用，也发现了教师在学习过程中的个体差异性。Liu & Fisher认为，这主要是由教师的个人背景、教学和学习经历等方面的差异造成的。

Yaman（2010）也采用了质性研究方法，探究职前外语教师在理论学习后以及微格教学实践课程之后对"有效外语教师"这一概念认识的变化。研究发现，在理论学习前，职前教师对"有效外语教师"的认知主要包括三个范畴：学科知识、课堂教学行为和学术素养。其中，课堂教学行为是职前外语教师提及最多的一个方面；其次是学术素养，主要指教师所具备的外语学科专业素质；学科知识是第三大范畴，指教师关于本学科的理论知识。在理论学习之后，教师对课堂教学行为的理解增加最多，其次是学术素养和学科知识。在教学实践课程结束后，教师对课堂教学行为的认知得到进一步扩充。研究者认为，理论学习和实践教学使职前外语教师更多地关注到了课堂教学的复杂、多元化本质，他们没有简单地接受学科知识，而是倾向于批判性地思考如何教学这一问题。该研究的新颖之处在于，教师认知的变化是通过计算职前外语教师在解释三个范畴的含义时所提及的概念（construct）的数量来观测的。这提醒我们，教师认知的变化不一定是观点或看法的彻底改变，也有可能是认识或理解的多元化和丰富化。

在一项对土耳其职前英语教师的研究中，Yüksel & Başaran（2019）发现，一方面，少量教师的认知在实习期间发生了变化，教师对课堂和教学过程的理解得到加深，对教学的自信得到增强，并进一步认清了教学步骤、学生需求、教材类型等在教学中的重要作用。研究者认为，教育实习为教师提供了真实的教学情境，使他们能够在真实的课堂中检验自己已有的信念，并根据自己在学校和课堂中的实习体验调整这些信念。另一方面，研究者也发现，大部分教师的认知在实习期间仍然保持不变，这与Peacock（2001）和Mattheoudakis（2007）的研究发现基本一致。研究者认为，教师认知的变化需要时间和经验的积累，只有积累到一定程度，质变才会发生。实习中的教学经验在某种程度上验证了教师已有信念的有效性，使之在实习过程中维持不变。研究者发现，指导教师的反馈和支持、将理论付诸实践的机会、良好的师生关系和课堂氛围等因素对教师认知的变化具有促进作用。该研究进一步证实，教师职前教育课程中的教师认知并不是发生整体性变化的；因此，在研究中需要仔细区分认知的不同组成部分及其变化的可能性和具体的影响因素。同时，教师认知变化是一个缓慢的渐进过程，在学习时间不够充足、教师体验不够充分的条件下，教师认知往往很难发生改变。这恐怕也是导致部分研究没有发现教师认知变化的原因之一。

4.1.2.2　在职外语教师教育课程中的教师认知变化

与职前教师教育类似，针对在职教师教育/培训对教师认知影响的研究主要是验证性研究，即验证课程学习的效果，但研究结论也并不一致。有研究发现，通过在职学习，教师认知发生了不同程度的变化（Borg 2011；Freeman 1993；Phipps 2007；Scott & Rodgers 1995；Sokel 2019），但也有研究表明，教师培训课程对教师认知和课堂教学几乎没有影响（Kubanyiova 2006；Lamb 1995）。

较早开展在职外语教师教育课程效果研究的是Freeman（1993）。该研究探讨了四位参与教育硕士学位课程的在职高中外语（法语、西班牙语）教师如何在学习过程中整合新知识，并将之融入个人理论和课堂教学中。与Richards *et al.*（1996）针对职前外语教师教育的研究类似，该研究也证实，通过学习，教师学会了使用专业话语检验自己已有的默会知识，他们对课堂教学的分析和掌控能力得到提高。这些专业话语使教师能更有效地反思教学，从而改变认知和教学行为。这些研究发现揭示了理论学习对教师专业发展的重要作用，即通过学习所获得的专业知识和专业话语可以充当教师反思教学和公开探讨自身教学的工具，使他们能够将这种专业语言（professional language）与来源于自身学习和工作经历的个人语言（local language）相结合，帮助他们重新建构个人知识并重新认识自己的课堂教学。

Scott & Rodgers（1995）通过问卷调查研究了为期九周的中学外语教师培训课程对教师认知的影响。该课程主要向教师介绍过程性写作教学模式及写作整体性评价和反馈。Scott & Rodgers对培训前后问卷结果进行对比后发现，接受培训前，只有58.8%的教师认知与课程所提倡的教学原则和方法相符；培训后，该比例上升了30.5%。研究者认为，比例的升高证明教师对写作教学以及写作评价和反馈的认知发生了显著的变化。但是，Borg（2006）指出，教师在问卷中的回答很可能只反映出他们认为"应该"做的，而不是他们"实际"做的；教师还有可能会顺应研究者的期待，给出他们自己并不真正认同的回答。因此，如果研究者能够增加教师访谈或课堂教学观察，进行数据的三角验证，那么研究结论的效度将有所提升。

Lamb（1995）研究了印度尼西亚一个短期在职教师培训课程。研究发现，课程结束时，外语教师对课程的评价十分积极，他们表示自己将尝试课程所介绍的教学方法。但是，对参与该课程的12位教师进行追踪研究后发现，课程结束一年后，教师们已经遗忘了之前所学的大部分知识，课程学习没有对教师认知或课堂教学产生任何影响。而且，教师对自己记住的少部分知识进行了重新解释和演绎，以适应他们已有的认知和具体的课堂情境。该研究的突出贡献之处在于，它不仅关注了在职外语教师培训课程的即时效果，还关注了其长期作用。该研究带给我们的启示是，教师在课程结束时对学习效果的积极评价并不代表他们真正会去实践所学到的理念。教师对新知识的理解以及这些新知识与教师教学情境的适切性或许也会决定他们是否实践理念以及如何实践理念。Borg（2018）指出，对教师专业发展活动效果的评价不应局限于课程结束时的评价数据，而应持续性地收集不同阶段的教师发展变化数据，除了在课程开始前、课程进行中、课程结束时收集数据外，也应考虑探究课程的长期效果。

Kubanyiova（2006）采用混合研究方法探究了一个为期20小时、旨在指导教师在课堂中激发学生英语学习动机的在职教师培训课程对斯洛伐克英语教师的影响。研究表明，尽管教师对课程学习持积极主动的态度，但是他们的认知和教学行为却并没有发生显著改变。研究者认为，在排除课程本身质量问题的前提下，课程效果不佳主要是因为受到了教师个人因素或外部情境因素的影响，这主要包括两个方面。第一，教师参与课程的学习动机不足以使其认知和教学行为发生改变。研究者认为，参与研究的8位教师成为英语教师的动机是对英语学科的热爱和自信，他们参与在职教师培训课程的主要目的也是提高英语水平、提升语言自信。教师对如何创设积极的英语学习环境并不特别感兴趣，这种内在学习动机的缺乏导致他们未能实践课程所提倡的教学行为。第二，教师缺乏反思意识和反思技能，学校环境缺乏反思性教学文化和对教师专业发展的支持机制等情境因素也导致教师认知及教学行为未能发生显著改变。该研究提醒我们，在评价在职教师培训课程效果时，需要充分考虑教师参与课程学习的动机，不同类型和程度的教师学习动机可能带来不同的教师学习效果。

Sokel（2019）研究了以色列一个为期3个月的在职教师培训课程，结果表明，参与项目的28位小学英语教师在学习期间发生了不同的变化，主要体现在教师知识和技能的增长、教学行为的改变以及教师信念的改变这三个方面。一方面，课程学习更新了教师关于教学的已有信念，使他们能够从更加全面的角度重新评价自己的教学。教师意识到学生已有知识在学习中的重要性，能够从学生需求的角度评价教材和教学任务。另一方面，在职教师培训课程巩固了教师在职前教师教育课程中所获得的知识，帮助教师重新认识了这些知识与课堂教学的相关性。研究者认为，有效的在职教师教育课程应将理论知识与课堂教学实践相结合；课程内容应符合教师教学的需求，在结构安排上具有连续性。同时，有效的在职教师教育课程还应为教师提供与同伴教师开展合作的机会，并鼓励他们积极参与课程活动。研究者发现，教师在课程中的积极学习体验也促使他们重新审视自身的教学，并将这些课程学习经验转移到自己的教学中。该研究发现进一步佐证了教师自身学习经历对其教学和认知发展的重要影响（Lortie 1975）。

与以上几项研究关注一次性短期教师教育课程不同，Phipps（2007）和Borg（2011）探究的是剑桥大学ESOL考试中心开发的成人英语教学文凭（Diploma in English Language Teaching to Adults，DELTA）课程的效果。Phipps（2007）对接受培训的一位教师进行了四个月的跟踪，调查了教师在学习该课程第一模块过程中的变化。研究发现，通过学习，该教师在备课、应对学生提问、尝试新的教学方法等方面都变得更为自信；他对自己已有的信念、教学行为和教学理据形成了批判性意识，能更好地把握学生的需求和困难，对外语教学中的术语有了深入的理解。但是，研究也发现，该教师关于语法教学的信念并没有发生实质性变化，只是对原有信念进行了巩固、加深和强化。研究者认为，问卷调查一般难以捕捉到此类变化，但这种变化却对教师有着重要的意义。它有助于教师理解信念背后的理论依据，因为教师教育的主要目标就是鼓励教师更好地认识自身信念，理解理论并将理论与实际相联系，而不是简单地改变已有信念。该研究的突出贡献之处在于，研究者并没有将认知变化极端化，而是承认变化程度的差异性，为我们重新理解这一概念指出了新的方向。遵循同一思路，Borg（2011）对参加DELTA课程第二模块的六位教师进行了进一步研究。结果表明，教师的认知发生了不同程度的变化。其中，有三位教师变化较大，重构了已有的认知，并能够清楚地解释自身课堂教学行为背后的关键性信念；但另外三位教师只在某些教学信念上发生了有限的变化。该发现进一步证实了教师认知变化的程度差异和个体差异。

关于教师在教师教育课程（包括职前教师教育课程和在职教师教育课程）学习过程中的教师认知变化情况，当前研究结论不一。导致这一现象的原因非常复杂，主要有以下三个方面。其一，研究中考察的教师教育课程自身的特点各异，表现在课程时长、课程内容、教师教育者风格、教学方式等方面。这些课程包括短期证书类课程、本科或硕士层次的学位课程，有的以理论讲授为主，有的则以讨论、研讨、实践分享为主。由此可见，课程本身就是研究中的一个变量，因此在评价教师认知变化时，应综合考虑课程本身的特点和差异。

其二，研究所采用的方法不一。部分研究采用了量化研究方法，通过反复发放问卷追踪教师认知的历时变化；也有部分研究采用了质性研究方法，通过跟踪教师个案，考察其认知的变化。研究方法的差异给我们进行横向比较带来了困难。此外，教师在问卷、访谈中所描述的变化是否为真实的变化，也是在评价当前研究时应该注意的问题。Kennedy（2008）指出，作为教师教育者的研究者对教师教育课程或项目进行评价可能会引起"适应性偏见"（accommodation bias），即教师为了迎合研究者的期待，而提供研究者希望他们给出的、与研究者一致的对教学的看法，但实际上他们本人可能并不认同。

其三，研究对"变化"的定义不一，有的注重结果性解读，有的注重过程性解读。事实上，"变化"既可能包括深层次的信念反转，也可能包括不同程度的信念变化。因此，Borg（2011）建议从发展的角度来看待认知变化，允许不同程度、不同层次的变化在学习过程中逐步发生。这与Clarke & Hollingsworth（2002）对"变化"的定义不谋而合。

4.1.2.3 外语教师个人经历与教师认知变化

外语教师并不是生活在真空中，他们所处的个人生活和专业世界对其认知有着重要的影响。除了构成教师专业发展经历的教师教育课程学习经历之外（前文已做回顾），教师的个人经历也会对其认知产生影响。这些经历主要包括两类：其一是教师作为学生的学习经历，其二是教师的教学经历和其他相关专业发展经历。

一方面，外语教师作为语言学习者对学习的体验和教师个人的学习经验构成了教师固有的认知，会对教师教育课程的效果乃至其今后的教学产生影响。教师在多年的语言学习过程中积累了大量的语言学习经验，他们作为学生参与课堂活动，观察自己老师的教学过程，逐渐形成了关于外语和外语教学的形象化认识。Lortie（1975）将这一现象称为"学徒观察"（apprenticeship of observation），即学生教师通过学徒观察认识到课堂中教师应该教什么、怎么教、怎么说以及学生应该怎么学。他们在观察"教"和体验"学"的过程中建立起对教学的理解，不自觉地形成了一套关于教与学的信念体系。当前研究认为，学生教师的学徒观察可能造成某种潜移默化的影响，不仅影响教师教育的效果，而且会影响他们在教育实习中的教学行为乃至今后的教学。Densgombe（1982）将这种教师在潜移默化中获得的关于教学的隐含知识称为"隐性教学法"（hidden pedagogy）。他认为无论学校、课程和教学如何改变，这种教学法都始终保持不变，并且不断为教师所传承。这种隐性教学法在教师成长中有着举足轻重的作用，其对教师的影响力可能比任何专业教育都重要。

Johnson（1994）的研究发现，学生教师在教育实习过程中的课堂决策取决于他们作为语言学习者的经历。尽管一些学生教师意识到自身信念的缺陷，但仍难以做出任何改变，这主要是因为他们没有其他可供选择的策略。Numrich（1996）也证实，新教师是采用还是放弃某种教学手段，取决于其自身在学生时代对这些教学手段的体验是积极的还是消极的。例如，该研究中27%的教师认为，他们之所以尝试将文化因素融入英语教学，是因为在自己的学习经历中，学习二语文化是语言学习中的一个有趣部分。同样有27%的教师表示，由于他们在课堂中被教师纠正错误时有过负面感受，因此他们在自己的教学中会尽量确保学生的语流完整，避免纠正学生的错误。Bailey *et al.*（1996）发现，教师的个人经历中存在着各种正面和负面的学习经历，这些"好的"和"坏的"教学模式会内化为教师隐性的教学价值观，指导着他们的教学。

研究者认为，职前教师教育之所以难以发挥作用，对教师认知的影响力有限，主要是因为受到教师固有认知的影响（Liu & Fisher 2006；Mattheoudakis 2007；Peacock 2001；Richards *et al.* 1996）。Kagan（1992）在回顾了关于职前教师信念的27项实证研究后指出，职前教师以往的经验和固有的信念会形成一种过滤器，他们通过这一过滤器来理解教师教育课程的内容，解释课堂教学行为。Almarza（1996）发现，职前外语教师会从个人经验出发理解教师教育课程所提倡的教学理念，并根据自己关于语言、语言学习、教师和学生的信念和假设对所学的理论知识进行重新建构。Richards *et al.*（1996）也发现，当教师教育课程提倡的教学理念与教师已有的信念发生冲突时，他们可能不会重构自己已有的信念，而只是根据已有的信念来理解新的理念。这些研究在一定程度上解释了职前教师教育课程在促进教师认知变化方面的有限作用，也佐证了教师学习效果的个体差异性。

基于以上发现，研究者认为，教师教育课程一方面应通过批判性讨论和反思来整合理论和实践的输入以及学生经验（Ur 1992）；另一方面，要为学生提供一种现实的教学观，使职前教师能够认识到课堂教学的现实并掌握驾驭情境性因素的技能，使教师能够在今后的教学中根据具体的情境调整教学，满足学生的需求（Johnson 1996）。

另一方面，有经验的教师的教学和专业发展经历及其已有的信念也会影响其教师教育课程学习的效果。吴欣（2005）认为，在职教师培训课程如果要实现促进教师认知变化和教师专业发展的目标，就必须关注三个方面：教师的个人经验、真实的教学内容和反思式学习。首先，在职教师培训应考虑教师已有的个人经验，为教师提供机会，使他们能够从不同角度，以实践的、积极的方式对自己的教学进行重新思考。其次，培训的内容、涉及的教学方法和教学活动都需要考虑教师个人的需求，贴近教师的工作实际。最后，教师培训应通过各种教学活动促进教师对个人已有知识的反思，弥补个人已有知识和外部理论知识的差距。

研究表明，对教师认知发展构成影响的教学和专业发展经历包括：同伴观摩（Cosh 1999；Day 1990；Richards & Farrell 2005）、文献阅读（Dikilita & Mumford 2019；Macalister 2018）、同伴交流与合作（Edge 2002；Putnam & Borko 2000）、教学中的关键事件（Griffin 2003；Shapira-Lishchinsky 2011）、教师研究（Burns 2009；Edwards & Burns 2016；Sato & Loewen 2019），等等。当前，关注教师在自然、非干扰的条件下认知和专业发展的实证研究较少，相关研究表明，教师之间以学习为目的而开展的教学观摩、研讨、文献阅读等活动与教师反思相结合，能够使教师更好地理解并探究教学过程，掌握有效教学的原则，提升教学决策意识；教师之间的非正式谈话或教师所参与的实践共同体有利于他们吸纳共同体中的观点，更好地理解自己的行为和经验；教学中标志着个人或社会重要转折或变化的事件或情境能使教师产生关于教学的新想法和新见解，促进教师对教学的反思，推动其专业发展。

Dewey（1938）认为，教育和发展都来源于经验（experience）。教师的上述经历能够为教师提供一个反思的契机，使他们充分理解经验中所蕴含的丰富意义，推动教师不断从旧的经验中汲取知识，并将之用于创造新的意义，建构新的知识，发展行动中的理论。这种反思与文献中所提及的"行动中的反思"基本一致，即教师在面对新的教学问题时，对这一问题及隐含在自己教学中的先前的理解进行反思，并现场检验这种理解，以寻求情境中的改变和对某一教学现象的新的理解（Akbari 2007；Schön 1983）。根据Schön（1983）的观点，行动中的反思一般与意外的事件相关。他认为，无论该事件是带来惊喜，还是令人吃惊，或是带来不好的结果，都会引发教师在行动中进行反思。如果实践工作者始终保持开放的心态，持续与情境互动，这种行动中的反思就能不断进行，推动实践探究不断前进，并能进一步引发思维与行动的交织。Crandall（2000）指出，针对自身经历所进行的反思有助于教师将默会的信念和实践知识显性化，使教师教学更具理据性，并促进教师不断发展新的思维和教学方法。正是由于这种行动中的反思，教师才能够在自身经历中学习并获得发展。

4.2 外语教师身份认同的变化

4.2.1 外语教师身份认同的概念

"教师身份认同"（teacher identity），又常被译为"教师身份"，是教师专业发展的一个重要组成部分，主要涉及教师对"我是谁""我是什么样的人""我想成为什么样的人"等存在论问题的理解和认识，是教师在课堂教学的社会性互动中对其所承担的社会、文化角色的认识（Richards 2008）。教师身份认同既是一个心理学概念，涉及特定教师对自我形象（self-image）和他人眼中形象（other-image）的认识，也是一个社会性概念，因为身份认同的形成、协商和发展是在特定的情境下（如教师教育课程、学校）发生的社会性过程（Varghese *et al.* 2005：39）。寻阳、郑新民（2014）对国内外外语教师身份认同的研究进行回顾后指出，学界对外语教师身份认同有着多种定义，这些定义表明，外语教师身份认同是一种个体心理概念化和社会化的方式，具有动态变化、矛盾斗争、环境塑造、互动关联和话语建构的特点。两位研究者将当前研究对外语教师身份认同的定义归纳为三类：（1）工具类，即将身份认同视为外语教育研究的工具或分析视角，探讨其与教师专业发展的关系；（2）建构类，即考察外语教师身份认同的社会建构过程及其影响因素；（3）角色类，即探究外语教师身份认同与教师角色的关系，反映外语教师所承担的社会责任及其享有的社会地位。

Wenger（1998：215）指出，学习是一个"养成"（becoming）的过程，包含着身份的建构和重构；学习改变我们对自己的认识，改变我们对自己能做什么这一问题的认识，改变我们的身份认同，也改变我们参与共同体实践的能力。外语教师学习不仅包括外语教师知识和技能的增长，还包括教师对自身作为外语教师的意义的探究；教师的身份认同在教学中发挥着特殊的作用（Singh & Richards 2006）。研究表明，教师在其职业生涯过程中不断地建构并重构自己的专业身份；教师的身份认同与个体的经历密切相关，在个体与他人的互动中形成，受到多重因素的影响，包括个人历史、年龄、性别、文化、工作环境、学校和课堂文化等，这不仅反映了教师看待自己的方式，还反映了教师如何在不同的情境下承担不同角色等问题（Farrell 2011；Richards 2008）。因此，Connelly & Clandinin（1990）认为，相比专业知识，教师更加关心自己的身份和角色，他们对这一问题的认识来源于教学实践、与学生和家长的互动、学校以及社会环境等。

4.2.2　关于外语教师身份认同变化的实证研究

教师身份认同研究兴起于20世纪80年代。到90年代末，随着外语教师认知研究的深入和外语教师教育研究的社会文化转向，教师身份认同逐渐成为外语教育和教师教育研究中的热点议题。研究者借鉴了哲学、心理学、社会学、社会心理学等领域的相关理论，从自我形象、情感、知识、承诺、信念、价值观、个人能动性等不同维度，对处于不同情境下的教师的身份认同进行了研究，研究议题涉及教师身份认同的内涵、特点、影响因素、建构过程等（郝彩虹 2014）。

Tsui(2007)将外语教师身份认同研究主要分为三类:(1)对教师身份认同的多维度内涵结构及各维度间关系的研究;(2)对教师身份认同形成过程的影响因素的研究,包括个人层面和社会层面因素及其互动关系;(3)对教师身份认同形成过程中个人能动性与社会结构的关系的研究。Tsui的分类方式反映了外语教师身份认同研究的静态和动态这两个特征。其中,第一类研究是关于教师身份认同内涵结构的静态研究,第二和第三类是关于教师身份认同建构的动态过程及其影响因素的研究。Tsui(2007)指出,学界对外语教师身份认同的形成过程以及该过程与所形成的身份认同之间的互动关系的研究相对缺乏。自此之后的十几年间,针对外语教师身份认同的动态建构过程及其影响因素的研究逐渐增多,成为研究者的一个重要关注点(Abednia 2012; Ai 2016; Burri *et al.* 2017; Cheng 2016; Chien 2018; Chong *et al.* 2011; Dikilitaş & Yaylı 2018; Farrell 2011; Flores & Day 2006; He & Lin 2013; Johnson 2003; Kanno & Stuart 2011; Karimi & Mofidi 2019; Kayi-Aydar 2015; Lee 2013; Liu & Xu 2013; Park 2012; Ruohotie-Lyhty 2013; Trent 2010, 2011, 2012; Tsui 2007; Xiang 2021; Xu 2013; Yazan 2017; 郝彩虹 2010a, 2010b; 谢淑海 2016; 许悦婷 2011)。这些研究主要采用了个案研究、叙事探究等质性研究方法,其中叙事探究居多。研究者认为,教师身份认同与教师叙事紧密相连,叙事的过程就是理解身份认同的过程,身份认同是在叙事中建构并通过叙事呈现的(Barkhuizen 2016; Connelly & Clandinin 1999; Hinchman & Hinchman 2001)。

在关于外语教师身份认同变化的研究中,有的探究教师在非人为促进的自然学习过程中的身份认同建构,如开展常规教学实践(Kanno & Stuart 2011; Karimi & Mofidi 2019; Ruohotie-Lyhty 2013; Trent 2012; Tsui 2007; Xu 2013; 谢淑海 2016);有的则关注教师在人为促进条件下的身份认同建构,如参与职前教师教育课程(Burri *et al.* 2017; Chong *et al.* 2011; He & Lin 2013; Johnson 2003; Parks 2015; Yazan 2017; 谢

淑海 2016)、参与在职教师教育/培训和学历课程（Abednia 2012；Burri *et al.* 2017；Lee 2013；郝彩虹 2010a，2010b）、改变工作环境（Xiang 2021）、参与境外游学项目（Trent 2011）、开展教学变革（Liu & Xu 2011，2013；Xiang 2021；许悦婷 2011）、参与行动研究（Dikilitaş & Yaylı 2018；Trent 2010）。研究者普遍认为，外语教师的身份认同具有复杂性、动态性、情境性、多重性特征，受到教师个人学习经历、学校环境和宏观教育环境等内外部因素的影响（Ortaçtepe 2015）。教师学习的过程是教师对自我和情境的解读和重读过程，其中必然伴随着教师对其专业身份和专业角色的重新认识。因此，教师身份认同的变化与教师学习是相伴相生的。身份建构的过程也是一种意义协商过程，受到个人、学校、社会等多层面因素的影响。

4.2.2.1 非人为促进条件下的外语教师身份认同变化

非人为促进条件下的教师身份认同变化研究主要探究教师在开展常规教学实践时的身份建构。此类研究主要针对新手教师，针对有经验的在职教师的较少，这主要是因为新手阶段是教师形成身份认同的重要阶段，这一阶段的经历对教师的留任与否乃至今后的发展有着重要的意义。研究表明，教师作为学生的学习经历、他们的教学经历和在职学习经历等都是其身份建构的重要影响因素，其所处的专业实践共同体、学校组织文化、宏观社会环境等也会对专业身份建构产生影响（Karimi & Mofidi 2019；Tsui 2007）。

在较早一项针对在职外语教师身份认同开展的研究中，Tsui（2007）发现，外语教师身份认同的形成有两大影响因素。其一是教师具备其所在专业实践共同体所看重的专业能力，并得到共同体成员的认可；他们了解如何与共同体中的其他成员相处，理解共同体成员所共同开展的工作，且具有分享中介资源的能力。其二是教师具有参与专业实践共同体的合法性。二者相辅相成，共同产生作用。教师身份认同形成的关键是教师参与意义协商，即教师在实践共同体中创造意义并成为意义的所有者。因此，教师参与意义建构和协商的能力以及确立意义所有权的能力至关重要。但是，教师是否能参与意义协商，受到共同体成员间权力关系的影响。意义的发现与协商可能导致教师身份认同冲突。这些冲突可能会带来新的共同体参与形式、共同体成员间的新关系以及意义所有权的重新分配，但也有可能会导致教师在共同体中的边缘化、不参与或非参与。类似地，在一项针对伊朗在职外语教师的研究中，Karimi & Mofidi（2019）证实了教师在协商多重身份过程中会体验到冲突和矛盾。他们发现，教师在其他活动系统中所体验到的权力关系和矛盾等也会对其身份建构产生影响。

当前研究表明，教师的专业身份建构具有个人特异性，处于相同或类似工作环境下的教师的身份建构过程可能会大相径庭。例如，Trent（2012）关注的两位香港新手英语教师毕业于同一个教师教育课程，其个人背景、工作环境基本相似，但他们的身份建构经历却形成了鲜明的对比。其中一位教师的身份建构过程顺利，这位教师更加坚定了自己从事英语教学的决心；而另一位教师则并不顺利，最终选择放弃教师职业。研究者指出，教师在其所在学校参与意义建构和协商的机会和能力对其身份建构有着重要的影响，这种意义建构和协商的结果将直接决定教师是否留任。这与Tsui（2007）针对在职外语教师的研究的发现一致，即教师自身能力是否得到认同，在其所处的实践共同体中是否能够获得参与意义协商的机会对其身份认同的发展影响至深。Trent认为，新手教师带着对教学和教师职业的憧憬和愿望走上工作岗位，他们的"理想"能否实现取决于许多因素。如果教师的教学能力能够得到学校管理层和同事的认可，那么他们的身份建构就较为成功。否则，教师将难以在课堂中实现自己的"理想"，可能会选择离任。

在一项类似的研究中，Ruohotie-Lyhty（2013）进一步发现，外语教师身份建构的成功与否取决于教师的期待与工作现实之间的匹配度。如果二者相互匹配，那么教师的入职体验则更为积极，他们的身份建构会更为顺利。如果二者相互冲突，那么教师的身份建构则更为困难。Ruohotie-Lyhty认为，不成功的案例反映了教师的身份认同危机，即教师所期待的"理想身份"（ideal identity）和实际教学情境下的"受迫身份"（forced identity）之间的冲突。

4.2.2.2　人为促进条件下的外语教师身份认同变化

以下将从三个方面回顾人为促进条件下的外语教师身份认同变化研究，具体的干预条件包括参与职前教师教育课程、在职教师教育课程及其他教学和专业发展活动（如行动研究、课程改革等）等。

4.2.2.2.1　职前外语教师教育课程中的教师身份认同变化

针对教师的职前教师教育课程学习经历的研究表明，教师身份认同的形成是一个动态的过程，是职前教师在课程学习过程中不断自我定位并与他人定位的身份协商的过程；职前外语教师身份认同的主要来源是他们自身作为外语学习者和教学学习者的经历和经验（Xu 2013；Yuan & Lee 2016）。教师教育课程所提供的不同学习途径为职前教师提供了身份认同建构的条件，这些途径包括参与多样化的课程活动，如线上或线下讨论等，参与教育实习，参与由职前教师同伴、教师教育者、指导教师等所构成的多个学习共同体并开展专业对话等。这些活动为职前教师提供了将自己"想象"为教师并转变教师角色的机会（Yazan 2017）。

针对职前教师教育课程中教师身份认同变化的研究主要有四个主题。第一类是关于课程整体对教师身份认同建构的影响研究。例如，Ilieva（2010）对某一TESOL硕士项目中20位非本族语者职前教师的研究表明，该项目所提倡的理念对教师的身份建构起到了促进作用。教师身份认同的建构过程包括两个方面，其一是认识自己的能力，其二是认识自己所处的情境并加以应对。研究者认为，职前教师教育课程为教师提供了一个重新想象专业身份的空间。课程中所包含的阅读等学习活动及其所提供的理论视角为教师提供了新的话语空间和教师身份选择，使之能逐步提升专业发展的主动性。教师在学习的过程中参与了复杂、多样化的课程话语协商，形成了新的专业身份，将"成为一位教师"与"开展教学"和今后的教学行为联系在了一起。

第二类研究聚焦教师教育课程所包含的教育实习对教师身份认同的影响。例如，Kanno & Stuart（2011）以情境学习理论为指导，考察了某一TESOL硕士项目中两位职前英语教师在教育实习过程中的身份建构，揭示了教师身份的发展与他们课堂教学行为之间的关系。Kanno & Stuart认为，一方面，教学会促进教师的身份建构。扮演教师角色与内化教师身份是两个不同的过程，后者需要较长时间的经验积累。长时间的教学实践机会、教师教学能力的提高以及由此所获得的自信等因素都能够促进教师的身份建构。另一方面，教师身份的成功建构也会影响他们的课堂教学行为。在实习初期，由于缺乏教师身份认同，教师难以树立权威并有效掌控课堂。随着教师身份认同和教师权威的建立，教师逐步教会学生要对自己的学习负责，教师也能更理智地看待学生的学习表现。

第三类研究关注职前教师在教育实习过程中的社会化经历和情感态度对教师身份建构的影响。同属一个系列研究，Yuan & Lee（2015a）聚焦三位具有积极情感经历的外语教师的身份建构，Yuan & Lee（2016）则关注一位具有消极情感经历的外语教师的身份建构。Yuan & Lee（2015a）发现，职前外语教师在学习教学的过程中不断发展和修正自己的专业身份认同。这一变化的发生也伴随着教师参与的认知学习和社会性协商过程以及教师情感态度的变化，三者密切联系、相互交织。在认知层面，教师通过参与教师教育课程和教育实践活动积极建构知识和专业身份认同。在社会层面，教师积极与教师教育课程和教育实践情境中的众多社会化因素进行互动，协商并调整自己的身份认同。这种互动在理论学习中主要体现在教师与教师教育者和同伴教师共同进行的讨论和反思等活动中，在教育实践中则体现为教师与中学指导教师、周围其他中学教师、学生以及职前教师同伴的互动。在情感层面，教师建构身份认同过程中的情感过程具有个人特异性，受到教师对自身和教师职业的理解的影响。教师身份认同建构的过程也是教师在理论学习和教育实践过程中获得不同情感体验的过程，情感体验方面的差异会影响教师身份认同建构的结果。

Yuan & Lee(2016)也证实，外语教师身份认同的建构与教师情绪密切相关。在教育实习过程中，教师基于内在的情感挣扎和冲突以及外在的体制环境和社会文化情境，不断建构并重构自己的身份认同。这一过程受到三个方面的影响。其一，教师与其指导教师和学生的关系。Yuan & Lee(2016)发现，职前教师与指导教师间的权力差异导致他们极易受到负面情绪的影响，积极的师生关系能够缓解职前教师的负面情绪，促进他们的身份建构。但相比师生关系，教师与其指导教师间的权力差异对教师的影响更大。其二，教师所处的学校和文化环境及其隐含的情感规则会影响教师的情绪表达和身份建构，是调节教师情绪的重要情境因素。其三，教师的专业主动性，主要体现为教师对教学的反思、他们依据自身信念对教学行为所做出的调整等。Yuan & Lee(2016)认为，职前教师所面临的学校规则和结构在其专业学习和身份认同的建构中发挥着重要的作用，而教学情境中隐性的情感规则也会抑制教师的情绪表达，给其造成情绪负担并阻碍教师身份的发展。以上两项研究将情感态度融入对教师身份认同的探究中，丰富了我们对教师学习过程及其本质的认识。

第四类研究将职前教师的身份认同建构从课程中延伸到课程结束之后，观测教师从职前教师转变为新手教师过程中的历时变化。例如，Xu(2013)对四位英语教师进行了为期四年的追踪，考察他们从职前教师教育课程最后一年到入职第三年期间的身份认同变化。研究发现，在职前阶段，教师所想象的教师身份(imagined teacher identity)主要以榜样为基础(exemplar-based)，包括语言专家、学习的辅助者、精神引领者等。在新手阶段，受到学校规定和宏观教育环境的影响，教师新实践身份的形成主要以图式(schema-based)和规则(rule-based)为基础。经过三年的教学之后，除一位教师将原有的身份认同具象化外，其他三位教师的想象身份都逐渐幻灭。Xu认为，这主要是因为职前教师教育课程并未使职前教师了解他们今后所要面对的真实教育情境。新手教师在身份建构过程中的积极体验来源于他们在特定的外在环境条件下追求教学技能提升和自身发展的勇气和智慧。

4.2.2.2.2　在职外语教师教育课程中的教师身份认同变化

相比职前教师教育课程，针对在职教师教育/培训课程中的外语教师身份建构的研究并不多，相关研究主要是对课程效果的验证性研究。该主题下的研究主要归纳了教师在学习过程中的身份建构特点及促成身份建构的课程因素。Abednia（2012）发现，外语教师在参与英语教学法课程学习过程中主要表现出三个身份认同方面的变化：其一，从理想化和服从权威观点到提升批判性自主意识；其二，从无目的地选择教师职业或出于工具性目的选择教师职业到批判性地认识教师职业，理清教师职业的社会责任，重构自己的专业目标；其三，对英语教育的语言和技术性观点转变为教育性观点，超越了语言教学本身，看到了英语教育所蕴含的宏观教育意义，如促进学生心智发展、促进社会变革和思想解放等。Abednia也承认，尽管教师们的变化呈现出一致性，但仍有一位教师并未发生显著的变化。这一发现再次证实了教师身份认同建构过程的个体差异性。但遗憾的是，Abednia并未分析其中的原因。

在另一项针对在职教师的研究中，Lee（2013）考察了四位英语教师在学习写作教学过程中的身份建构。该研究以活动理论为基础，区分了三种教师身份：（1）话语中的身份（identity-in-discourse），即教师所陈述的作为写作教师的身份；（2）实践中的身份（identity-in-practice），即教师所陈述的课堂实践中的身份；（3）活动中的身份（identity-in-activity），即教师在工作情境中不断协商的身份。Lee发现，伴随着对写作教学的学习，教师对写作教学的态度从"测试写作"转变为"教写作"；在教学模式上，从"教师主导"转变为"学生主体"；在对自身角色的认识上，从"语言教师"转变为"写作教师"；在教学行为上，教师开始尝试新的教学任务和教学活动，更为关注写作的过程、体裁、目标和读者等。同时，教师也成为改革的发起者，或是协助其所在学校其他写作教师推动学校的改革。Lee认为，教师教育课程、教师的反思意识及其所在活动系统中的规则、共同体和劳动分工中的矛盾冲突都是影响教师身份协商的主要因素，教师的身份建构是在教师工作的社会、历史情境下进行的。需要注意的是，Lee指出，该研究中的主要数据来源是教师自述，其所关注的教师实践中的身份仅为教师通过话语探讨自身教学实践时所反映出的身份，并不涉及教师的实际教学行为及其中所蕴含的身份。因此，二者是否存在差异有待进一步分析。

4.2.2.2.3　其他干预条件下的外语教师身份认同变化

除了正式的教师教育课程之外，其他外部干预条件，如行动研究、课程/教学改革、教学/学习环境转换等，也都会对教师的身份认同产生影响。本节将简要对这些因素及其对外语教师身份认同的影响进行探讨。

从理论上讲，开展行动研究能够有效促进教师的身份建构/重构，这主要是因为，教师在行动研究中处于中心地位，能够控制研究的整个过程，并在这一过程中创造知识，形成新的自我意识（Goodnough 2010）。当前的实证研究不仅证实了行动研究对教师个人身份认同的积极作用，还揭示了教师身份的转变对其所在学校的整体性影响（Dikilitaş & Yaylı 2018；Trent 2010；Yuan & Burns 2017）。

Dikilitaş & Yaylı（2018）发现，开展行动研究对外语教师身份认同的影响主要体现在四个方面。其一，教师发展了以学生为中心的教学观，更加关注学生的需求及其所面临的挑战，更能从学生的角度发现问题。其二，教师内化了个人知识并持续进行知识建构，他们更为关注自己的课堂教学，并勇于尝试新的教学活动或方法。其三，教师的自我发展意识增强，能够主动进行自我反思和自我评价。其四，教师形成了作为共同体成员的身份认同，能够与同事开展对话和合作，进行情感沟通。Dikilitaş & Yaylı（2018）认为，这四个方面分别体现了教师学习的人本主义、认知主义、建构主义和互动主义特征。

在一项高中教师与大学研究者合作开展的行动研究中，Yuan & Burns（2017）从教学、研究、教师合作和学校等四个方面描绘了两位中学英语教师的身份认同变化路线。在教学方面，教师身份从"捕鱼者"变为"捕鱼教练"，即改变原有的灌输式教学方法，通过设计多样化的课堂活动，激发学生参与，并能够有意识地改进学生的学习策略，培养其学习自主性。在研究方面，教师的身份由"教书匠"转变为"教师研究者"，从畏惧研究到学会研究。在教师合作方面，教师超越了自己所在学校的界限，参与到分别由同一所学校的教师、不同学校的教师、教师与大学研究者所构成的各类实践共同体中，从"孤独的战士"转变为"合作者"。在学校方面，教师在课堂中所进行的创新性尝试及相关研究引发了学校中其他教师对行动研究的兴趣，带动了他们的教学创新。教师从学校和学生的"保姆"转变为学校变化的"催化剂"。研究者认为，教师的身份建构/重构主要是基于他们在不同的实践共同体中所参与的各种社会化互动和专业活动。该研究也揭示了教师在通过行动研究重构个人身份过程中所遇到的一些阻碍，如僵化的课程安排、教师研究知识的匮乏、教师与大学研究者之间的权力差异等。

除行动研究外，宏观外部环境的变化也会引发教师身份认同的建构/重构。不少研究揭示了教师在面临教学/学习环境改变时所体验到的身份冲突以及由此引发的身份重构。Liu & Xu（2011）采用叙事探究的方法，探究了一位新手大学外语教师在教学改革的背景下调整自我身份认同的过程。该研究采用Tsui（2007）所提出的"机构身份"和"个人身份"的概念，描述了教师在传统—自由两种教学法共存的改革背景下的"机构身份"，即教师所被期待的样子与其"个人身份"，亦即教师自己所认同的样子之间的冲突。研究者发现，在参与教学改革的过程中，教师一直面临着"指定身份"（designated identity）和"实际身份"（actual identity）的冲突。为了缩小二者之间的差距，教师与情境不断互动，持续地重构自己的身份认同。该研究进一步证实了Tsui（2007）的研究发现，即教师所参与的意义协商可能导致其身份认同的冲突，也可能会带来他们在共同体中的参与形式、与共同体成员关系以及共同体中意义所有权分配等方面的变化，揭示了教师在共同体中的参与和非参与与其身份建构之间的关系。Liu & Xu（2011）发现，"融入"或"退出"其所在实践共同体是教师参与改革的两种不同形式。当教师的两个身份趋于重合，他们会积极参与到实践共同体的社会化活动中；当二者趋于分化，教师则会被共同体排除在外。

类似地，许悦婷（2011）证实，教师在参与教学评价改革的过程中也面临着专业自我和个人自我的冲突。一方面，在社会政治环境和学校文化等因素的影响下，教师逐渐认识到自己作为教师所被赋予的角色，建构了教师的专业自我（professional self）。另一方面，教师的个人成长史和内化了的个人实践知识驱使他们去做自己认为应该做的事情，形成教师的个人自我（personal self）。许悦婷认为，教师的专业自我和个人自我分别代表着"要我做"和"我要做"的教学实践，二者在冲突、协商及融合中共同促进教师身份的建构与发展。

除了教学情境的变化之外，学习情境的变化对教师的身份认同也会产生影响。Trent（2011）研究了参与澳大利亚短期游学活动的八位中国香港职前英语教师的身份认同变化，发现短期游学活动给职前教师带来了崭新的学习机会，提高了教师的语言能力和文化理解力，也为他们提供了重构英语教师角色的机会。但新的学习情境挑战了教师对自身角色的理解，导致教师面临过去、现在和未来身份之间的冲突，这种冲突影响了他们的学习体验。研究发现，两方英语教师在教育背景、教学方法和教学能力等方面大相径庭。面对这些差异，中国香港教师开始重新审视自身群体和所从事的英语教学。部分教师甚至开始思考是否应该从事教师职业以及在自己这种教育环境中能够成为什么样的教师等问题。该研究带给我们的启示是，教师教育课程中的短期游学活动并不一定会给教师的身份认同带来积极的影响。课程设计者应加强对职前教师身份认同的关注，可尝试通过反思、行动研究等途径帮助他们学会从本地教师的角度看待教学和教师身份，以应对游学所带来的教师身份的冲突以及该冲突对自身身份建构的影响。

4.3　外语教师课堂教学行为的变化

4.3.1　外语教师课堂教学行为的概念

　　教师专业发展不仅体现在教师的知识、信念、态度、身份认同等认知维度上，也体现在教师的课堂教学行为上。教师学习的最终目的不仅是促进教师的专业发展，更是改进教师的课堂教学，最终提高学生的学习成效。因此，课堂教学行为与教师学习有着天然的密切联系。

　　从字面上讲，课堂教学行为是教师在开展课堂教学过程中所采取的一切行为，包括教学活动设计、教材使用、教学组织、课堂话语等。Richards（1990）将教师的课堂教学行为区分为"低级推断范畴"（low-inference categories）和"高级推断范畴"（high-inference categories）。前者指具体的、可以直接辨认的教学行为，如提问、反馈、语码选择等，是教师经过训练可以直接掌握并使用的程式化行为。后者则更为宏观，包括课程结构设计、任务/活动设计等，是教学中较为复杂、难以识别的教学决策，能反映出教师的思维过程，需要从课堂教学的整体环境层面进行理解。可见，教师的课堂教学行为是一个复杂的概念，既包括可观察的微观层面行为，也包括那些反映课堂综合情境和教师判断的宏观层面行为。

4.3.2　关于外语教师课堂教学行为变化的实证研究

　　与针对教师认知和身份认同等认知维度的研究相比，探究教师学习所带来的教学行为变化的研究较少。现有研究大多是在探究教师认知或身份认同等认知特征发展的基础上，对教学行为的变化及其与认知特征变化的关系进行了附带的探讨。此外，或许是出于观察方便的考虑，这些研究一般只选择性地关注教师的部分教学行为，如教学任务设计、教学目标设定、教学方法的选择等。其中大多为有计划的教学行为（planned aspects of teaching practice），只有少部分研究关注了偶发的教学行为（incidental aspects of teaching practice），如纠错性反馈、提问等。

Basturkmen（2012）指出，有计划的教学行为一般是教师经过深思熟虑做出的选择，更容易与教师所陈述的信念保持一致，但教师无计划或偶发的教学行为却更可能反映出他们隐性的信念。

当前研究表明，无论是在干预还是非干预的条件下，教师学习都会给教师的课堂教学行为带来积极的影响。这种影响既可能是显著的教学行为的改变（Dubetz 2005；Freeman 1993；康艳 2016a），也可能是教学行为的自动化、与教学设计等相关的教师决策能力的提高等（Phipps 2007）。Dubetz（2005）探讨了参与教师学习小组对外语教师"实践理论"（theory of practice）及实际教学行为的影响。通过对一位教师应对学困生的个案分析，Dubetz 发现，参与合作性讨论转变了教师看待问题的视角，在教学行为方面从专注于学生"所不能"及其学习结果转变为关注学生"所能"及其学习过程。So（2013）关注了参与合作探究活动的教师的知识建构及教学行为变化。研究表明，在参与活动过程中，教师能够以一种批判性的视角重新审视自己的知识和行为，收集并分析课堂数据，寻找新的教学方法。教师对知识和教学行为的重构源于其所在共同体中的意义协商以及教师对自身教学行为的反思和质疑。因此，个人和集体的反思为行为的转变创造了条件。但So也指出，教师对探究话题的兴趣不一，其行为转变的体验也不同。积极的参与和良好的体验来源于他们对探究话题的兴趣及其对解决相关教学问题的追求。

在一项针对职前英语教师的研究中，Kanno & Stuart（2011）发现，随着教师身份认同的发展，其课堂教学行为也发生了变化，这种变化既有积极的也有消极的。一方面，教师的教学行为更具有开放性，趋向于赋予学生更多的自主权；另一方面，随着教师身份认同的逐步现实化，某些新手教师的优秀特质也逐步丧失，如对教学的热情、对学生的无私投入、静观学生成长所带来的成就感。

在一项针对新手外语教师的研究中，康艳（2016a）描述了三位新手教师在非干预条件下的日常教学中所呈现出的教学行为变化及其与教师认知变化的关系。研究发现，教师在参与研究的一年中呈现出显著的行为变化，部分行为还经历了反复变化；教师的变化各有特点，教龄越短的教师变化越为频繁。发生变化的教学行为主要包括：语言知识教学行为(词汇、语法知识的呈现和巩固)；语言技能(听力、阅读、写作技能)教学行为；课堂管理与组织行为(课堂活动的形式选择与监控行为、分组与座次布局、课堂激励行为)；课堂互动(教师反馈)；教材使用行为；作业与检测行为；分层教学行为。变化的形式包括四类：替换原有行为、增加新行为、修改现有/新行为、取消现有/新行为等。引起教师教学行为变化的因素包括：教师经历(如在职学习经历、教学经历)；教学情境(学校文化、重要他人、考试)；教师反思；新的教师认知，等等。该研究对教师的课堂教学进行了历时追踪，兼顾教师有计划和无计划的课堂教学行为，对自然非干扰的学习条件下的教学行为变化进行了较为全面的描述。同时，该研究还揭示了教师课堂教学行为变化与教师认知变化的关系，我们将在本小节的最后部分对这一问题进行分析。

除以上研究外，还有研究探究了职前教师教育课程中的国外教育实践或短期游学项目对教师教学行为的影响，其中较有代表性的是Erlam(2014)和Macalister(2016)的研究。二者都关注了马来西亚职前教师在不同的国外教育环境中学习教学的经历和体验。研究表明，面对东西方文化、教育体制、教学模式的冲突，大多数职前教师重构了自己的教学行为。Erlam(2014)发现，赴新西兰学习的马来西亚教师在按照传统教学模式开展教学的基础上，融入了在国外教学实践中所体验到的以学习者为中心的教学方法，这证明赴国外学习能为教师的教学带来积极的影响。但是，该研究的主要数据为教师自述的教学行为，并不一定能反映教师的实际课堂教学情况。因此，Macalister(2016)在Erlam(2014)的基础上加入了课堂观察、教案及相关教学材料等数据，研究基本支持了Erlam的研究发现，但也进一步指出，尽管教师借鉴了新的方法，但并没有真正理解这些方法的实际要求和意义，并未真正从提高教学效果的角度应用这些方法。Macalister认为，尽管国外教学实践活动对教师的课堂教学产生了一定的影响，但其影响力远不及那些直接情境（如课堂环境）和间接情境（如教师的朋友、同事、导师等重要他人），因为国外的教学情境与教师实际教学的情境相去甚远。由此可见，教师学习的情境应该尽量贴近其真实的教学情境，否则学习很可能会流于表面，难以在改进教师的课堂教学上真正发挥作用。

以上回顾的研究主要对比了教师在学习前后的变化，以验证教师学习的效果，整体上秉承了历时研究的思路。还有一类研究从共时的角度对比参与学习和未参与学习的教师在教学行为上的差异，以凸显教师学习对教学行为的影响。Martin & Dismuke（2018）从复杂理论的视角出发，采用混合研究方法，对比了参加过写作教学法课程和未参加过该课程的教师在写作教学行为上的差异，揭示了教师学习与课堂教学行为之间的关系。研究表明，在某些教学行为方面，如创造积极的学习氛围，两类教师差别不大。这些行为普遍适用于各个学科，主要受到一般性的关于学生和教学的理念的影响。在与写作教学直接相关的学科教学行为方面，两类教师存在明显的差异，主要体现在学生所获得的学习机会上，涉及四个方面：（1）为学生提供针对不同写作目的、撰写不同体裁文章的机会；（2）在过程性写作教学中为学生提供大量参与机会和写作策略方面的支持；（3）为学生提供参与同伴互动的机会（尤其是独立完成任务时寻求同伴协助的机会）；（4）为学生提供自我决策的机会，培养学生的自我管理能力等。Martin & Dismuke（2018）认为，这些方面的差异与教师在课程中的学习有着直接的关联，课程所包含的课堂观察、课程材料以及所提供的专业话语等都对教师学习产生了积极的影响。但Martin & Dismuke（2018）也提醒，未参与课程学习的教师大多根据自身的经验和对写作教学的个人理解开展教学，他们的教学想法主要来源于同事、自主阅读、语言课程以及有限的一般性专业发展活动。这恰恰表明，这些教师的专业发展未能紧跟教学对教师所提出的要求和教师的实际需要。

关于教师学习对课堂教学行为的影响的研究反映出两个重要问题。第一，教学行为变化对教师情感的影响不容忽视。研究表明，教师教学行为发生变化并非易事，教学行为变化会给教师的情感带来一定的影响。Ng & Leicht（2019）发现，教师在创新阅读教学方法时面临许多内心挣扎和困境，这主要源于不同参与者（教师、学生和研究者）之间相互冲突的观点、教师关于阅读教学目的的信念以及新旧教学方法的冲突等。该研究凸显了教师在改进教学过程中所面临的教学方法方面的矛盾，以及教学行为变化给教师带来的内心挣扎。康艳（2016a）也发现，部分新手外语教师在调整教学行为时表现出明显的"犹豫"和"不确定"。这主要是由于教师在教学时处于孤立的状态，缺乏"师傅"的指导和"同伴"的支持，他们只能通过自我反思调整教学、判断教学行为变化的效果。

Sedova（2017）证实，当教师放弃自己的惯例性教学手段时，会在情感上产生暂时的痛苦。但Sedova也指出，这种情感上的焦虑和不安可以通过教师与同伴或学习支持者（如教师教育者）之间的互动来克服。换言之，教师个人发起的行为变化或许会很难维持，因为教师在这一过程中必然面临着巨大的教学和心理挑战。只有通过在共同体中开展对话，对教师施以中介，使教师的变化植根于教师合作中，变化的过程才有可能更为顺畅，其成效才能显著并持久。

第二，教师行为变化与教师认知、身份认同等认知维度的关系值得关注。Bakkenes *et al.*（2010）发现，教师知识和信念的变化是教师学习最常见的结果，而教学行为变化则最少见。他们认为，这可能是因为行为上产生变化需要时间，需要多重的教师认知变化加以支撑。事实上，教师教学行为的变化与认知的变化是相伴相生的，但对二者关系的研究却并不多见。康艳（2016a）对新手外语教师的教学行为变化与教师认知变化的关系进行了分析。研究发现，教师教学行为的变化并不一定取决于认知的变化，教师经历、教学情境、教师反思等都会引起教学行为的变化。认知与行为相互促进，两者是在教师经历和教学情境的外部刺激下，通过教师反思和付诸行动这两个中介过程实现的一种互动关系。认知的变化引起行为的变化，行为的变化也推动认知的变化，促进新的认知的发展。二者的互动植根于教师的教学过程中，在特定的教学情境下发生，并通过一定的教学活动和教师专业发展活动得以实现。教师的变化并非易事，需要教师不断将新的想法和新的理念付诸实践，反思自己的教学行为及其效果，并对其中所蕴含的理念进行抽象化概括。因此，教师变化的过程也是教师学习并实现自身专业发展的过程。

4.4　小结

本章对外语教师学习结果相关实证研究进行了回顾，主要涉及研究者关注较多的教师认知、教师身份认同和教师课堂教学行为的变化。研究表明，教师变化并非易事，也并非所有学习活动都能促进教师的变化。Opfer & Pedder（2011）在回顾当前关于教师学习活动的研究后指出，能够有效促进教师变化的学习条件包括：教学实践/实习机会、反思机会、在富有挑战性或创新性的环境中让教师有安全感地理解自我的机会，以及学习关于教学的应用型知识的机会。尽管如此，很少有研究从实证的角度将具体的教师学习活动与教师认知系统乃至课堂教学行为的变化联系起来。

此外，当前研究还存在一些不足之处，主要体现在以下三个方面。第一，在研究对象方面，当前研究主要关注职前教师和新手教师群体，对有经验的在职教师的研究较少。从教师学习的条件来看，对干预条件下教师教育课程中教师学习的关注较多，对教师在非干预条件下自然开展教学的状态中的学习关注较少。教师是具有专业发展意识的独立个体，具有追求卓越的基本需要（叶澜等 2001）。他们在常规的教学状态下可能通过多样化的途径学习，如向师傅或同伴学习、自学、参与在职教师培训活动等。这些学习活动相互交织，发生在教师所处的个人和专业世界中，受到情境中各种学习条件的影响，如教师学习的时间和自由度、专业书籍的可及性、专业发展机会、学校管理层对教师学习的态度等。不同的教师个体对学习的体验也各不相同。今后的研究应更多关注自然条件下在职教师个体或群体在各种情境因素的限制中的学习体验及结果。

第二，从研究内容上看，当前的研究大多只关注教师变化的某一个维度，即教师认知、教师身份认同等的单一变化，具有一定的孤立性。只有部分研究探究了认知与行为、身份认同与行为的关系，鲜有研究关注各维度之间的互动。Kubanyiova & Feryok（2015）指出，孤立地研究这些维度无法使我们对教师学习及相关的意义理解过程形成完整的认识。教师学习是一个复杂的过程，可能引起教师全方位、多维度的变化，这些变化又是相互影响、彼此联系的。通过学习，教师认知、身份认同、课堂教学行为可能同时发生改变，也可能各自"变化"并呈现出自身的特点。这些变化之间的关系如何、这些变化与教师专业发展的其他方面（如教师的情感态度等）有何联系等问题都值得研究。崔琳琳（2014）对新手外语教师的研究发现，教师学习的结果是形成性的，综合表现为专业、情感以及精神等多个层次的改变。Kubanyiova & Feryok（2015）指出，教师的认知、情感等维度是彼此影响、相互独立，但又不可分离的。今后研究应关注教师学习所带来的多维度教师变化，以及各维度之间的互动，以便对教师学习的结果形成更为全面的理解。

第三，从研究的前提假设来看，当前的研究大多假定，教师学习能够带来积极的教师变化。研究者试图从各个角度验证这一假设。因此，研究所描述的大多是"愉快"的教师学习体验及其所带来的"积极"变化。但是，"学习"本身是一个中性词语，教师学习也可能包含着"不愉快"甚至"痛苦"的体验，造成教师专业身份认同的坍塌、教师认知的减退和教学行为的倒退，并最终导致教师离职。当前研究较少涉及教师在实际学习过程中所面临的问题及解决问题的途径和策略。因此，今后的研究可以关注教师学习的"消极"个案，从另一个角度探究教师学习的体验及结果。

第五章 外语教师学习的过程

　　教师学习过程研究主要聚焦教师学习的微观发生机制及其影响因素，是针对教师学习所涉及的心智过程的研究。国外针对教师学习过程的研究起步于20世纪80年代，但数量并不太多。到90年代，Carter（1990）在一项针对教师知识和教师学习的综述性研究中明确指出，教师学习研究应更多关注教师学习的本质，即教师如何学习，而不仅仅是教师学习的条件和内容，即在何种情境下学习了什么。近20年来，过程性教师学习研究不断涌现，但总体而言在数量上仍远远滞后于结果性研究。

　　根据教师学习的阶段来划分，教师学习过程研究可以分为两类：其一是针对职前教师的研究，即探究职前教师在教师教育课程及教育实习中的学习过程及特点；其二是针对在职教师的研究，即探究在职教师在干预（如参与教师教育课程、开展教学或课程改革）或非干预（如开展日常教学实践）条件下的学习过程及特点。本章将根据以上划分方式，对外语教师学习过程相关研究进行回顾，总结职前和在职这两个阶段外语教师学习的过程及特点。

5.1　职前外语教师的学习

在国外文献中，职前教师（pre-service teacher）也称为学生教师（student teacher），主要指尚未获取教师资格认证，没有正式入职学校、独立开展教学工作的教师。一般而言，职前教师主要依托其所在的职前教师教育课程来学习。根据各国国情和教师培养模式的不同，职前教师教育课程大致可以分为两类。第一类为定向培养模式，主要通过综合性大学或师范大学中的全日制职前教师教育课程培养专、本科及研究生层次的幼儿园至中小学教师，例如我国的三年制专科、四年制本科师范生和两年制教育硕士培养模式。第二类为分段培养模式，学制为"4＋1""3＋1"或"3＋2"，一般要求学生在取得相关专业本科学位后，经过1—2年的教育专业研究生学习，获得专业教师资格，如英国的教育学研究生证书（Postgraduate Certificate in Education，PGCE）课程（朱旭东、李琼 2011）。在第二类培养模式中，教师教育课程主要针对在本科阶段有相关专业学习背景或具备相关专业从业经历，有意从事教师职业但无教师教育课程学习经历的职前教师。下面将首先回顾针对各个层次职前教师的学习过程研究，然后在此基础上归纳职前教师学习的主要特点及影响因素。

5.1.1　关于职前外语教师学习过程的实证研究

从研究主题上看，关于职前外语教师学习过程的研究主要有三类。其一是关于教师关注的研究，其二是关于教师变化形式的研究，其三是关于教师学习取向的研究。下面将从这三个方面对相关重要实证研究进行回顾。

5.1.1.1　职前教师的关注

对教师关注（concerns）的研究发端于教师发展阶段研究。教师发展阶段研究主要聚焦教师在专业发展具体节点上的思维特点（Berliner

1987；Burden 1981；Fuller & Brown 1975）。20世纪60年代，研究者发现，教师关注的内容表现出明显的阶段性差异。其中，最有影响力的是Fuller（1969）的研究。Fuller将职前教师关注分为任教前（pre-teaching）、教学前期（early teaching）、教学后期（late teaching）三个阶段。其中，任教前阶段指教师正式接触学生之前的阶段，处于该阶段的教师主要关注非教学问题，如对实习的期待、焦虑等。在教学前期，教师关注的主要是自我，包括两个方面的问题。其一，"我处于什么位置？（Where do I stand?）"教师关心指导教师会在多大程度上给自己赋权，自己能够在多大程度上管理学生，自己能够在多大程度上获得学校和指导教师的支持，是否能够与学校其他教师建立良好的关系，在多大程度上能够作为教师被学校的其他人所接受。其二，"我在多大程度上能够胜任工作？（How adequate am I?）"教师关注自己是否有能力掌控课堂并开展教学，是否能在课堂中生存下来，是否能获得积极的评价等问题。在教学后期，教师关注的重点转变为学生，其所关心的问题包括学生学习后的收获及自我评价等。Fuller认为，职前教师关注的问题具有层级性，只有解决了一个层级的问题之后才会进入下一个关注阶段。

在Fuller（1969）的基础之上，Fuller & Brown（1975）进一步完善了教师关注阶段理论，将职前教师的关注归纳为四个阶段：（1）任教前关注（pre-teaching concerns）阶段，即关注想象中的教师；（2）早期关注生存（early concerns about survival）阶段，即关注自我胜任力以及如何作为教师生存下来，如课堂管理、是否被学生喜欢、他人对自己教学的评价等方面；（3）关注教学情境（teaching situation concerns）阶段，即关注在教学情境的限制下，如何利用特定的教学方法和材料完成教学任务；（4）关注学生（concerns about pupils）阶段，即将学生作为重点，关注如何通过教学影响他们的成绩和表现。

Fuller及其同事关于职前教师关注的研究成果得到了广泛的应用，也引发不少实证研究相继开展。例如，在Fuller研究的基础上，Ward &

Mccotter（2004）也对职前教师的关注进行了研究。研究结果表明，职前教师反思时的关注点从自我（如是否可以顺利进行课堂管理、控制时间和工作量、获得他人认可、避免因失败而担责等）转变为具体的教学任务（如教学设计、课堂管理），从学生（如学习成效）转变为学生学习（如教师如何对学生产生影响）。Eilam & Poyas（2009）的研究表明，通过学习，职前教师在分析课堂教学事件时，逐渐从一般性非认知的对行为的简单描述转变为对教学的情境性认知分析，其对教学的关注点也从课堂管理转变为课堂教学活动，教师最终既能关注教学活动，又能关注教学对学生的影响。

　　以上研究均证实了职前教师关注具有关注自我、关注教学任务及关注学生等阶段性特点。但也有研究表明，从一个阶段到下一个阶段的转变并未呈现出简单的线性变化规律。采用Fuller & Case（1971）编制的教师关注量表（teacher concerns checklist，TCC），Watzke（2003）将职前教师关注分为对自我的关注（生存、是否被接受、是否能胜任）、对教学任务的关注（教材、课堂管理、教法）以及对学生的关注（学生表现、学生成长、学生情感、不同学生的需求）等三方面，并对参与教学实践的一年级和二年级职前教师进行了共时研究。结果发现，学生的学习效果从任前开始一直都是教师最为关注的问题；教学任务是教学前期的主要关注点，但随着教学实践的推进，对不同维度的关注或维持中等水平或逐渐降低。而教师对自我的关注并非如Fuller等研究者所论证的那样，在教学前期就出现，而是在一段时间的教学实践之后才逐步显现。Watzke指出，由于职前教师教育课程希望教师通过教学服务学生、学校和社区，因此教师始终将对学生学习的关注放在首位。教师对自我关注的出现标志着他们在教师教育课程支持下的专业发展和反思性教学实践的开端。可见，职前教师的关注与教师教育课程自身的特点密切相关。

　　Watzke（2007）对另一组同类型职前教师的历时研究进一步证实了这一发现。该研究发现，职前教师对学生学习效果的关注水平在两年的实践教学中始终保持高位，对自我和教学任务的关注水平有所降低或维持在中等水平。研究结果表明，职前教师在实践初期就有能力进行复杂的、以学生为导向的教学设计。Watzke认为，从广义上讲，传统文献提出的教师对生存的关注（如对课堂管理等的关注）可以被认为是对学生学习的一种关注。职前教师学习具有复杂性、多维度性，其关注点并不是简单地遵循自我—教学任务—学生的轨迹，呈阶段性、层级性发展，而是呈现出一个持续发展的过程，在职前教师专业发展的各个阶段以不同形式和不同主题呈现出来。教师所关注的具体问题可以不断变化，但关注的相应主题是持续存在的。

由此可见，职前教师关注包括对自身、教学任务、学生的关注等方面。这些关注未呈现出简单的阶段性，而是缓慢、持续发展的。各种关注在何时出现、呈现何种特征可能与职前教师所在的教师教育课程有一定关系。今后的研究可将教师教育课程本身作为一个变量进行考察，探究不同的课程特征如何影响职前教师关注及教师的整体性发展。

5.1.1.2　职前教师变化的形式

教师变化是一个缓慢的过程，"变化"的含义与"发展"或"学习"相同（Clarke & Hollingsworth 2002）。针对职前教师变化过程的研究常常与教师学习结果的研究结合在一起，既探究职前教师经过学习是否发生变化，也探究他们如何变化。相关研究揭示了教师变化的主要形式和基本过程。Sendan & Roberts（1998）对六位职前教师为期15个月的研究发现，教师认知的内容只发生了有限的变化，而认知结构则发生了显著性变化，且变化因人而异。其中，认知结构发展的模式包括：稳定概念对（stable pairs），即在不同时期始终保持稳定并相互关联的概念配对；新概念的增加（addition）；重新组织（reorganization），即重新组织原有概念体系；动态概念（mobile constructs），即在不同时期与不同的概念串建立联系或从概念串转换为独立概念；动态概念与稳定概念对的连接（association of mobile constructs and stable construct pairs），即稳定的概念对与动态概念和/或新概念建立联系；澄清（clarification），即概念之间形成更合理的结构。Sendan & Roberts（1998）指出，教师专业发展的过程是新信息和新经验引领教师反思并重构原有认知的过程，这一过程是渐进式的、复杂的、非线性的，因此，教师认知的发展绝不是一个简单的新概念的聚合过程。该研究的独特之处在于它区分了教师认知的内容和结构，并对认知的结构变化进行了细致的描述。

　　Cabaroglu & Roberts（2000）对参加为期一年的PGCE课程的职前教师进行了研究，结果表明，在参与研究的20位教师中，只有一位教师的信念保持不变，其他19位教师的信念都发生了变化，且这些变化是缓慢累积的。教师信念变化的内容范畴、程度及时间都具有个体差异性。其中，两位教师的信念变化十分显著，他们几乎完全否定了原有信念。该研究关于教师变化的个体差异性的发现与Sendan & Roberts（1998）的结论有相似之处。Cabaroglu & Roberts（2000）进一步归纳了职前教师信念变化的11种类型，包括：知晓（awareness/realization），即认识到差异、冲突或一致性；巩固（consolidation/confirmation），即巩固现有信念；深化（elaboration/polishing），即通过增加或删除的方式重构信念或通过增加新的维度深化某一信念；增加（addition），即增加新的信念；重排序（re-ordering），即根据信念的重要性重新排序；重命名（re-labelling），即用新学到的术语重新命名某一概念；建立联系（linking up），即在概念间建立联系；分歧（disagreement），即从原有信念逐步转向新的信念；转变（reversal），即否定原有信念，接受新的信念；假性变化（pseudo change），即认同新理论但不认可其适用性；无变化（no change），即未改变原有信念。这是对教师信念变化较为全面的分类。

　　以上两项研究探究职前教师在课程学习期间的信念变化过程，Yuan & Lee（2014）则聚焦了职前教师在教育实习期间的信念变化过程。通过对三位教师的跟踪调查，他们发现，职前外语教师信念的变化类型包括巩固（confirmation）、知晓（realization）、分歧（disagreement）、深化（elaboration）、整合（integration）、修正（modification）。这些变化类型与Cabaroglu & Roberts（2000）的研究发现基本一致。

针对职前教师变化过程的研究表明，教师学习能够促进教师认知所包含的不同概念内涵产生不同程度的变化。这些变化既可能体现为结构上的调整，也可能体现为内容上的改变，且变化的程度和形式具有个体差异性。但是，这种差异是什么原因造成的，与教师学习的形式和途径、教师个人经历以及教师学习的风格等因素有什么关系，这些是值得进一步探究的问题。

5.1.1.3　职前教师的学习取向

职前教师的取向（orientations）是指教师的一整套态度、信念和行为及其根据情境对自身及自我想法所做出的调整（Opfer *et al.* 2011：444）。在教师学习文献中，除了学习取向，研究者也常常使用学习模式（patterns）（Ahonen *et al.* 2015a）、学习轨迹（trajectories）（Cheng *et al.* 2016）等类似的术语。其中，学习取向这一概念较为常用，因为它强调在特定情境下教师个人因素（即特定的课程学习和教育实践经历）对教师学习的内容（即教师的专业知识和行为）的影响（Naylor *et al.* 2015）。相关研究一般遵循特定的研究框架，设定多个维度，考察教师学习的特点，并根据教师在各维度下所呈现出的典型特点归纳出教师的学习取向。

Oosterheert & Vermunt（2001）从学习教学时的心理模式、认知活动、自我管理、情绪管理、教师的理想自我和教师关注等六个方面归纳了职前教师的五种学习取向：生存取向（survival orientation）、封闭式再生产取向（closed reproduction orientation）、开放式再生产取向（open reproduction orientation）、封闭式意义取向（closed meaning orientation）、开放式意义取向（open meaning orientation）。其中，生存取向下的职前教师仅关注教师自身的生存，而不注重提高个人的教学质量或发展个人关于教学的知识和信念体系。再生产取向和意义取向的差别在于教师对待学习和处理学习问题的态度。再生产取向下的职前教师基于外部建议来提高教学质量，不追求自身对教学的理解；意义取向下的职前教师能认识到自身知识和信念体系的不足，希望加深自身对教学的理解，提高教学质量。开放式和封闭式取向的差别则在于教师应对问题的能力和策略。开放式取向下的职前教师能够清楚认识到自己所面临的问题，能描述这些问题，与他人进行交流，并最终解决问题。封闭式取向下的职前教师对所面临的问题仅有模糊的认识，很难就问题进行交流和沟通。

Ahonen *et al.*（2015a）追踪了19位芬兰职前教师的学习模式，即他们在教师教育课程学习过程中所参与的学习活动，他们的学习信念、学习动机等特征。研究者从学习动机（内在/外在）、学习信念（连贯性/碎片化）、学习方式（深层/表层学习）、在关键事件中所使用的行动策略（积极地随情境变化/被动地适应）等四个方面区分了四种学习模式，包括：意义主导的行动者（meaning-directed actor）、意义主导的跟随者（meaning-directed conformist）、非指导—非一致型学习者（undirected-inconsistent learner）、疏离的旁观者（disengaged passer-by）。研究表明，意义主导的行动者是最典型的学习模式，非指导—非一致型学习者次之，意义主导的跟随者最不典型。其中，两个意义主导模式下的学习者在学习动机、学习方式和教学观念等三个方面都非常相似：主要受内在学习动机的影响，采用多样化的深层学习方式，他们的教学观念具有连贯性。但意义主导的行动者在应对关键事件时所采用的行动策略具有情境灵活性，他们也是四种学习模式下的学习者中唯一采用灵活策略应对不同情境的学习者。而意义主导的跟随者在处理问题时较为被动，他们在学习中普遍缺乏自我管理能力。非指导—非一致型学习者则以内在学习动机和深层学习方式为主，但兼具外在学习动机和其他学习方式；他们对教学的理解呈碎片化，在行动策略方面多表现为被动适应型。他们具有学习意愿，但其学习并不完全成功；他们缺乏对积极性学习的理解，不知如何在学校为学生创设有意义的学习环境。疏离的旁观者大多具有一定的教学经验，对教学有一定的了解，希望通过职前教师教育课程获得正式的教师职业资格。因此，他们主要具有外在学习动机，在学习期间的教学观念变化不大，有的教师教学观念具有连贯性，有的则呈现碎片化，他们在行动策略方面表现为被动适应型。

以上两项研究均为共时研究，即研究者在某一时间点上对职前教师开展研究，而Cheng *et al.*（2016）则是典型的历时研究。Cheng *et al.*（2016）对13位香港地区职前教师进行了为期四年的跟踪调查，从教学信念（以学生为中心/以教师为中心）、学习方式（深层/表层学习）以及不同学习阶段的相关学习资源等三个方面区分了职前教师学习的三条轨迹：他人引导式环游（guided touring）、体验式迂回（experiential detouring）、自我引导式环游（self-guided touring）。在他人引导式环游路径中，职前教师的教学信念逐步扩大，整合了以学生为中心和以教师为中心的理念，学习方式从表层学习转变为深层学习，影响教师变化的主要因素是教师在课程中的学习经历及教师教育者的榜样引领作用。在体验式迂回路径下，教师的教学信念不断调整，学习方式在表层学习和深层学习之间调整，影响教师变化的主要因素是教育实践经历。在自我引导式环游路径下，教师巩固以学生为中心的教学信念，拓展深层学习方式，整合各种学习资源，将成功的学习经历转化为个人的教学信念并在此过程中不断走向成熟，导致教师变化的主要因素是教师反思和理论与实践的融合。Cheng *et al.*（2016）认为，教师教育课程中的专业师资、学生对学习的态度及其整合不同学习资源的能力等对其学习路径的形成有着重要的影响。职前教师认知的变化并非易事，需要教师首先感知、反思并评价现有的认知，然后寻找相应的支撑条件来促进变化的发生。在这一过程中，教师需要反思自己的学习方式，具备整合学习资源的能力。

Cheng *et al.*（2012）发现了职前教师对理论学习的理解方式的差异。研究表明，职前教师通过三种途径理解教师教育课程中的理论学习：程序性途径（procedural approach）、反思适应性途径（reflective-adaptive approach）和反思理论化途径（reflective-theorizing approach）。采用程序性途径的教师在实习期间检验教学策略和理论知识的可操作性；采用反思适应性途径的教师在实习期间反思理论知识，调整教学方法；采用反思理论化途径的教师则进一步有意识地将新的教学方法与个人的知识体系结合起来。

Naylor *et al.*（2015）针对澳大利亚七位职前教师的研究发现了职前教师学习的三种取向：实用主义取向（pragmatic orientation）、过渡取向（transitional orientation）、整合取向（integrated orientation）。这三种学习取向反映了职前教师在学习中如何利用个人、情境和专业因素。研究表明，职前教师的个人因素是影响其学习取向的主要因素，尤其是实用主义取向的学习者。在这一取向下，教师通常都有积极的接触儿童的经历，他们关于教学的自我效能感较高，对个人知识和技能较为自信，认为自己具有成为好教师的潜质。此类教师很少质疑自己已有的信念和观点，不愿意接受新观点、新思想，因此在学习过程中，教师的教学信念几乎保持不变。相比理论学习，他们更注重教育实践活动，希望在真实的教学中通过评价和反思学习教学。在过渡取向下，个人因素会受到情境和专业因素的影响。与实用主义取向下的教师类似，过渡取向下的教师也有着积极的个人经历，具有较高的自我效能感，但他们也希望能通过学习获得关于教学的专业知识和策略。他们能够对自己的知识和经历进行评价、批判并加以调整，希望在实践中学习，提高教学能力。他们的学习方式是结合理论建构、合作讨论、自主学习和反思。他们认为理论学习和教学实践同等重要，两者有利于促进他们对教学进行反思、建立理论与实践的联系，有助于他们今后进一步学习。学习结束后，教师在对其职业关系的了解、关于学生和教学的知识方面十分自信，在教学的内容知识方面不甚自信，但他们知道该如何获取这些知识。在整合取向下，职前教师充分利用个人、情境和专业这三方面的因素学习。他们具有积极的学习态度，希望成为反思的实践者，既重视个人已有的知识和经历，也重视课程中的理论学习和教学实践。他们认为学习是关于教学知识的共同建构，希望能通过学习弥补自身知识的不足。他们对新的想法持开放态度，愿意对自己以往和现在的学习以及自身经历进行批判性反思，乐于从不同的角度思考问题。学习结束后，教师对教学的各个方面都十分自信，对自身的不足也有较好的认识。

以上研究表明，职前教师学习是教师个人因素、课程因素和情境因素相互作用的结果。这一结论也得到了 Leeferink *et al.*（2019）的证实。该研究发现，在职前教师学习过程中，个人和专业层面上因素的相互作用会给教师带来不同的学习体验。在该研究中，部分教师的学习经历具有连续性，他们能相对容易地将个人的概念框架与教学经历进行整合。但有一部分教师的学习经历却是非连续的，这主要是因为他们在成为教师的过程中体验到了个人和专业层面的冲突，包括教师的个人目标、信念、价值观、态度及其个人经历等与教学实践的专业要求（如满足教师教育者的要求、激发学生积极参与课堂）之间的冲突。这些冲突导致教师面临危机，但也可能成为教师学习过程中的转折点。Leeferink *et al.*（2019）发现，职前教师的学习过程贯穿了教师专业身份认同的建构这一主题；教师的专业身份认同不是自然而然显现的，而是教师在应对个人与专业层面的冲突过程中逐步显现的。

关于职前教师学习取向的研究在某种程度上能够解释教师学习结果的个体差异性。尽管职前教师在相同的教师教育课程中学习，但由于他们的个人经历、学习风格/方法、学习方式、学习动机、教学信念等的差异，教师的学习取向和学习体验也呈现出个体差异性。这可能就是导致教师学习结果差异化的原因。

5.1.2　职前外语教师学习的过程及特点

职前阶段是教师培养的起点，是教师专业知识与技能的初始化阶段，在教师的专业发展中具有重要的意义。Freeman & Johnson（1998）指出，外语教师教育者不仅需要关注怎样教授教学（teaching of teaching），还应关注教师怎样学习教学（learning of teaching）。因此，职前外语教师的学习有什么特点，他们在学习过程中有何种体验，有哪些因素影响教师的学习等问题都是外语教师学习过程研究的主要议题。尽管当前研究所涉及的职前教师教育课程在教学层次、内容和教学方法等方面各不相同，但也达成了一些共识。研究表明，职前教师的学习具有复杂性、渐进性、动态性、多维性、个体差异性、模式化的特点（Cheng *et al.* 2016；Sendan & Roberts 1998）。

首先，职前教师的学习受到其个人经历和与之相关的关于教学的认知的影响。职前教师在参加教师教育课程前就已经具有大量默会的关于教学的知识、信念和假设，这些个人理论是他们看待教师教育课程内容的视角（Richards 1998b：71），使他们在职前学习过程中强化某些个人信念，或者排斥某些知识和理论，呈现出不同的学习效果，进而影响今后的教学行为。这些隐性的个人理论可能来源于职前教师作为语言学习者的学习经验，作为学生参与课堂的经历和对教师教学的观察，或者是在学校、家庭和社会环境下关于某些突出教学/学习事件的经验。职前教师的个人理论与其在教师教育课程中所学到的知识和理论之间的关系会对教师学习的过程产生实质性影响。二者之间的冲突、矛盾和协调过程贯穿于职前教师学习的全过程，既可能成为教师积极、深入学习的契机，也可能成为教师消极学习的开端。

其次，职前教师的学习过程及学习体验与他们所参与的教师教育课程密切相关。一般来说，职前教师教育课程主要包括理论课程和教育教学实践活动两个部分。Furlong & Maynard（1995）指出，教师教育课程的目标、结构和内容都会对职前教师的学习产生影响。Tang *et al.*（2012）证实，影响职前教师学习经历的因素包括正式的课程、非正式的隐性课程（如教师在课程学习中所亲身体验到的教学理念，与课程教师、实习指导教师和同伴的互动)、教育实践以及教师对教学技能的积极建构(如教育实践中的情境性学习、对教学的反思及对源于课程学习和教育实践的各种知识的整合)等。当前研究归纳了一系列影响职前教师学习的课程和环境因素,包括教师教育课程的内容和结构,实习学校环境和实习任务分配情况,以及教师个人的认知、情感及社会因素,如教师的学习态度,实践导师的引导和反馈,教师个人的反思,教师与实习学校中其他教师的关系,教师同伴、家人和朋友的支持等(Ahonen *et al.* 2015b; Liu & Fisher 2006)。

再次,职前教师的学习是缓慢的渐进过程。从学习的结果来看,教师的变化并不是简单的非有即无,而是存在程度差异的。Borko & Putnam (1996)指出,教师学习是一个建构性循环往复的过程,教师在这一过程中不断地基于自己已有的知识、信念等解读自身的经历。当前的研究证明,职前教师以往的学习和工作经历是他们理解新的学习经历的基础。教师在自身固有的知识和信念的基础上对其在教师教育课程中所学到的理论知识和在教育实践中所获得的情境性、实践性知识进行分析理解、归纳概括。这一过程体现出不同的认知思维特点,最终反映出教师在认知层面上不同程度的改变。因此,学习的结果是在学习过程中逐步累积、逐渐显现的。

最后,职前教师的学习存在个体差异性。这些差异不仅体现在教师个体的学习和认知风格、学习动机等方面,也体现在教师对待自身已有知识和信念以及理论和实践学习的态度方面,还体现在其整合不同信息(如课程内容信息、教师教育者的反馈)的能力和专业发展能动性等方面。Mutton *et al.*(2010)指出,职前教师学习的特点和效果因人而异,受到教师的学习意愿,教师个人知识和理论体系,教师对指导教师反馈的利用、对教学情境及相关影响因素的态度以及教师对自身教学和学生学习的期待等因素的影响。这些方面的差异使教师表现出不同的学习路径、学习模式和学习取向,并对教师学习的结果产生不同程度的影响。例如,Naylor *et al.*(2015)发现,课程学习对实用主义取向的职前教师影响最小，对整合取向的职前教师影响最大。但Naylor *et al.*（2015）也提醒，学习结果方面的差异并不意味着实用主义取向的教师不会成为优秀的教师，他们只是对自身固有的观念缺少认识，且不像其他取向下的教师一样对新观点持开放态度。这可能是由于他们并没有意识到需要做出改变，因此不愿意做出改变。

以上研究发现为提高职前教师教育课程质量提供了启示。首先，职前教师教育课程应协调教师个人、情境和专业学习的各个方面，充分考虑教师的个体差异性。一个重要实现途径就是建立专业学习共同体，更多地利用合作式、建构式教学模式和教学方法，以实践为导向，鼓励职前教师用理论分析实践并开展实践活动。专业学习共同体的建立有助于职前教师分享学习目标和对教师职业的理解，充分激活他们已有的经验，促进其对自己的固有观念进行批判性反思，加深其对课程内容的理解并帮助教师们共同应对教学实践中的情境性限制。研究表明，在职前教师教育实践中，由教师教育者、职前教师同伴、中学教育实践导师所共同建立的学习共同体能在提升教育实践的质量方面发挥重要的作用（Cavanagh & Garvey 2012）。

其次，教师教育者应充分告知教师相关课程的目标、内容和教学理念，为职前教师充当"榜样"（role model）。研究表明，教师教育者的教学理念、教学风格、教学内容、教学语言、教学任务等对职前教师学习有着重要的影响（Kontra 1997）。Bailey *et al.*（1996）用教师教育者的榜样作用来解释这一现象。他们认为，有效的教师教育途径就是教师教育者不断地在职前教师面前践行自己所推崇的教学理念，只有这样，职前教师才能通过课堂观察和亲身体验实现隐性学习，重构自己的知识和信念体系。

职前阶段只是教师专业发展的开端。在这一阶段，教师对教学和教师职业的认识往往趋于理想化，对自己今后所要从事的职业和将来的行为存在着某种憧憬。他们需要通过下一阶段的教学实践和学习来检验这些假设，进一步发展自己的专业知识和能力。因此，教师入职后的阶段，尤其是新手阶段，是其专业发展的下一个重要阶段。

5.2 在职外语教师的学习

职前教师在取得教师资格，进入学校成为正式教师之后即成为在职教师。本节将首先回顾针对在职外语教师所开展的学习过程研究，然后在此基础上归纳在职外语教师学习的主要特点及影响因素。

5.2.1 关于在职外语教师学习过程的实证研究

与职前教师不同，在职教师的学习资源、学习机会和学习形式更加丰富多样。Bakkenes *et al.*(2010)将在职教师的学习途径分为四类：(1)通过教学实验学习，如尝试新的教学方法、设计新的学习材料或试题等；(2)通过互动学习，如与学生和同事互动、参与教师学习共同体等；(3)利用外部资源学习，如阅读文献、参加课程等；(4)通过反思学习，即对自己的教学进行有意识的思考。教师在专业发展中可能会采用某一种学习途径，或者同时采用多种学习途径。例如，教师可能仅通过参与一次性在职教师培训课程学习，也可能同时进行反思性教学、文献阅读等，并参与其所在的学习共同体的活动。基于在职教师学习的主要情境，本节将在职外语教师的学习行为分成三类：其一是教师在正式教师专业发展活动中的学习，包括参与在职教师教育/培训课程、由教师教育者发起的教师学习小组活动等；其二是教师在常规教学情境下的学习，包括阅读、反思、互动等；其三是教师在特殊教学情境下的学习，如在课程或教学改革背景下通过教学实验学习。下文将从这三个方面对在职外语教师学习过程的重要实证研究进行回顾。

5.2.1.1 正式教师专业发展活动中的外语教师学习

对外语教师在正式教师专业发展活动中的学习过程的研究表明，在职外语教师的学习是动态、多层面、缓慢发展、在情境中协商的过程(Selvi & Martin-Beltrán 2016)。同时，在职外语教师的学习也具有个性化的特点。即便参与同样的培训课程，不同的教师也可能采用不同的学习方式，取得不同的学习结果，这主要是由教师的个人教学和学习经历、专业发展环境以及个人主体性等因素的差异造成的（Childs 2011）。

随着教师学习理论的发展，传统的以信息传递式讲座为主的在职教师教育/培训课程逐渐为强调合作、建构、探究的课程和专业发展活动所代替。后者常常涉及课堂观摩、反思、同伴讨论等活动，以及教师合作探究、教师学习小组等专业发展活动。Tillema & van der Westhuizen（2006）对三个由教师教育者协调的教师学习小组进行了研究，结果表明，教师的合作性知识建构包括三个过程：(1) 提升合作意识，获得对所探究问题的进一步理解和相关启示；(2) 发现他人观点与自身教学的相关性，判断将这些观点应用于自身教学的有效性；(3) 积极参与小组讨论。

So（2013）在参与研究生阶段教师教育课程的教师间组建了教师研究共同体，并对教师在开展合作性探究活动期间的学习过程进行了研究。结果表明，教师学习过程主要包括反思、检视实践中的问题、探究教学、理论与实践相互转化等四个环节。首先，教师反思自己作为教师的经历，并与共同体中的其他教师分享。其次，教师在共同体中检视自己在实践中发现的问题。再次，教师在自己的课堂和学校中开展教学探究，基于理论和研究数据重新理解自己的教学。最后，教师将探究的结果应用于课堂教学，在共同体中与其他教师分享并批判性地探讨新的教学经历，再将从讨论中取得的收获进一步应用于教学中。在合作探究式教师学习过程中，教师集体和个人的反思是学习的起点，反思不仅有助于教师认识到自己的默会知识和信念，也有利于他们发现自己教学中存在的问题。探究教学是教师合作探究式学习的载体和途径，而教师在实践中构建个人理论并将个人理论进一步应用于教学则是推动教师持续学习、实现个人发展的源源动力。

Selvi & Martin-Beltrán（2016）对参与教师教育课程中二语习得模块学习的外语教师进行了研究，结果表明，教师呈现出三种积极的学习过程。第一，将个人观点外化，肯定或质疑当前理论及其与实践的关系。第二，理解不同理论视角，利用理论来评价实践。第三，基于过去、现在和将来的教学重构对理论及其与实践关系的理解。Selvi & Martin-Beltrán (2016) 认为，在课程学习过程中，外语教师根据自己当前和今后的教学情境，以个人独特的方式对不同的二语习得理论进行整合。他们在课程中重构知识的方式有两种，其一是基于自己和他人的教学实践理解理论，其二是改变自己对理论的原有理解。教师在不断理解、整合各种理论视角的过程中，持续性地对二语习得理论和自己对教学的理解进行积极的、动态的、循环式的重构。教师学习的过程就是教师将理论与实践相结合，在课程学习过程中以互动的方式创新、质疑并构建个人理论的过程。以上两项研究都体现了教师之间的互动以及理论和实践之间的互动在教师学习过程中的重要作用。

以上研究聚焦的都是正式教师教育课程所蕴含的教师合作探究式学习过程。Sedova (2017) 的研究则稍有不同，它关注的是教师在教师教育者协助下的学习经历，突出了教师教育者对教师学习的支架作用。该研究的研究对象是一位参与在职教师教育课程并按课程要求开展行动研究的教师。研究发现，教师在行动研究中的学习并不是简单的线性发展过程，而是不断应对困境的迂回曲折的过程。最终，在教师教育者的帮助下，该教师将自身的目标与课程所设定的目标相互调和，能够更加灵活地掌握新的教学行为，对教学效果也更为满意。Sedova 认为，对教学方法的简单模仿不利于教师学习。教师需要具有"实践智慧"（practical wisdom），能够根据自己的教学情境寻找并尝试合适的方法。这需要教师基于理论反思自身的教学经历，并在必要时寻求教师教育者的帮助。该研究同时也表明，当教师改变固有的教学方法时，他们可能会产生某种负面情绪，但这种情绪是暂时的，可以通过教师自身的反思或与教师教育者的互动来克服。教师调整情绪的过程也是教师变化的一种体现，反映了教师学习的成效。在该研究中，教师所开展的行动研究是包含在教师教育课程中的，教师所面临的各种问题都可以在教师教育者的支持下得以解决，但是，如果教师研究脱离了教师教育者的支持，教师通过探究教学来学习的体验、过程和结果可能会不同。教师教育者在教师研究中的作用问题将在6.3.1.2.3节探讨。

在一项对国内英语课程改革背景下校本教师专业发展项目的为期四年的历时研究中，Zhu & Shu（2017）调查了英语教师在参与项目学习过程中的认知和教学行为变化特点。研究表明，教师变化的过程缓慢、曲折，且教师认知与行为的变化并不匹配。在认知层面，尽管教师并未完全接受课程理念，但也呈现出总体向好的态势；在教学行为层面，教师的变化呈现出N型的摇摆态势。Zhu & Shu（2017）认为，自上而下发起的教师教育课程以及高风险考试所带来的外部压力导致教师认知与行为变化的不一致，这也从侧面证实，自上而下的灌输式教师专业发展活动不利于教师学习。同时，在职教师所面临的社会文化情境因素，如高风险考试、学校文化等都可能对教师学习的过程及效果产生影响。

与职前教师不同，参与教师专业发展活动的在职教师具有一定的教学经验，在学习的同时也正在开展教学。鼓励在职外语教师通过对话、合作等方式在自身的教学经历和关于教学的已有知识和信念的基础上构建新的个人理论，这是当前在职外语教师专业发展活动的主要趋势。通过参与合作式、建构式、探究式专业发展活动，教师不仅能够反思自身的教学，还能够汲取他人的经验和观点，将之与自身的情境相联系，在外部环境的支持下进行教学探究，发展个人理论。

5.2.1.2　常规教学情境下的外语教师学习

参加专业发展活动并不是教师学习的常态，在职教师的常规学习情境主要是指没有外部干预的、自然条件下的日常教学情境。与针对正式教师专业发展活动中的教师学习研究不同，针对日常教学情境下教师学习的研究关注的不是具体的干预条件如何影响教师学习，而是处于不同阶段的教师如何在日常教学工作中学习并成长。日常教学情境中可能同时存在多样化的教师学习途径，如教师教育/培训课程、教师自主阅读、教师与他人（学生、同事等）的互动，等等。相关研究表明，外语教师所参与的教研等专业发展活动是其日常教学和专业发展的自然组成部分，也是影响其教学的主要外部刺激因素（Kang & Cheng 2014；崔琳琳 2014；顾佩娅 2009）。此类研究通过追溯性研究或历时追踪性研究揭示了处于专业发展不同阶段外语教师的学习和专业发展过程。

顾佩娅（2009）对来自不同教学环境、具有不同教学经历的一组优秀中小学英语教师进行了追溯性个案研究。研究结果表明，教师在各自的环境中学会观察和适应，最终从新手教师成长为优秀教师；地理、历史、社会环境和学校文化等因素以及教师学习方式等方面的个体差异对教师学习产生了多方位、多层面的影响。参与研究的教师都经历了一个持续的、互动性的反思性实践和成长过程。虽然他们的学习途径和方式各不相同，但其所经历的发展阶段大体相似，包括起步发现性学习、职业进修与发展、挑战与提高等三个阶段。在起步发现性学习阶段，教师主要从榜样身上学习教学，如自己的亲人、学生时代所遇到的老师、任教时接触到的其他教师等。在这一阶段，部分教师具有较强分析性学习风格，性格内向的教师也可能利用各种工具和资源进行自学。在职业进修与发展阶段，教师通过参加各种公开课、展示课、竞赛课、观摩课、集体备课、教师小组讨论和教学探究等活动开展学习。同时，教师还积极寻求参与各种正式在职教师专业发展课程的机会。在挑战与提高阶段，教师所面临的各种问题和冲突成为他们持续发展的动力。这些问题和冲突往往与教师所处的教学情境相关，如学生、同事、教育资源和教学知识的可获取性、社会和教育界对教师的要求和期待等因素。顾佩娅认为，外语教师的专业成长是教师与周围环境持续互动的过程，教师在探索和反思性实践中不断成长。教师学习的途径和方式多种多样，不仅包括自主学习、师长引领、短期进修、学历教育等，还包括集体备课、观摩课、公开课等具有中国特色的群体性实践活动。学校的人文环境、课程改革和教育管理以及社会文化大环境是促进或阻碍教师学习的环境因素。其中，促进学习的因素主要来自人际和学校的制度环境，包括师长引领、学校支持、专业发展活动和学习资源。阻碍学习的因素则主要来自教育、经济环境和社会文化、历史环境等。顾佩娅认为，教师的专业成长是他们不断与自身所处的环境进行磨合的过程，优秀教师成功的关键在于他们对职业的热爱和对环境因素的驾驭能力。

与顾佩娅（2009）的研究类似，王俊菊（2012）的研究对象是六位有经验的高校英语教师。该研究也证实，课堂教学环境下的教师学习是一种回应情境的行动学习，是教师学习如何选择、优化情境回应方式的过程，它具有情境性、实践性、隐含性、个体性、延伸性、持续性等特点。教师的主要学习途径包括反思学习、师生交流、行动研究等，教师学习的效果受到教师的反思能力、个人教育经历、环境等因素的制约，需要教师通过自我促进、业内交流和/或在职进修等来支撑。

以上两项研究都表明，教师在情境中的反思以及对情境的回应是教师在日常教学中的一个重要学习途径。程文华（2012）对两位高校英语教师的研究也证实，尽管教师在学习内容、学习结构等方面存在某些差异，但其学习方式和学习过程大体相同，具有共性，其学习过程都是一个包含行动前预测性反思、行动中即时性反思以及行动后回顾性反思等三个环节的连续、交互的动态过程。正如程文华（2012）所言，这三个环节相互促进、相互影响，形成一个丰富而生动的实践情境。教师正是在这样的情境下不断体验教学、领悟教学的，进而发展自己的教学知识和教学观。

除了研究有经验的教师，也有研究聚焦处于职业生涯起始阶段的新手教师的学习过程。其中，Kang & Cheng（2014）和崔琳琳（2014）较有代表性。Kang & Cheng（2014）对一位新手中学英语教师进行了历时个案研究，研究结果表明，教师学习的过程就是教师不断反思个人经历，在课堂中开展教学实验，促进认知和行为发生循环互动的过程。教师变化的前提是教师反思自身的经历，产生变化的想法，例如，通过参与教研等专业发展活动获得教学启示，或者发现教学中的问题并希望解决该问题。如果教师认为新的教学想法能够解决他们当前所面临的教学问题，且与教师的现有认知和教学情境一致，他们就会在课堂中将之付诸实践。当新的教学方法在实践中得到学生、同事、学校或家长的积极反馈时，这一方法就会固定下来，成为新的教学常规；但如果反馈不积极，教师就会摒弃该方法或对之做出调整。最后，教师将新的教学行为"理论化"，建构新的个人知识。一个完整的教师变化循环意味着教师可能会根据新的个人理论完善原有的教学行为，开展新的课堂"实验"。

在另一项对新手中学英语教师的研究中，崔琳琳（2014）也进一步证实，教师学习过程中存在一个教师经验、教师反思和教师实践的循环。该研究认为，新手外语教师是在过去经验、现实情境和未来计划的交织中，在中介工具的作用下，在经验、反思和实践的循环中，在与问题对抗和对问题做出妥协的交替中学习教学的。研究发现，可供新手外语教师利用的中介工具包括教学资料、教研活动等显性工具以及概念（如外语教育教学理念）和社会关系等隐性工具。教师在选择中介工具后，采取中介行动，其学习呈现出拓展学习的循环过程，包括现实冲击、分析困境、突破困境、反思变化以及做出新决策等环节。因此，新手外语教师的学习过程是其"获得、使用、掌握和拥有中介工具，采取中介行动的复杂过程"（P.153）。

与有经验的教师和新手教师相关研究相比，针对处于职业生涯中期的教师的研究并不多见，其中较有代表性的是Brunetti & Marston（2018）。该研究选取了53位入职10年以内、处于职业生涯早中期的教师作为研究对象（其学生年龄段为5—13岁）。研究表明，教师的专业发展是他们形成专业身份认同、提升能动性的过程，需要他们经历寻找教师专业身份认同、形成初步的教师专业身份认同，调整并提升教师专业身份认同，提高专业自主性三个阶段。这一过程受到学校和教师所面临的外部要求、教师的个人生活等因素的影响。教师专业身份认同的建构既会影响教师的专业发展，也会影响教师能动性，该研究进一步揭示了教师学习与教师专业身份认同、教师能动性之间的互动关系。

这一发现在高雪松等（2018）对我国高校英语教师的研究中也得到了进一步证实。该研究表明，教师能动性与教师专业身份认同的建构相互影响，教师专业身份认同影响教师的能动性"选择"，也直接影响其职业发展，尤其是他们自身的发展方向以及精力的分配。教师学习的方法和途径有着明显的个性化特征，反映了教师能动性"行动"的差异，这主要是教师个人与社会因素互动的结果。高雪松等（2018）认为，外语教师是自身专业发展的掌舵人，他们的能动性"选择"决定了其专业发展的方向，这种"选择"会受到自身专业身份认同或兴趣、愿景的影响，但是教师如何通过不同的学习方法来实现自身的专业发展目标，则需要教师本人做出能动性"行动"。这种"行动"取决于教师职前受到的培训、个人经历等因素，也受到其所处的客观环境因素的影响。黄景（2010）指出，教师的自主发展取决于教师专业身份认同和教师能动性的增强，它也会反过来增强教师专业身份认同和教师能动性。可见，教师学习与教师的专业身份认同以及教师能动性等因素之间存在着密切关系，是一个值得进一步探究的议题。

对外语教师在日常教学情境下学习的研究表明，外语教师所参与的各种专业发展活动都能成为教师学习的外部刺激因素，教师正是在不断反思自身的经历、应对教学情境的过程中学习的。外语教师学习的过程也是教师不断发现问题、解决问题的过程。教师在学习中总结个人理论，将新的理论运用于教学中，形成教师认知与教师行动的循环。教师学习会促进教师教学行为、教师认知、教师专业身份认同的发展，也会促进教师能动性和自主性的提升，而这些因素的改变又可能会进一步推动教师的学习和专业发展。

5.2.1.3 特定教学情境下的外语教师学习

教师的教学情境是动态变化的，受到其所在学校和外部宏观环境的影

响。例如，自上而下的课程改革势必会带来教师教学情境的变化，也必将
会影响教师学习。因此，还有一类研究专门关注教师在特定教学情境下的
学习过程，这些教学情境包括参与全国性或学校内课程或教学改革、开展
校本研究项目等。研究表明，新的教学情境会带来新的教学问题，因此，
外语教师学习的过程也是教师不断面临问题、解决问题的过程。尽管在这
一过程中教师可能会因为反复调整教学行为而情绪起伏，但教师也在不断
应对问题的过程中加深对教学的理解，增强对教学的信心，获得专业上的
成长（Tsui 1996；康艳 2014）。

在一项较早的研究中，Pennington（1995）探究了八位香港地区英语
教师在开展过程性写作教学改革中的学习经历。研究者提出了教师变化循
环(teacher change cycle)，并指出教师的变化源于他们在教学中所遇到的
困难。基于从教师培训或其他渠道所获得的信息，教师首先就如何解决困
难形成一定的假设。这些假设会转化为教师改变教学的具体行动，成为教
师变化循环的外部输入，激活了教师变化的心理过程。这种外部输入需要
经过教师的认知—情感过滤器加以过滤。认知—情感过滤器包含了教师的
文化观和价值观，与其所处的社会文化情境紧密联系。只有符合教师个人
观念且能为其所处的社会文化情境所接受的外部输入，才能顺利通过教
师的认知—情感过滤器，进入教师变化循环并被吸收，成为新的教学行
为，促成行为上的变化。教师最初的变化可能发生在行为层面，即教学方
法及相关的教学策略、教学材料、教学任务等方面的变化。教师在尝试新
方法的同时持续反思教学，逐渐从对行为的程序性关注转变为对人际问题
的关注，即关注教师自身和学生对新的教学行为及其效果的反馈、新行为
下的师生角色及课堂氛围等。最后，教师的关注进入概念层面，即教师对
新的行为及其效果进行解读，获取新的理解，形成新的个人知识，整合理
论与实践，同时也确定这些新的行为在今后教学中的适用性。在这一阶
段，关于教学程序的知识成为植根于教师认知的教学技能。Pennington
指出，每一个阶段的教师变化都伴随着教师在实践中的反思。通过反

思，外部问题的输入（input）才能逐渐转化为教师对新教学行为的吸收（intake），经历变化循环后，成为新的教师理解（uptake），进入教师个体的价值观和课堂教学行为体系。教师变化循环表现为一种反思性行动循环。Pennington认为，这种反思性行动循环在每一个阶段都可能持续进行多轮，如在程序性关注阶段，教师可重新形成对问题的认识，该认识作为新的输入经过过滤器，再重新进入程序性关注阶段；进入人际问题关注阶段或概念关注阶段后，教师也可能通过反思重新回到前一关注阶段，促进教师更深入的理解。在每一个循环中，新的信息都必须再次经过教师的认知—情感过滤器，增加过滤器与新信息的互动，并在此基础上进行信息重构。

Pennington所提出的教师变化过程，在理论上借鉴了Krashen（1982）的二语习得理论、Schön（1983，1987）提出的行动中的反思的概念，从形式上看则更像教师的行动研究循环。与该研究类似，康艳（2014）也发现，外语教师的学习过程是教师认知与教学行为之间循环互动的过程。该研究聚焦一位中学英语教师在开展过程性写作教学中的学习过程。该研究发现，教师认知与教学行为之间的互动过程包括几个重要环节。首先，教师产生关于教学的新想法，并付诸实践，调整原有的教学行为。这些想法可能来自教研活动，也可能来自教师自学，是教师学习理论知识后产生的理解，教师在这一阶段会尽可能多地调动各种学习资源。其次，评价新教学行为的效果，做出相应判断。这些评价不仅来自教师自己的观察和反思，也可以来自学生或周围其他人的反馈。评价将影响教师是否能在今后的教学中继续采用新的教学行为，如果反馈积极，新的行为就会保留下来，成为新的教学常规；如果反馈不理想，教师可能直接放弃，或再次调整，并重新进行评价。再次，教师对实践进行抽象概括，对实践进行"理论化"。最后，新的个人理论促使教师进一步反思教学，再次调整教学，并开始新的循环。这一研究发现与Pennington提出的外部输入—将外部输入吸收为新的教学行为—形成新的理解的反思性行动循环十分类似。

此外，康艳（2014）还发现，尽管有些情况下自上而下的"任务式"教师研究活动承载了过多行政化、功利化目标，会给教师带来巨大的心理压力，导致教师研究流于形式，但是研究本身作为一个教师学习的契机，也给教师带来了认知和行为的变化，在一定程度上促进了教师的专业发展。Postholm & Wæge（2016）指出，自上而下的教师专业发展活动和学习机会不会自然而然地对教师产生影响。学校通行的教学文化、教师专业发展氛围和学校管理者的态度应在引导校本教师开展专业发展活动方面发挥重要的支持作用，对教师的职业满意度和职业幸福感产生积极的影响。当前研究也表明，教师研究的优化路径是，由大学理论研究者引领，一线教师群体共同参与，构建教师实践共同体。这既能弥补教师在理论知识方面的不足，又能充分利用教师已有的经验，为教师之间的交流和教师的反思提供有利环境，最终促进理论与实践的融通（Wang & Zhang 2014）。

Pennington（1995）和康艳（2014）的研究聚焦的分别是教师在开展教学改革和创新中的学习过程，Bakkenes *et al.*（2010）则关注教师在全国性教育改革背景下的学习过程。该研究发现了教师的六种学习活动，包括开展教学实验、反思教学、从他人处获取改进教学的想法、体验预期与实际的冲突、避免退回原有教学方法、拒绝学习新的教学方法。其中，开展教学实验和反思教学是两种最普遍的学习活动。非正式的教师学习环境下最常见的学习活动是反思教学、体验预期与实际的冲突、避免退回原有教学方法；在正式的学习环境下（如同伴指导），最常见的学习活动是开展教学实验、从他人处获取改进教学的想法。这表明，在正式的专业发展活动中，教师更倾向于从外部环境中获取关于教学的想法；在日常的教学情境下，他们则更倾向于通过反思学习，他们更容易体验到理想与实际的冲突，会在新旧教学行为中挣扎，面临情感上的困境。这与当前研究的发现基本一致（Ng & Leicht 2019）。该研究也提醒我们，教师在学习过程中所做出的各种改变必然会带来情绪的变化，感知并应对这些情绪是与教师学习相伴相生的一种体验。

同样是关注全国性教育改革背景下的教师学习，Avidov-Ungar（2016）从教师专业发展的动机（内在/外在动机）和教师专业发展的愿望类型（横向专业知识和技能增长/纵向职务提升）等维度归纳了四种教师专业发展模式，包括纵向立志型（hierarchically ambitious）、纵向被动型（hierarchically compelled）、横向立志型（laterally ambitious）、横向被动型（laterally compelled）。与针对职前教师学习取向的研究类似，针对在职教师学习模式的研究有助于我们进一步认识个性化的教师专业发展轨迹。该研究提醒我们，教育改革背景下的教师专业发展活动应充分考虑教师个人的专业发展意愿和需求及其所处的专业发展阶段，为其量身定制个性化的专业发展计划。

5.2.2 在职外语教师学习的过程及特点

早期对在职教师学习的研究主要是验证教师专业发展活动效果的干预性研究，其中，最常见的干预手段是正式的在职教师教育课程或教师培训课程。这些研究往往只注重教师学习的结果，关注这些干预手段是否能够带来积极的教师学习效果。研究的隐性假设是，教师专业发展活动能够改变教师的知识和信念，改进其教学行为，并最终提高教学效果，提升学生的学习成效。Clarke & Hollingsworth（2002）将这一假设归纳为教师专业发展目的的隐性模型（见图5.1）。

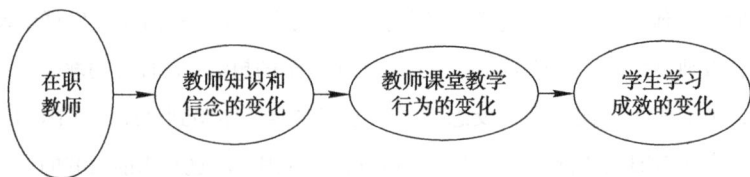

图 5.1　教师专业发展目的的隐性模型（译自 Clarke & Hollingsworth 2002：949）

针对这一学习过程，Guskey（1986）早就提出过批判。他认为，教师只有在观察到学生学习成绩的变化时，才可能调整自己的知识和信念。换言之，教师需要"实地"检验新的教学方法和教学理念在自己的课堂中是否能够带来积极的学生变化。如果教学效果显著，教师的知识和信念才有可能发生改变。因此他提出了教师变化过程的线性模型（见图5.2）。

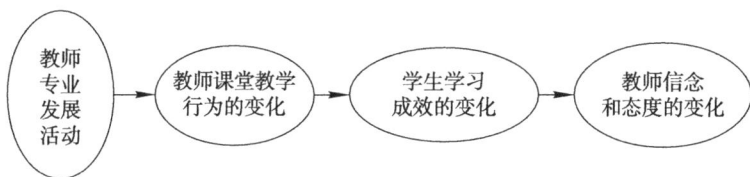

图 5.2 教师变化过程的线性模型（译自 Guskey 1986：7）

Guskey的模型将教师对学生学习成效的评价作为教师知识和信念变化的前提，对于理解教师变化，尤其是教师认知变化和课堂教学行为变化的关系提供了重要启示。Loh & Tam（2017）基于实证研究数据，提出了针对中国香港地区中文教师的本土化教师变化模型（见图5.3）。该模型在Guskey的模型的基础上做了两项修订。其一，增加了教学展示环节。Loh & Tam（2017）认为，教师只有在观察到新的教学行为在他人课堂中取得了积极效果时才有可能在自己的课堂中尝试这种教学行为。因此，教师教育者或教师同伴的教学展示将教师专业发展活动与教师变化连接起来，为教师提供了改变教学行为的契机。这一环节既突出了教学观摩和展示活动在教师学习中的地位和作用，又与Guskey（1986）的观点一致，即观察和评价教学行为的效果往往先于教师认知的变化。其二，增加了集体备课环节。这一修订更符合中国香港地区教师的实际专业发展情况，强调了教师合作在教师调整教学行为中的关键作用。Loh & Tam（2017）认为，集体备课环节能够鼓励教师在自己的课堂中尝试新的教学行为，促成从教师行为变化到认知变化的循环。

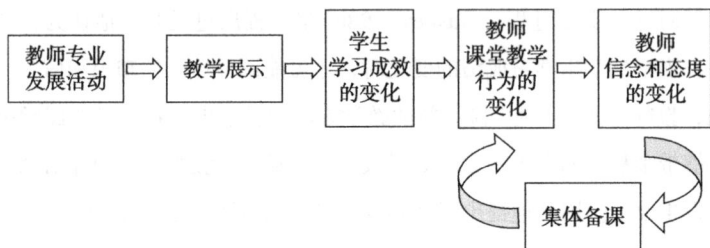

图 5.3　中国香港地区中文教师变化的本土化修正模型（译自 Loh & Tam 2017：468）

　　该模型体现出教师学习的体验式、循环式特点。该模型所增加的两个环节有助于解决教师在尝试新的教学方法时所面临的困难，降低教师在变化过程中的焦虑感，可以增强教师在应用新的理论和实践策略时的自信心和安全感，体现了教师专业发展的社会心理维度以及教师文化，是对 Guskey（1986）所提出的教师变化模型的有益补充和拓展。

　　但是，以 Guskey（1986）为基础的教师专业发展模型有一个明显的缺陷，即将教师学习的过程简单线性化，难以体现教师学习过程的复杂性。教师学习受到众多因素的影响，可能蕴含着教师不断反思、不断调整的过程。Johnson & Owen（1986）认为，教师变化需要经历一系列阶段，包括识别（recognition）、改善（refinement）、重新审视（re-examination）、改造（renovation）、更新（renewal）等（转引自 Clarke & Hollingsworth 2002）。在此过程中，教师不断反思并调整自己的行为和认知，二者发生持续性互动。在回顾了大量教师变化相关研究后，Clarke & Hollingsworth（2002）提出了教师专业发展的关联模型，揭示了教师的认知维度及相关成因之间的动态关联性（见图 5.4）。

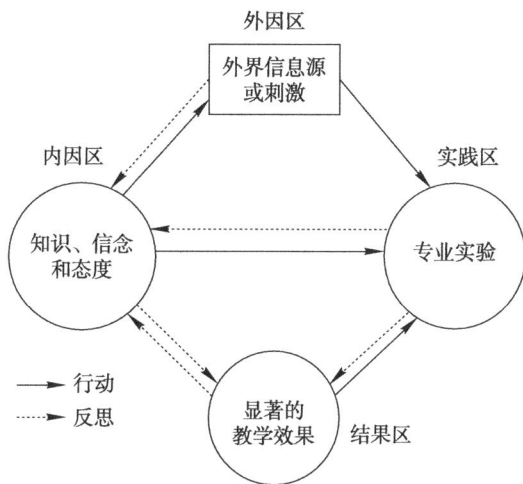

图5.4 教师专业发展的关联模型（译自 Clarke & Hollingsworth 2002：951）

Clarke & Hollingsworth（2002）认为，教师的专业发展是在四个独特的成因区内发生的。教学行为位于右边的实践区（domain of practice），与左边的内因区（personal domain）、顶部的外因区（external domain）和底部的结果区（domain of consequence）相互关联。其中，实践区主要指专业实验（professional experimentation），包括所有与专业活动相关的实验，不仅指教师在课堂中尝试新的教学行为，也指教师尝试新的学习方式。内因区包括教师的知识、信念、态度等认知维度。外因区主要指教师学习的外界信息源或刺激，如专业培训、专业出版物或同事间的谈话等。结果区则代表显著的教学效果（salient outcomes）。

Clarke & Hollingsworth（2002）认为，各成因区通过行动和反思这两个中介过程相互作用。其中，教师反思是教师对教学"积极的、持续的、仔细的思考"（转引自 Clarke & Hollingsworth 2002：954）。教师行动则是教师对其"所知道的、所相信的或者所体验的"内容的践行（enactment），是教师对新的想法、认知和新观察到的教学行为的实践，体现为教师教学行为的改变（Clarke & Hollingsworth 2002：951）。

该模型具有较高的理论和实践包容性，在研究中具有显著的灵活性。当前不少针对外语教师的研究都采用了这一模型作为理论框架（如 Wongsopawiro *et al.* 2017；顾佩娅 2009；康艳 2016a）。研究者可以从认知、社会等多个视角来解析教师知识建构的过程、反思性教学的过程以及教师变化的过程等；所探究的教师学习活动也具有多样性，既包括外部施加的正式教师专业发展活动，如教师培训等，也包括教师自发的学习行为，如与其他教师进行互动、阅读专业书籍等。此外，关联模型还标示了教师专业发展的相关成因区之间的互动，有助于分析教师学习的个性化学习路径、相关影响因素及其之间的互动关系，揭示教师学习的内在机制。

当前研究表明，在职教师的学习是教师参与其所在共同体的活动，持续开展教学实验并进行反思的过程。影响教师学习的因素十分复杂，具有多重性，大致可以分为三个层面：个体层面、人际层面和社会文化层面。其中，个体层面的因素包括教师的个人经历（如语言学习经历和教学学习经历）、教师的反思能力、教师的学习自主性等；人际层面的因素主要指教师所在的各种共同体的支持，如来自师傅、同伴的支持；社会文化层面的因素包括学校文化、行政管理者的态度等。Shulman & Shulman（2004）认为，优秀教师应是参与专业共同体的教师，他们有准备、有意愿、有能力开展教学并基于自身的教学经历学习。Shulman & Shulman（2004）提出了优秀教师应具有的六个特质，包括：（1）愿景（vision），对教学和学生学习持有一定的愿景；（2）动机（motivation），愿意投入精力，以某种方式开展教学；（3）理解（understanding），掌握与某种教学模式相关的概念和原则；（4）实践（practice），能够将某种特定的教学方法应用于实践；（5）反思（reflection），能够反思自身的经历并从经历中学习；（6）共同体（community），能够与其他教师和同事建立学习共同体，作为成员参与共同体实践并发挥作用。在此基础上，Shulman & Shulman（2004）提出了"促进作为学习者的教师共同体"（fostering communities of teachers as learners，FCTL）模型（见图5.5），解析了教师作为共同体成员的学习过程及相关影响因素。

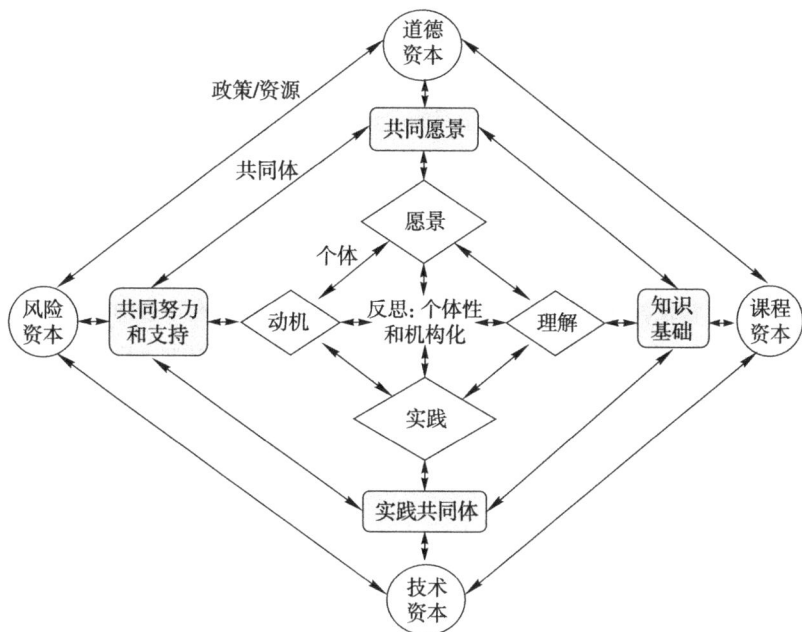

图 5.5　促进作为学习者的教师共同体模型（译自 Shulman & Shulman 2004：268）

　　在这个多层次的模型中，处于内层的是作为学习者的教师个体。他们具有关于教学和学习的愿景，有充分的动机开展教学并能坚持学习，能够理解教学和学习的本质，也具有开展教学和学习的能力。处于模型第二层次的是教师所在的实践共同体。教师学习需要良好的共同体环境，需要所有成员教师之间的相互支持，也需要他们持续调整自身的愿景、动机、理解、实践和反思。因此，教师学习的个体层面和共同体层面既相互独立又彼此互动。模型的最外层是学习的政策层面，宏观的政策是教学活动正常运作和教师实现创新性学习的重要保障。Shulman & Shulman（2004）使用"资本"（capital）一词来指代教师学习所依赖的各种资源，包括风险资本（即资金投入和支持）、课程资本、文化或道德资本、技术资本。这些资本包括教师学习所需要的资金、人力（如导师或教师教育者）、专业发展活动、课程及教材、计算机设备和物理空间等资源。

Shulman & Shulman（2004）指出，教师个体层面上某一维度下特质的变化及其之间的互动是教师学习的起点。例如，当教师形成特定的愿景时，这一愿景不仅成为教师学习的目标，还将成为教师评价自身想法和行为的标准。当教师愿景（如认同建构式学习理论）与教师实践（如讲授式教学）出现差距时，教师的学习动机会被触发，进而促进教师的学习。适当的差距会触发教师的学习行为，但如果差距过大，则不利于教师学习，教师将会产生负面的情绪，如失望，甚至绝望。在某些情况下，尽管教师具有良好的愿景，但如果他们不愿意也没有形成恰当的动机去实现这一愿景，或无法得到其所在情境或共同体的支持，那么有效的教师学习也很难实现。

该模型不仅关注教师个体，也将教师学习与宏观的共同体和政策环境联系起来，为理解教师学习及其影响因素提供了一个完整的框架。今后的研究可以利用这一框架进一步探究教师个体层面内部的不同构成成分之间和个体、共同体和政策各层面之间的相互作用，以及这些层面共同影响教师学习的机制。

5.3 小结

本章回顾了外语教师学习过程相关实证研究，归纳了处于职前和在职这两个阶段的外语教师的学习特点。外语教师学习过程研究在数量和选题的丰富性上都与外语教师学习结果研究存在一定的差距，但此类研究揭示了处于职业生涯不同发展阶段的外语教师的学习机制。当然，研究也存在一些不足之处，主要体现在以下两个方面。首先，在研究对象方面，当前研究较多关注职前外语教师和有经验的外语教师，对新手外语教师和处于职业生涯早中期的外语教师（入职五至十年左右）的研究相对较少。Bush（1980）认为，教师专业发展的关键期为其入职的前五年左右，该阶段教师学习的质量会对教师的终身发展产生重大影响。初任教师在经过一至两年的痛苦挣扎，获得"求生"的基本教学知能后，可能会满足于利用已获得的求生知能来走完以后的专业道路。在任教的前三至五年左右，如果教师能够采用某种革新的教师学习模式，他们的发展可能会呈现出高速增长的态势。吴一安、王文峰（2008）对我国高校英语教师的研究也支持上述观点。他们发现，外语教师一般需要五年左右的时间来奠定持续发展的基础。因此，今后的研究应更多聚焦处于职业早中期阶段的外语教师，这对教师自身的发展乃至教师教育研究的理论与实践具有重要的启示意义。

其次，从研究内容上看，研究者所关注的主要是外语教师学习过程中教师认知与教学行为的互动作用，对教师学习过程中所涉及的其他因素关注较少。当前研究表明，一方面，外语教师学习的过程也是教师获得不同情感体验的过程，情感体验的差异影响教师的学习体验乃至他们的专业发展（Yuan & Lee 2015a；崔琳琳 2013）。积极的情感体验会推动教师持续学习，不断追求卓越；消极的情感体验则会阻碍教师的学习，甚至最终导致其离职。但是，当前研究对教师学习所蕴含的情感经历和精神体验的探讨比较少。另一方面，教师的专业身份认同、能动性、专业发展动机、专业自主性等对教师学习过程及学习体验也会产生重要的影响。Fairbanks et al.（2010）指出，教师在学习的过程中既需要发展自身对于教学的愿景，树立自身作为教师的目标，关注"我想成为什么样的教师"的问题，也需要具备在特定的专业情境下进行意义协商和互动的能力，关注"我如何能够成为这样的教师"的问题，以成为自己理想中的教师。教师能动性是其对自身专业身份高度认同的结果，有助于教师克服情境的限制，实现个人的发展目标。Cheng et al.（2014）证实，教师的专业自主性越强，其整合不同学习资源和学习经历的程度越高，与情境互动更加积极有效，对学生学习的关注越高，教师学习的效果也越好。Dikilitaş & Mumford（2019）发现，开展教师研究能够提升语言教师的专业自主性、专业发展动机以及专业发展意识。因此，今后的研究应该关注外语教师的身份认同、能动性、专业自主性、专业发展意识以及专业发展动机等因素之间的互动及其对教师学习过程的影响，关注外语教师在学习过程中的特殊情感体验以及这些体验对教师学习的影响。

外语教师学习是一个复杂的、个性化过程，也是一个充满挑战的过程。吴一安、王文峰（2008）指出，一方面，外语教师对职业的热爱、对自我发展的意识、对教学的不懈探索是他们不断学习、追求卓越的内驱力；另一方面，教师学习也需要良好的政策和制度环境，需要前辈的引领、同伴的支持以及进修和学术研讨机会。针对外语教师学习过程的研究极大地丰富了外语教师教育的理论和实践，也为外语教育政策制定者、外语教师教育课程开发者和学校等各方主体提供了重要启示。

第六章 外语教师学习的途径

随着学界对教师学习本质认识的不断深入，"学习"逐渐成为教师自发的、终身实践的一种追求。与医生、律师、工程师一样，教师不仅有主动学习的愿望和动力，而且具有自己独特的知识类型，即实践知识。外语教师通过何种途径建构这种具有个人特性的实践知识，实现持续的专业发展是外语教师学习研究中的一个重要议题。

Avalos（2011）对教师教育领域的国际权威刊物《教学与教师教育》（*Teaching and Teacher Education*）在2000—2010年间所发表的以教师专业发展为主题的文章进行了调查。研究发现，超过34%（38/111）的文章探究了如何通过反思或中介手段促进教师专业发展，其中的中介手段指外部条件支持下的教师发展或合作式教师发展，如中学—大学合作、合作式教师学习、非正式情境下的学习（如教师之间在工作中的互动）。近年来，随着教师学习方式的不断丰富，"传统"的学习途径（如教师培训）在继续发挥其作用的同时，逐步让位于更加突出自主性、合作性以及探究性的多样化专业发展途径。本章将从这三个角度回顾外语教师学习的主要途径及相关实证研究。

6.1　自主式外语教师学习

　　自主式学习（self-initiated or self-directed learning）的概念源自成人学习理论，它强调成年人对自身学习的主动性和控制力。自主式学习指学习者能够确定自身的学习需求并自我掌控学习目标，享有学习的自主权（Garrison 1997）。在教师学习领域，这种学习自主性就是自主式教师学习的特点（Lohman & Woolf 2001）。Wermke（2011）指出，在职教师的专业发展不仅依赖教师培训，还依靠教师的自主发展。随着教师专业发展观念的转变，当教师在工作中将学习视为一种自发的专业追求时，他们就享有高度的自主学习权，能够自主决定为什么学、如何学等问题。研究表明，90％的教师学习源自教师在工作环境中自发的学习活动，而非有组织、有计划的学习活动（Brinkerhoff & Gill 1994）。

　　Lohman & Woolf（2001: 60）将自主式学习活动定义为"由教师发起和参与的、在教师的认知中能促进教师专业知识和技能发展的经历"。该研究表明，在职教师自发的学习活动主要包括：知识分享（即分享并反思他人的教学和经历）、教学实验（即尝试新的教学行为，反思效果并调整）、环境检索（如浏览学术期刊和教育出版物、参加学术会议等）。其中几乎所有教师都会开展知识分享和教学实验这两种学习活动，而二者赖以开展的基础都是教师反思。可见，教师反思是教师开展自主学习的一个主要途径。下文将详细分析教师反思的相关理论和针对外语教师的相关实证研究。

6.1.1　教师反思的概念

　　所谓反思，是教师在实践活动中不断自我发现、自我提升的一个重要手段。Schön（1983）区分了两种反思的概念："行动中的反思"（reflection-in-action）和"对行动的反思"（reflection-on-action）。前者是个体对与自己以往经验不符的、未曾预料的当下情境所进行的有意识思考，它强调反思概念中预期的创造性意义，是教师在课堂教学中面对特定的或意外的事件时所进行的即时性反思。后者则是个体对已发生行为的回顾性思考，包括行动中反思的结果与对行动过程的反思，它更强调反思的事后特征，具体指教学行为发生之后的反思，是我们通常所理解的反思。在这两个概念中，Schön更强调"行动中的反思"。他认为，行动中的反思的结果是教师的实践知识，这种反思对于教师而言更为重要，因为它需要借助个体的"行动中的识知"（knowing-in-action）。Schön（1983）所区分的两种反思对此后的研究产生了深远的影响。

Brubacher et al.（1994）在借鉴Schön（1983）的分类的基础上，将反思分为三类：（1）"对实践的反思"（reflection-on-practice），指实践之后的反思，是教师对教学经验所进行的回顾性分析和再思考；（2）"行动中的反思"（reflection-in-action），指教师在教学中不断思考、探究问题及其情境，以期更好地解决课堂中出现的问题；（3）"为实践所做的反思"（reflection-for-practice），指教师在课前进行的反思，如对教学难点及其解决策略和方法的思考。

当前，不少研究者认为，反思不是一个单向的心理活动，还应包括教师的内在生活和精神世界（Akbari 2007；Erlandson 2006；Farrell 2015，2016；Thompson & Pascal 2012）。前者指教师反思所包含的分析性过程，后者则强调教师的自省，是一个自我分析的过程。因此，Farrell（2015：123）将教师反思定义为"教师系统收集关于自己实践的数据，与他人进行对话，并利用这些数据对他们在课堂内外的实践做出有依据的决策的认知过程及其所伴生的一整套态度"。根据反思的内容和深度，Farrell将教师反思分为五个层次/阶段。第一个层次是针对理念（philosophy）的反思。理念是教师课堂教学行为的根源，揭示教师可观察的教学行为背后的原因。教师在课堂内外的专业行为受到其个人理念的影响，而这些理念是伴随教师成长发展而来的。该层次的反思要求教师审视自己作为人（teacher-as-person）的特点，了解教师关于自我的知识（self-knowledge），探究教师发展的背景，包括社会经济背景、家庭和个人价值观、成长历程，等等。

这需要教师描述自己的生活，思考其过往的经历如何影响自身教学理念的建构和发展。

反思的第二个层次是对原则（principles）的反思。原则是指教师关于教学的假设、信念和观念，它与教师理念共同作用，是教师教学行为和课堂决策的驱动力。要评价自己的教学原则，教师可以探究并检视自身关于教学的各种形象（images）、隐喻（metaphors）和准则（maxims）等。

反思的第三个层次是对实践的理论（theory）的反思，其中的理论既包括教师在教师教育课程中所学到的"正式"理论，也包括来源于教学经验的"非正式"理论。该层次的反思主要探究教师如何将理论付诸实践，关注教师计划的各个方面及教学方法，描述教师的课堂教学手段、活动以及课堂管理等，或者探究课堂中的关键事件。

前三个层次都聚焦教学的隐性方面，第四个层次则聚焦课堂中显性的师生行为。这一层次的反思包括教师在教学中所进行的行动中的反思（reflection-in-action），在教学后对行动进行的反思（reflection-on-action）或在教学前为行动所进行的反思（reflection-for-action）或教学预设。

最后一个层次的反思是超越实践（beyond practice）的反思，即批判性反思（critical reflection），指教师分析和探究影响教学行为的政治和社会因素。它不仅聚焦教师的课堂教学本身，还将之与广泛的社会、情感、道德等因素相联系，探究这些因素对教学的影响。

6.1.2 关于外语教师反思的实证研究

就研究主题而言，关于外语教师反思的实证研究主要可以分为三类，其一是关于教师反思的效果的研究，其二是关于教师反思渠道的研究，其三是关于教师反思的过程和特点的研究。下文将逐一回顾这三个主题下的研究。

6.1.2.1 外语教师反思的效果

反思是自主式教师专业发展的一种有效途径（Richards & Lockhart

1996；Wallace 1991）。研究者认为，开展反思性实践有助于教师理解教学，帮助教师审视自己外显的教学行为和内隐的个人知识，使他们能够准确分析新的知识和理念，并在一定的社会情境下重构自己对教学的理解，建构新的教学方式（Crandall 2000；Roberts 1998）。当前，不少实证研究都证实，无论是对职前教师还是对在职教师而言，反思都能对教师的发展发挥积极的作用。

Kwo（1996）对香港大学教育学研究生证书课程中的15位学生教师进行了研究，研究发现，在硕士阶段的职前教师教育课程中融入反思性教学能够增强学生教师的自信，提升教师对教学的批判性思维能力和自主学习能力，以及教师在教学中发现问题、解决问题的能力，有利于他们今后的专业发展。该研究还发现，学生教师在参加课程之前的个人背景和个人经历会影响其在课程中的学习轨迹。Kwo认为，与刚毕业、没有教学经验的学生教师相比，有教学经验的学生教师具有更为完善的认知图式，这使他们对课堂教学事件的认识更为复杂、全面。

Farrell（2007）通过反思日志的方式引导一位未能顺利完成教育实习的职前英语教师反思第一次实习失败的原因，并协助该教师制定了新的教学原则，使其顺利完成了实习任务。Farrell认为，为了提高教育实习的质量，应鼓励职前外语教师通过批判性反思探究自己对教学的隐性假设，并在进入实习场域前认真检视自己对教育实习的期待。该研究同时也提醒，教师教育者在引导职前教师进行反思并从中获得成长方面发挥着重要的作用。可见，反思也需要外部的"支架"，这种"支架"或来源于教师教育者，或来源于教师的同伴。合作氛围下的教师反思能够取得更好的效果。

在以职前外语教师为研究对象的研究中，大部分都是借助成功的案例，探讨如何在教师教育课程中培养职前外语教师的反思能力以及反思性实践给职前外语教师所带来的积极影响。只有一小部分研究聚焦未能成功进行反思的职前外语教师，从另一个角度探究在职前教师教育课程中开展反思性实践时需要注意的问题。Gunn（2010）聚焦了在TESOL硕士课程中的教学实习阶段没能"认真"完成反思的几名学生。研究发现，这些学生并不抵触反思，但是他们对"反思"这一概念的理解存在偏差。这些学生认为，反思就是在日志中描述教学。经过师生沟通之后，学生仍没有按照教师的要求深入反思自己的教学信念。造成这一问题的主要原因包括：学生不习惯反思自己的信念；学生不愿将个人的想法写出来并与他人分享；学生害怕批判性反思所反映出的个人不足会导致自己的课程得分降低；不同课程对反思的定义和要求不同，这导致学生在反思时无所适从等。在有针对性地解决以上问题之后，研究者发现，学生教师普遍能够正确地反思自己的教学信念和行为，并通过反思活动形成或重构了自己的身份认同。由此可见，在职前外语教师教育课程中融入反思性实践，并不一定会在所有的职前外语教师身上取得成效。一方面，教师可能并未真正理解反思的内涵和重要性，不知道为什么要反思以及如何反思。另一方面，教师的个人背景、以往教学经历以及他们对于反思的态度等个人因素也会影响反思活动的效果。这也在某种程度上印证了Farrell（2007）的观点，即职前外语教师的反思需要支架，教师教育者应从理论、技术、情感等多个层面对他们加以指导，引导教师认清反思的目的和意义，助其养成积极、主动进行批判性反思的习惯。

以上是针对职前教师教育课程中外语教师反思效果的研究。也有大量研究表明，反思性实践对新手外语教师的教学和专业发展同样具有重要的作用。Kang & Cheng（2014）发现，反思能够促进新手外语教师不断思考并改进自己的教学行为，进而推动教师认知的变化。在Farrell & Ives（2015）对一位新手ESL教师的研究中，尽管反思并没有促进教师信念的变化，但通过反思，教师开始密切关注自己的信念及其与课堂教学的关系。研究者认为，教师进行课堂观察和反思有助于他们探究自己的信念和课堂教学行为，使之认清自己的隐性知识，理解这些信念影响教学行为的方式。通过持续的反思，教师能建构并重构自己的信念和课堂教学行为，为学生创造更好的学习环境。可见，无论教师认知最终是否发生变化（这或许与反思的质量，教师个人的背景、发展阶段及其所处的环境等诸多因素相关)，反思都能加强教师对自身教学行为和隐性知识的关注，促使其不断深入思考和探究教学，从而改变自己的课堂教学，提升教学效果，实现专业发展。

通过对2009—2014年间在国际知名期刊上发表的外语教师反思相关文献的回顾，Farrell(2016)指出，教师反思对处于专业发展各个阶段的外语教师的学习都具有积极的促进作用。它能够促进教师对自身教学理念、教学原则、实践理论、教学行为以及教学影响因素的有意识思考。但Farrell也发现，在当前的研究中，除了课堂教学行为外，教师较少反思影响教学的社会文化情境等因素。这表明，外语教师反思的对象仍然局限于与教师自身密切相关的内部因素，而常常忽视那些外部因素，教师反思的深度和广度有待加强。

6.1.2.2　外语教师反思的渠道

第二类研究探究教师反思的渠道或促进教师反思的手段，包括反思日志(Birbirso 2012；Chi 2010；Farrell 2013；Genc 2010；He & Prater 2014)、教师档案袋(Oner & Adadan 2011)、教学录像(Eröz-Tuǧa 2013)以及网络技术支持下的教师讨论(Deng & Yuen 2011；Sun 2010；Yang 2009)等。

研究表明，不同的教师反思途径都取得了较好的效果。例如，Genc(2010)发现，通过在反思日志中对自己的备课、教学过程、课堂互动、课堂管理、评价等进行批判性评价，外语教师获得了多方面的专业发展体验，包括：(1)探究影响课堂教学的因素；(2)在教学情境中自主重构教学过程；(3)不仅关注教学方法本身，也反思教学行为；(4)理解自己关于教学的知识和信念；(5)发现并有效回应学生的需求和问题，采取相应的教学策略；(6)体验自下而上的教学观。在此过程中，外语教师不断建构自己关于语言教学的知识，并基于对课堂教学的反思做出教学决策，教师的专业自主性也由此得到提升。

Chi(2010)的研究也证实，通过撰写教学日志来反思不仅提高了外语教师对教学策略的意识，也提高了他们作为教师和教学学习者的思辨能力。通过反思，教师对自己的能力更为自信，更能批判性地审视自己的课堂教学行为，他们进一步确立了自己作为学习者的身份，对撰写反思日志也更有热情，并能从中获得乐趣。

在对一位参与语言教学培训的在职幼儿园教师的研究中，Pereira *et al.*(2016)发现了教师档案袋对教师反思性学习的中介作用。研究发现，完成档案袋的过程促进了教师对幼儿语言教学理论、课堂教学策略、教师作为学习者的经历等内容的反思，提升了教师的专业发展意识。教师能够整合在不同学习模块内所学的理论知识，并以此为基础重新审视原有的知识和教学行为，分析新的教学行为，对学习过程进行自我评估。教师在档案袋中呈现出反思视角的转变，从非人称的客观视角转变为课堂视角，乃至个人主观视角。Pereira *et al.*(2016)认为，个人视角的出现是教师对语言教学形成新的专业认识的最显著表现，也佐证了基于档案袋的引导性反思(guided reflection)对在职语言教师专业学习的支架作用。

除了传统的纸质档案袋外，还有研究探究了基于网络的教师档案袋对教师反思的作用。Oner & Adadan(2011)认为，相比传统的纸质档案袋，网络档案袋更易于编辑和管理，能够提高教师反思的互动性，使教师更易于与他人分享自己的想法。通过使用网络档案袋，职前教师不仅可以记录自己的教学计划和教学实施情况，还可以在线查看他人的教学情况。Oner & Adadan(2011)的研究表明，网络档案袋有助于提高教师的高层次反思能力。职前教师对网络档案袋的态度也十分积极，认为这是一种方便、有效的反思途径。但Oner & Adadan(2011)也指出，真正对教师学习发挥决定性作用的并不是网络档案袋本身，而是教师反思或促进教师进行反思的任务；基于网络的教师档案袋只是教师反思的一种渠道，能够为教师提供优质学习体验。

　　促进教师反思的另一个工具是教学录像。不少研究考察了教师在观看自己和他人的教学录像后所进行的批判性思考。例如，Eröz-Tuǧa（2013）将录像观摩引入职前外语教师的教育实习中，要求职前外语教师在完成课堂教学后评价自己的教学录像，并倾听大学指导教师和同伴的反馈。研究证实，这种录像观摩模式提升了职前外语教师的教师身份意识，使之对自己在教学中的长处和不足有了更清晰的认识，能够有意识地解决他人指出的问题，其批判性反思能力也得到了提高。研究还发现，尽管教师一开始并不愿意给予或接受批判性反馈，但随着反思的逐步深入以及同伴之间信任的建立，教师最终都认识到了这种互动和讨论的价值。他们在反馈中的关注点也从较为明显的问题，如声音控制、肢体语言，转向更容易被忽视的关键问题，如教学内容、活动设计。这也印证了Waring（2013：116）的观点，即如果要在录像观摩后触发教师的批判性反思，应采用一种"聚焦解决方法的方式"（solution-attentive approach），而不是"聚焦原因的方式"（cause-attentive approach），因为后者容易使教师产生抵触情绪，不利于加深其对教学的理解。

　　研究表明，教学录像能够促进教师的反思和转变，如何有效使用教学录像来促进教师反思是至关重要的问题。Zottmann et al.（2012）采用实验研究法探讨了不同的录像使用手段对职前外语教师分析能力的影响。研究者安排教师在观摩教学录像之前阅读与录像内容相关的理论材料。实验组教师首先观看/听录像，之后观看/听授课教师和学生对该堂课教学的评价，而控制组教师仅观看录像，未观看师生评价。实验组又分为两组，实验组1观看录像（audio+video），实验组2仅听音频（audio only）。研究表明，三组教师都能将所学的理论知识应用到对案例的分析中，教师观看或听授课教师和学生对教学过程和结果的分析有助于提高其应用理论知识分析案例的能力。但和控制组教师一样，两个实验组的教师都未能从授课教师或学生的角度来分析教学过程或结果，他们的视角都是无关的外部观察者的视角。Zottmann et al.（2012）认为，这主要是因为职前教师对教学、案例分析和计算机辅助条件下的学习环境不熟悉。该研究还发现，教学录像的呈现方式（仅音频或音频＋视频）对案例分析的效果没有影响，在理论知识的应用方面，只有音频组教师与控制组教师存在显著差异。研究者认为，出现这一结果的主要原因在于：（1）音频＋视频的呈现形式并未提供与案例分析相关的额外信息，且录像中呈现的情境与真实的教学情境（课堂）不一致，这可能会分散教师的注意力。（2）教师可能认为录像的呈现形式相对简单，不需要深度分析其中的内容。该研究带给我们的启示是，教师的已有知识和经验、教学录像及其呈现形式可能会对案例分析过程中的教师反思产生影响，但这些因素是独立发挥作用还是相互作用尚不明确，值得进一步探究。

随着网络的普及，越来越多的研究者和教师教育者尝试使用微博、网络论坛等形式促进教师反思。Yang（2009）和 Sun（2010）都探究了基于博客圈的网络论坛在促进职前外语教师反思中的作用。Sun（2010）的研究表明，博客圈是教师的一个反思场所，外语教师可以在此与他人在线互动，与他人分享外语教学理论和实践。通过加入博客圈，职前外语教师激活并反思已有的知识、审视并重构学到的知识、分享各种资源、与他人沟通，由此他们逐渐成为具有反思性、创造性和批判性的网络共同体成员。

与 Sun（2010）的结论一致，Yang（2009）的研究发现，博客圈为职前外语教师反思提供了灵活的时间和空间，促进了外语教师对外语教学理论和方法的讨论。Yang 还发现，近三分之二的网络反思为描述性内容，缺乏批判性，仅有的评价性内容也大多只针对发言者自己而非他人。Yang 认为，教师教育者需要对职前教师的批判性反思提供一定的支持和干预。目前尚不清楚这种低层次的教师反思究竟是由职前教师反思本身的特点所造成的，还是由博客圈这一反思渠道所造成的，但确实有研究证实，不同网络渠道下的教师反思具有不同的性质。例如，Farr & Riordan（2012）对教师反思的话语文本进行分析后发现，不同的互动模式和反思渠道下，教师反思的程度是不一样的，与在线聊天相比，教师在参与网络论坛讨论时的话语互动性和反思性偏低。

综上，教师反思最为常见的渠道是撰写反思日志，尤其是在以职前教师为研究对象的研究中，反思日志已成为教师教育课程的一个重要组成部分，它既是促进教师反思的手段，也是评价职前教师学习的一个工具。近十年来，基于网络的反思途径有所增多。值得关注的是，尽管网络空间或社交媒体为教师反思提供了平台，但它们可能很难促发实质性的高层次反思，这或许是因为教师只习惯于将这些网络媒介视为一种社交渠道，而忽视了其认知功能（Parks 2010；Too 2013）。因此，如何充分利用网络提升教师的反思质量是值得进一步探究的问题。

6.1.2.3　外语教师反思的过程和特点

第三类研究是对教师反思的过程和特点的探究。20世纪90年代以来，一般教育学领域针对教师反思，尤其是职前教师反思的过程和特点开展了较为深入的研究，提出了不同的研究框架（Hatton & Smith 1995；Siens & Ebmeier 1996；Sparks-Langer *et al.* 1990）。进入21世纪以来，外语教学和教师教育领域开始利用现有的研究成果对处于专业发展不同阶段的外语教师反思的过程和特点进行了深入探究。

针对职前教师反思特点的研究表明，职前教师的反思一般处于较低层次，但通过长时间的课程学习或在他人（教师教育者、导师等）的支持下，他们的反思水平有所提高。例如，Whipp（2003）分析了职前教师关于其教育实习经历的邮件讨论内容，发现教师反思多以描述性为主，主要是分析出现某些教学现象或问题的原因；将近87%的邮件的内容或不具有反思性或只属于低层次的反思，只有1%的邮件体现出教师的批判性反思。经过教师教育者的干预之后，具有批判性反思的邮件数量增长到11%，且过半的职前教师至少有一封具有批判性反思的邮件。

国内学者王蓉（2012）也证明了这一点。其针对职前英语教师的研究发现，教师的反思多为"技术性反思"，即根据既定的外部教学规则来评价自己的教学行为。他们讨论最多的问题是与活动管理和师生交往相关的教学技能问题，如教师提问或反馈、教学步骤间的过渡。在分析这些问题时，教师往往表现出不确定性，只有借助于同伴讨论和指导教师的引导，他们才能发现更多的问题并了解教学行为背后隐藏的一些个人理解。王蓉认为，职前英语教师具备反思的能力，但这种反思的层次较低。他们的有效反思需要指导教师的支持，尤其是具有丰富实践知识的中学实践导师的指导，这与以往研究（Farrell 2007；Gunn 2010）所提出的反思需要"支架"的观点基本一致。该研究还发现，职前英语教师在反思中往往表现出对课堂教学行为进行"概念化"分析的特点，即基于书本上关于有效教学的定义、概念和原则进行逻辑推理。原因在于他们缺乏课堂实践经验、教学策略和技能，这是职前英语教师在这一特定专业发展阶段所面临的客观局限。

Oner & Adadan（2011）对职前教师反思型电子档案袋的分析表明，职前教师反思的形式主要包括六种：(1)论断—证据，即对教学是否实现某些目标做出论断并提供相应的证据证明该论断；(2)行动中的反思，即评价教学经历，描述课堂中未经预设的教学行为；(3)识别目标与经历的差距，即自主发现未在教学中达成的某些目标，并进行相应描述；(4)描述经历，即简单地描述课堂教学，不深究其中蕴含的意义；(5)识别他人反馈中所指出的目标与经历的差距，即借助同伴或指导教师的反馈，发现未能实现的教学目标，做出相应的调整；(6)对行动的反思，即反思个人经历，阐述未来可能会发生的变化。其中，第二和第三种类型的反思属于低层次反思，其余为高层次反思。研究表明，随着职前教师对反思任务的熟悉，高层次的反思逐渐增多。这也佐证了批判性反思能力需要不断培养和训练，教师在熟悉反思任务后才能达到熟练反思水平这一观点。

在一项针对参加研究生阶段教师教育课程的在职外语教师的研究中，

Chi（2010）归纳了外语教师反思的四种模式/内容和三个层次。其中，反思的模式/内容包括：教学（如教学策略、教师知识、教学语言的选择/使用）、课堂管理（如学生行为、学生学习态度/动机）、自我意识（如个人成长和目标）和质疑（如质疑教学方法和材料）。反思的层次包括：描述性反思、解释性反思和批判性反思。Chi发现，随着课程学习的深入，教师反思的内容逐渐上升到更高层次，从关注教学和课堂管理转变为关注自我意识并质疑教学，这说明教师开始自我探究、自我评价，甚至自我改变。关注自我意识和质疑教学这两种反思模式也决定了教师在多大程度上能够从反思中受益。该研究还发现，部分教师对于课程所布置的反思任务表现出不安，因为反思意味着他们需要直面并重新体验自己生活、工作中碎片化、充满矛盾的经历。此外，课程中的反思分享和反馈等环节也给教师带来了一些负面情绪，例如，他们担心会冒犯他人、担心他人认为自己缺乏专业能力等。

研究还发现，与教师反思的效果一样，教师反思的过程也具有个体差异性。Orland-Barak & Yinon（2007）对三位职前英语教师的研究表明，教师在反思中呈现出对理论与实践关系的多层面、个体性理解，反映了教师反思性学习过程的个体性特征。这一发现与Kwo（1996）的发现一致。Orland-Barak & Yinon（2007）的研究进一步表明，即便教师的背景相似，他们的反思同样存在差异。尽管研究者并未对这种差异进行归因，但他们对数据的解读似乎暗示，这种差异来源于教师思维活动的差异。这提醒我们，鉴于反思效果和过程的个体差异性，为教师反思性学习和实践制定一个统一化的"目标"恐怕并不恰当。

以上所回顾的研究主要针对的是参与职前教育或在职学历教育的教师，研究者大多就是课程的实施者。他们将教师反思融入课程教学过程中，通过观察和分析教师反思的文本，探究反思给教师带来的变化，最终回答课程是否有效，反思是否有效、具有什么特点等问题。这些研究的不足之处有两个。第一，研究者没有关注这些课程及其所推崇的反思性教学理念对教师的长效作用。因此，我们并不了解教师在结束学习之后，是否仍然坚持反思，这种反思又能在多大程度上进一步促进教师教学。第二，研究者较少关注教师在无外部干预状态下的反思的过程和特点。因此，我们也不了解教师是否会在自己的教学中主动反思；如果是的话，如何反思、这种反思有什么特点以及如何对教师教学及专业发展产生影响等。要回答这些问题，研究者需要在研究中规避任何人为的干预因素，并对教师进行长时间的跟踪观察。

Wyatt（2010）是为数不多的关注在职外语教师如何成长为反思性实践者的研究。该研究的研究对象是一位参与在职英语教师培训课程（TESOL本科课程）且有着八年教龄的教师。研究发现，该教师的反思性实践始于其从教的第四年，对该课程的学习（始于教师从教的第九年）使教师的反思更加具有批判性，使教师能够同时关注理论知识和个人知识，在教学中调整教学材料，在课堂中尝试新的想法、解决新的问题。研究发现，该教师在入职之初所面临的环境中的不利因素，如缺乏指导、培训和同伴支持等阻碍了其反思能力的发展，而此后教师所体验到的支持性环境则在促进其任教第4—8年间的教学变化方面发挥了关键的作用。但真正使教师成为具有批判性精神的反思性实践者，将理论付诸实践，学会在反思中解决实践问题的是他所参加的以建构主义理论和反思模式为基础的TESOL本科课程。该研究不仅关注了教师在参加教师培训课程期间的发展和变化，还通过访谈追溯了教师从入职开始的个人发展历程。但正如研究者所言，正因为该教师记忆力良好以及作为受访者具有开放性，所以该研究才能够较好地呈现了教师的整体发展历程。但是，并非所有的受访者都能够对自己的经历有如此牢固的记忆，且这种记忆的准确性有多高仍有待商榷。由此可见，研究教师学习和反思能力发展过程最好的方法仍然是开展历时的追踪性研究，但这也给研究设计带来了巨大的挑战。

综上，当前的研究表明，无论是职前外语教师，还是初涉反思的在职外语教师，他们的反思大多属于浅层次，即仅描述技术性问题或表面现象，只有少部分教师能够尝试进行判断推理，仅有极少数能从历史、社会、政治环境等多角度分析问题，进行批判性反思。研究还表明，外语教师反思具有不同的过程和特点，也具有个人特异性。当前研究给我们带来两个启示。其一，反思需要学习。外语教师并不是天生就会反思，反思能力的发展需要持续学习。其二，反思需要外部支持，主要包括人员、技术和环境等三个方面的支持。在人员层面，教师教育者、实习指导教师或教师同伴都可以为外语教师的反思提供支持。在技术层面，反思框架或引导性问题能够为初涉反思的教师提供支架。在环境层面，教师反思需要"安全"的氛围，尤其是合作性教师反思。合作性教师反思的目的是鼓励教师反思自身的想法、情感和经历，并通过与他人分享和交流进行意义协商和建构。但是，从本质上讲，教师反思又是一种带有隐私性的个人认知活动，相关信息一旦公开，就需要一种非评价、可信赖的良好氛围，以便教师能够放下顾虑和担忧，敞开心扉。

需要注意的是，研究者认为，即便是在低层次的技术性反思中，外语教师同样可以实现高质量的反思性实践；教师反思的质量不在于反思层次的高低，而取决于教师在建构实践知识过程中实践性、批判性和生活性的平衡(韩刚、王蓉2008)。换言之，外语教师要发展自己的"行动中的识知"，就必须把学校和课堂看作自己生活的一部分，关心学生的整体生活质量，在实现学生全人发展的过程中不断汲取自身持续发展的动力。

6.2　合作式外语教师学习

进入21世纪以来，受新兴教师学习理论，如社会文化理论、活动理论、情境学习理论等的影响，教师学习不再被视为独立于教师所处的情境和周围其他人之外的个人行为，而是一个社会化的协商过程。在这一过程中，教师通过与周围其他人的对话和互动深入了解自己的知识和信念，并在倾听其他人声音的同时，改变自己对教学的理解（Burns & Richards 2009）。由此，教师学习途径相关研究也逐渐从关注教师个人的认知活动转向关注教师的合作式学习及其参与实践共同体的经历。

"合作式教师学习"（collaborative teacher learning），亦称"合作式教师发展"（collaborative teacher development），指教师自发地与教学过程中相关主体共同开展的，以专业发展为主要目标的，针对教学所进行的持续、系统的探究（Johnston 2009）。除同行教师外，合作式教师学习中的相关主体还可以包括大学研究者、学生或者与教学相关的其他人，如教育管理者、家长、教材开发者。Johnston（2009）认为，克服教师在课堂内外的孤立性是教师发展的重要组成部分，这不仅对教师个人有益，还能改善他们的整体教学环境，使学生和学校从中受益。

近20年来，合作式教师学习越来越受到教师的欢迎，其形式也愈发多样，合作式教师学习不仅成为教师专业发展的一种重要途径，也成为整个教育过程中的一个关键环节（Johnston 2009）。本节将主要介绍国内外几种常见的合作式教师学习模式，并回顾相关实证研究，具体学习模式包括合作发展、批判性朋辈小组、同伴指导、课例研究、教师学习小组、合作教学。这些合作式教师学习模式基于教师实践共同体，强调教师间的知识分享，通过鼓励教师之间进行关于专业经验和教学实践的对话，使其实践知识显性化，并在其与他人共享的过程中不断积累和传承。

6.2.1 合作发展

6.2.1.1 合作发展的概念

合作发展（cooperative development）的模式最早由Julian Edge提出，它是一种同伴支持下的自我发展模式。Edge（2002：18）将合作发展定义为"通过与一名或多名同事合作，成为能够根据自己的想法进行教学的教师"。合作发展的理论基础是Rogers（1969）的人本主义教育思想。

它将教师视为具有自我实现内在动力的变化主体，认为教师能通过与同事的合作，充分发挥自己的潜能，实现个人和专业发展。合作发展的基本运作方式是在一段时间内通过特定的话语框架开展教师对话，使教师能够掌控自身的专业发展，加强教师合作。

合作发展的参与对象包括一名"讲述者"（speaker）和一名"理解者"（understander）。扮演讲述者角色的教师向同伴诉说自己所关注的问题，如教学中遇到的问题、关于教学的愿景、教学理论中的某个概念，以讲述的方式全面、清晰地阐述自己的认识，并进行进一步探究。换言之，讲述者的角色是反思、讲述、探究自己的教学行为或专业生活，通过讲述完成探究—发现—实践的循环。这种讲述的前提是讲述者对理解者的信任，即讲述者相信对方会为自己创造一个非评价性、非判断性空间，便于自己充分表达思想。

扮演理解者角色的教师则要充分尊重并理解讲述者，暂时搁置自己的观点、经验、感情、知识或可能的解决方案，积极理解讲述者所叙述的内容，对其提出的观点和想法表示尊重、不加以评论，借助自己的知识和技能协助讲述者探究自己的想法、思考新的实践。同时，理解者还要努力与讲述者达成情感共鸣，从讲述者的角度思考问题，为其创造一个互动空间，帮助其通过讲述得到新的想法并制定行动计划，实现其专业发展目标。换言之，理解者的角色就是积极倾听并理解讲述者的话语，为其创造互动的空间，通过语言协助讲述者完成探究—发现—实践这一过程，基于对讲述者的理解和尊重，为其提供非评价性支持。

合作发展遵循非评价性话语框架。这种非评价性话语（non-judgmental discourse）包括非防御性讲述（non-defensive speaking）和非评价性理解（non-judgmental understanding）（Edge 2015：68）。涉及的主要话语技能见表6.1。

表 6.1 合作发展的话语技能框架（译自 Edge 1992, 2002）

合作技能	主要内容	典型话语举例
倾听（attending）	理解者让讲述者感觉到自己被倾听、被支持，能够在非评价性环境中自由表达。理解者应避免有意或无意的评价性语言，以免影响讲述者的思路。	利用肢体语言、面部表情等手段积极倾听。
反思（reflecting）	理解者转述讲述者所叙述的内容，表达自己的理解，以便讲述者能更清晰地认识自己所关注的问题。	"不知道我的理解是否正确，你的意思是……" "让我看看我的理解对不对……" "你现在在为……"
聚焦（focusing）	理解者帮助讲述者聚焦问题的某一个方面，并鼓励其进行深入思考。理解者避免直接提供建议，而只是总结讲述者所陈述的内容，鼓励其聚焦问题的某一方面，进行进一步探究。	"在你刚才所说的这些方面中，你认为哪个方面可以进一步探究？" "你刚才谈到了 x、y、z 这三个问题，对不对？现在是不是能重点聚焦其中的某一个问题呢？"
主题化（thematizing）	理解者帮助讲述者找到不同观点或想法之间的联系。	"我发现在听你所说，刚才你又提到了 y。二者之间有联系吗？"
质疑（challenging）	理解者帮助讲述者发现不同观点或想法之间的冲突。理解者只是提醒讲述者要注意到可能存在的冲突，而不是从个人角度质疑讲述者的观点。	"你现在提到了 x，我不太清楚这个和你刚才讲到的 y 有什么关系？"
目标设定（goal-setting）	一旦讲述者有了新的发现，理解者就会提醒并协助讲述者设定具体的目标。	"基于你刚才所说的，你是否可以给自己设定一个目标？" "根据我的理解，你现在想要实现这个目标，对不对？"
试验（trialing）	设定完目标后，理解者协助讲述者进一步思考如何实现目标、制定具体的行动计划。理解者可以提醒讲述者关注可能被忽视的问题，由讲述者自己制定可行的行动计划。	"如果这是你的目标的话，你怎样才能实现这个目标呢？你具体要怎么做呢？"
计划（planning）	双方结束对话，退出各自角色，确定下一次对话的时间，对本次对话进行反思。	"咱们定一个下次活动的时间吧？"

从本质上说，合作发展是一种合作式教师反思活动，它适合在各种类型的教师中开展，不受其年龄、专业、背景、经历等因素的影响。这种活动不受任何条件限制，也不局限于某类话题。只需要有一名讲述者和一名理解者，一个相互理解、相互尊重的环境，即可进行合作发展活动，它是一种灵活性非常强的教师学习途径。目前，合作发展的形式不断多样化，从同伴互动逐渐拓展至多人互动（Edge 2002），从传统的面对面互动拓展至网络信息技术辅助下的互动（Boon 2007；Cowie 1997，2002；Edge 2006）。

6.2.1.2　关于合作发展的实证研究

就研究主题而言，关于合作发展的实证研究大致可以分为两类。一类主要探究合作发展的效果，即这一教师学习途径对教师的影响；另一类则关注合作发展活动中的教师互动手段及其效果，具体互动手段包括面对面/在线互动、实时/非实时互动等。在合作发展活动中，通过向愿意倾听并尝试理解的同事讲述自己的想法，教师不仅能够重新认识自己的教学经验，还能更加清楚、连贯、有逻辑地认识自己的想法。当教师将这种内在的情感、价值观通过语言加以外化时，他们也会逐步发现其中所蕴含的意义，并获得新的想法（Edge 2002）。在此基础上建构的知识来源于教师实践，包含了教师的个人理论，影响其未来的行动。关于合作发展效果的研究表明，合作发展这一教师学习途径能给参与教师带来积极的影响。

Boshell（2002）通过叙事探究的方法讲述了一位英语/西班牙语小学双语教师（研究者本人）与另一位教师所开展的、为期一年的合作发展活动对自身教学的影响。在该研究中，研究者，亦即合作发展的讲述者，通过向同事讲述自己在教学中所遇到的困境——学生在课堂中的沉默，得以认识到造成这一问题的原因：教师主导的教学行为影响了学生的课堂参与模式。基于此，研究者开始寻求解决方法：减少教师干预，给学生更多的空间。该研究证实，这种互动式对话使教师重构了自己对教学的理解和教学行为，形成了对自身角色的新认识。

合作发展活动成功运作的关键在于参与教师对这一学习途径的认同以及非评价性合作氛围的创设。de Sonneville（2007）在针对一位英语教师的研究中发现，作为讲述者的教师参与合作发展活动时经历了四个阶段：抵触、矛盾、动摇和变化。在活动初期，教师对之有抵触情绪，认为这种讲述会使他人对自己产生负面评价。随着活动的深入，教师逐渐意识到自己的教学目标与实际教学行为之间的矛盾，这使其教学信念出现动摇。接着，教师进一步反思了自己教学行为背后所蕴含的教学信念，并决定改变教学行为，最终实现了行动上的转变。可见，创造非评价性互动空间并在其中开展专业对话，是教师参与合作发展活动所必备的技能。

除了探究合作发展中讲述者的专业发展外，还有研究关注这一活动对理解者的影响。Bibila（2011）发现，在协助讲述者的过程中，理解者也能深入理解自己关于教学的信念和价值观，增强批判性意识，提升反思能力。但Bibila也指出，外语教师从普通的倾听者转变为合格的理解者需要练习特定的技能，尤其是要学会从讲述者的视角看待问题，但同时也要保留自己的想法和观点。

关于合作发展的第二类研究关注的是教师互动的手段及其效果，包括面对面的实时互动、信息技术支持下的实时或非实时互动等。在非实时的互动方式中，电子邮件、录音机等都是可供教师选择的交流工具。Cowie（1997，2002）探究了通过电子邮件开展合作发展活动的教师体验。Cowie认为，电子邮件可为不适合或不善于面对面交流的教师提供一种新的可能。相比传统的互动模式，电子邮件辅助下的合作发展活动具有一定的优势。一方面，邮件内容可以复制粘贴，教师可以随时参考以往的讨论内容，就任意一个话题反复讨论。在同一封邮件中，教师还可以同时扮演不同的角色，探讨不同的话题。另一方面，与口头实时互动相比，邮件的非实时性特点使教师有更充分的时间思考并组织语言，使自己的讲述更加准确。

录音机也是开展非实时教师互动的一个交流工具。讲述者可以用录音机将自己的想法录下来发给理解者，理解者听取录音。Bartrick（2002）认为，使用录音机开展非实时互动也能够促进教师更好地反思。在这种非实时/延时对话中，理解者可以反复听录音，更充分地对讲述者所讲述的内容进行反馈；互动双方也可以反复考虑所讨论的话题，发现新的问题，并在下一次互动中进行讨论。

在实时的互动方式中，除了面对面的交流外，最常见的就是网络即时聊天工具，如Skype。借助网络社交软件，教师在任何时间、任何地点都能开展合作，而非面对面的交流也使他们更易于敞开心扉，表达自己的真实想法。在Boon（2007）的研究中，作为英语教师的研究者借助某线上互动平台与一位日语教师开展了几个月的合作发展活动。研究发现，借助网络聊天工具的合作发展活动不仅能够加强教师之间的交流，还能促使他们讲述、反思自己的教学经历，并从中获取实践知识，实现共同发展。该研究还证明，不同学科、文化背景的教师之间进行互动同样能取得较好的效果。与传统的面对面实时互动相比，在网络即时聊天的过程中，理解者可以充分理解讲述者所分享的内容，对之进行更为准确的理解和反馈。

合作发展不是一种简单的观点交流活动，而是教师与同伴合作开展的一种专业性互动。参与互动的教师都以实现自身的专业发展为目标，致力于通过这种互动解决教学中的问题，探究自己的隐性知识，提高教学效果。Johnson（2009）指出，合作发展这种学习途径的创新之处在于，它改变了外语教师之间探讨教学问题的互动方式，为外语教师提供了一个中介空间（mediational space），使他们能够通过对话反复陈述自己的想法，进行教学方面的自我探究。这有助于外语教师获得对教学的新的理解，而这种理解来源于外语教师的实践经验，体现了教师通过在课堂中不断改进教学方法所获得的专业发展。

当前研究表明，合作发展能显著促进教师的专业发展，该学习途径的有效之处在于它能提供非评价性教师互动。但是，针对这种"非评价性"，有学者提出了质疑。他们认为，一方面，"非评价性"不利于讲述者认识到自己教学信念中存在的问题。Lansley（1994）指出，理解者如果只是一味地同意讲述者的观点，而不做出质疑，最终只会不断加强讲述者根深蒂固的偏见。Lansley认为，教学是基于共同的教学原则而不是个人的信念和经验，在互动过程中，倾听者必须发表自己的观点，这样才能建设性地开展讨论，帮助讲述者改变自己的观点，而不是继续坚持错误的信念或偏见。另一方面，"非评价性"本身就是一个具有主观性、模糊性的概念。Tasker *et al.*（2010）的研究表明，理解者的话语是否带有评价性，在很大程度上取决于讲述者的个人感知。即便是正常的支持性、非评价性反馈话语，也可能会被讲述者理解为具有评价性。Tasker *et al.*（2010）认为，即便如此，这种反馈话语仍然能促使讲述者将自己的隐性想法进一步显性化，在最近发展区内解决自己所面临的问题或困惑，并最终实现内化和自我调控。

6.2.2　批判性朋辈小组

6.2.2.1　批判性朋辈小组的概念

20世纪90年代中期，隶属于美国安嫩伯格学校改革研究所（Annenberg Institute for School Reform, AISR）的美国国家学校改革教职工计划（The National School Reform Faculty program, NSRF program）与一线教师共同开发了批判性朋辈小组（critical friends groups）这一创新型教师学习途径。批判性朋辈小组的建立依赖成员之间的"批判性友谊"（critical friendship）。批判性友谊首先由Stenhouse（1975）提出，它主要指教师与朋辈而不是专家建立合作关系，以促进自身反思能力提高的一种途径。所谓"批判性"，并不是指通常意义上的"批评"或"负面评价"。批判性朋辈指的是教师与另一位教师合作后建立起的批判性友谊关系，在这种关系下，他们开展讨论并反思教学，共同提高教学水平（Farrell 2001）。批判性朋辈小组的理论假设是，通过参与这一专业发展活动，教师能够学会如何与他人合作。这种参与会促使他们更为广泛、深入地反思教学，改变课堂教学行为并最终提升教学效果和学生学习效果;教师本身也会在同伴的教学观摩和反馈的帮助下加深对教学的认识(Dunne *et al.* 2000)。

一个批判性朋辈小组一般由6—10位教师组成[1],他们定期开展活动(如每个月一次),每次至少两个小时。活动期间,教师开展平等对话,深入探讨教学活动、学生作业,以及自己在教学中的困境,分享对专业文献的阅读心得,进行教学观摩和反馈等活动。通过这种分享和反思活动,教师加深对教学的理解,共同建构新的知识。参与小组活动的成员可以是同质的,也可以是异质的,可以是教授相同学科不同年级的教师,也可以是不同学科的教师。除了教师之外,还可以邀请教育管理者参加。在批判性朋辈小组中,成员可轮流扮演不同的角色,主要包括:(1)一位指导教师(coach)或引导员(facilitator);(2)一位讲述者(presenter),负责向其他成员讲述自己关心的教学问题;(3)一位观察员(observer),负责记录整个活动过程,监控小组讨论,记录内容具体包括讨论的话题、中断、话轮控制、讨论的深度等方面,并在活动结束后向所有成员汇报;(4)反馈者(responder),其他成员扮演这一角色,就讲述者所提出的问题开展讨论。

批判性朋辈小组一般由经过培训的指导教师(或引导员)发起,他们邀请其他成员参加,并向其介绍小组的作用和活动程序,设定定期活动的时间和地点等。熟练、有经验的指导教师在批判性朋辈小组的建立和运转方面发挥着重要的作用。活动前,指导教师需要做好准备工作,包括设定活动的时间和地点,发放活动日程、反思材料、供讨论的文章等材料,并确定活动的讲述者及其所分享的教学活动或学生作业。指导教师需要与讲述者提前沟通,确定需要讨论的问题和讨论流程。

批判性朋辈小组活动的开展主要基于教师的结构性对话(structured

---

1 关于批判性朋辈小组的成员人数,文献并没有统一的规定。有的研究中(Franzak 2002),小组成员人数为10—12人,有的为4—10人(Andreu *et al.* 2003)。美国国家师资发展委员会(National Staff Development Council, NSDC)下发的培训手册中所建议的人数为6—10人(Quate 2008)。

conversation），这是批判性朋辈小组区别于其他学习共同体的根本之处。这种对话鼓励所有成员参与讨论，发表意见，同时又可避免某些人主导话语，过多占用其他成员的时间（Williams 2012）。根据讨论内容的不同，教师的对话遵循不同的规则。这些规则既能使讨论始终围绕相关的话题展开，又能使教师学会如何在小组中通过对话开展合作。

常用的对话规则包括讨论教学材料的规则、检视教学活动和学生作业的规则、讨论课堂观察的规则等。这些对话规则明确了每一位参与者的角色，为讨论提供了一个行之有效的指导性框架。无论是哪一种对话规则，大致都包含以下几个基本步骤：教学问题的分享、意见分享、反馈以及反思。每个步骤都有严格的时间控制，以使讨论更有效率。这种结构性对话能够帮助教师透过问题的表面，从不同角度探究其本质，在合作共享的氛围中深入讨论实践中的问题，对之形成更为深入的认识并寻求解决方案。

在参与批判性朋辈小组活动的过程中，小组成员首先通过一些热身活动建立联系（connection），如分享一个想法、故事、问题，主要目的是让教师为后面的讨论活动做好准备。接着，指导教师明确设定或重申参与讨论的规则，以便讨论能顺利进行。然后，小组成员用大约半小时的时间讨论准备好的材料。接着，成员就讲述者所提到的教学活动、学生作业或教学问题开展一个小时的讨论。最后，用大约15分钟的时间讨论下一次活动的安排，讨论内容包括时间、地点、阅读材料、讲述者等。

批判性朋辈小组的建立、发展和成熟需要一个过程，大致可分为三个阶段（Dunne & Honts 1998）。第一阶段，教师以类似互助小组的形式分析自己的经历和想法。这一阶段旨在帮助成员建立互信，所讨论的问题较为泛化，如与学生相关的问题或影响教学的一般性外部因素（如学校管理体制）。第二阶段，教师讨论自己的课堂教学行为以及自己关于改善教学的想法。在这一阶段，教师逐渐开始重新审视自己惯例性的教学行为，致力于提高对教学和学习的理解。第三阶段，教师重点关注教学中的根本问题。教师开始从更宏观的视角反思教学，他们讨论的问题包括：教育的目标，教学活动如何与单元教学、学生需求以及学校的教育目标相结合等。

6.2.2.2 关于批判性朋辈小组的实证研究

作为一种反思性学习共同体，批判性朋辈小组致力于推动一线教师以积极的态度进行批判性反思，为教学和学校带来转变。参与共同体的成员出于共同的目标结成一种"朋友"或"同志"关系，彼此支持。当前的大量研究表明，批判性朋辈小组能够为在职教师提供更多的学习机会，使他们勇于在课堂中开展教学实验，尝试新的想法，不断改进教学；有助于学校形成良好的合作氛围，促进教师持续学习，不断创新；能够使教师的教学方式更加灵活多样，更具有针对性，学生的学习效果得以提高，并最终带来学校的整体性变化（Bambino 2002；Curry 2008；Dunne & Honts 1998；Dunne *et al.* 2000；Norman *et al.* 2005；Silva 2002，2005）。

批判性朋辈小组的宗旨是通过合作促进教师共同发展。有研究将这一教师学习途径在缺乏合作氛围的教师群体中加以推广并观察其效果。Vo & Nguyen（2010）采用个案研究的方法，探究了四位越南新手小学英语教师开展批判性朋辈小组活动的经历及该经历对教师专业发展的影响。研究表明，四位教师对这种形式的学习活动持积极的态度，他们认为参与小组活动有助于营造一种专业学习共同体的氛围，使他们在一个轻松的环境中交流专业知识并相互学习，发展了良好的工作关系。在教学行为方面，他们从同事处学习到了新的教学方法和策略，提高了课堂激励技巧，改进了课堂教学。

此外，还有研究将批判性朋辈小组这一学习途径应用到职前教师的培训中，也取得了较好的效果。在 Franzak（2002）的研究中，职前英语教师 Rebecca 在教育实习期间加入了其所在学校的批判性朋辈小组。研究发现，在此过程中，Rebecca 从一位对教师职业和教师身份认同尚不明确的有热情的职前教师，成长为一位勇于陈述自己观点的新手教师。出现这一变化的主要原因之一就是教师参与了批判性朋辈小组。Franzak认为，在平等的基础上建立起来的批判性朋辈小组为职前教师提供了一个与其他教师共同参与小组活动的平等的专业身份。通过参与小组活动，职前教师拓展了自身对教师职业的认识。小组活动为其提供了一个安全的成长环境，在此他们可以发表观点，与其他教师合作进行教学创新，并及时应对自身的身份危机。该研究证明，教师间的相互支持和相互指导能够为职前教师提供真实的专业发展体验，有利于建构教师身份认同，也有助于职前教师顺利入职并领略专业发展的真谛。

综上，批判性朋辈小组是基于小组成员的批判性友谊而建立的一种教师合作学习机制，适用于不同文化背景、不同层次、不同发展阶段的教师。小组活动基于教师之间的结构性对话开展，其成功与否取决于以下两个因素。其一，平等合作氛围的创设。批判性朋辈小组成员具有多样性。摒除年龄、经验、身份的差异，进行平等的对话式互动是顺利开展小组活动的首要前提。其二，小组成员应充分发挥各自角色的作用。除了负责发起和监督活动的指导教师和负责讲述的讲述者之外，小组中观察员和反馈者的角色也十分重要。前者关系到讨论是否能够围绕中心议题顺利展开，话轮分配是否公平，讨论能否深入等问题。后者则决定活动能在多大程度上为所有成员提供分享、反思和学习的机会。这种明确的角色分工能够保证共同体成员的平等参与，避免个人主导或边缘参与。

6.2.3　同伴指导

6.2.3.1　同伴指导的概念

20世纪80年代初，美国学者Joyce & Showers（1980）首先提出了同伴指导（peer coaching）的概念，并认为应将同伴指导视为学校教师专业发展的一个重要手段。同伴指导是指两位或多位教师"定期相互观察课堂教学，提供支持、同伴反馈和帮助的过程"（转引自Johnson 2009：101）。

同伴指导有两个典型特征。其一，教师之间建立平等的同伴关系，参与各方能够在互信的环境中进行非评价性对话；其二，教师通过同伴间的相互"指导"，促进自身的专业发展。因此，从某种程度上说，进行同伴指导的教师之间是一种"批判性朋友"的关系（Richards & Farrell 2005）。

一次完整的同伴指导活动一般包括三个步骤：课前讨论（pre-conference）、教学观摩（teaching observation）以及课后讨论（post-conference）。课前讨论的主要目的是确定指导的焦点，明确教学观摩的重点，确定教学观摩的时间、形式、记录方式等。课后讨论主要是指指导教师向合作教师反馈课堂教学情况，双方共同确定改进的方向。反馈的形式多种多样，常见的形式包括（Wolfe & Robbins 1989）：（1）直接反馈（mirroring），即指导教师记录课堂教学的主要情况，并将记录交给合作教师，供其分析课堂教学使用；（2）合作指导（collaborative coaching），即指导教师与合作教师共同分析教学，讨论改进事宜；（3）专家指导（expert coaching），即指导教师扮演导师的角色，给予合作教师具体的建议和指导。

同伴指导的形式主要有三种：技术指导（technical coaching）、同事指导（collegial coaching）和质疑性指导（challenge coaching）。技术指导的主要目的是支持教师对教学方法进行革新，尝试新的教学行为。承担指导教师角色的一般是较有经验的教师，他们在教学观摩中主要关注新的教学行为在课堂中的可操作性及效果。同事指导的主要目的是改进现有的教学。承担指导教师角色的教师主要以批判性同伴的身份为合作教师的课堂教学提供反馈。质疑性指导的主要目的是解决教师所关心的教学问题或面临的困难。承担指导教师角色的教师在观摩合作教师的教学后帮助其发现教学中的问题并寻找解决方案。

同伴指导的实施一般包括三个阶段（Gottesman 2000）：同伴观察（peer watching）、同伴反馈（peer feedback）、同伴指导（peer coaching）。在第一阶段，合作教师邀请指导教师观摩自己的教学。在这一阶段，指导教师只记录合作教师的教学，并不给出评价和建议等任何形式的反馈，合作教师也在此过程中逐渐习惯教学观摩活动。当双方熟悉这一过程之后，即可进行同伴反馈。在这一过渡阶段，指导教师仅向合作教师提供自己所观察到的事实性信息，不给出指导或建议。在最后一个阶段，指导教师进行真正的同伴指导，他们可向合作教师提供具体的意见和建议。

同伴指导既可以在有经验的教师之间开展，也可以在新手教师和有经验的教师之间开展。当资历、水平相当的教师建立这种合作关系时，他们可以轮流担任指导教师。在这种互帮互助的环境中，有经验的教师可以开展教学实验，尝试新的教学方法，增长实践知识；新手教师则可以迅速熟悉教学流程，提高教学技能。研究者认为，无论是哪种同伴组合，只有当教师具有学习的内在动机，对自身专业发展持积极态度时，当他们有尝试新教学方法的需求或面临相应的外界压力时，当他们能够在安全、有建设性、值得信赖的环境中探讨自己的教学经历时，他们才能在同伴指导活动中改变认知和/或教学行为，教师学习才能够发生（Zwart *et al.* 2009）。

6.2.3.2　关于同伴指导的实证研究

关于同伴指导的实证研究表明，这种教师学习途径对于教师、学生及学校都有积极的影响。对指导教师而言，承担指导教师的角色本身就是对其专业能力的一种肯定，他们还能在指导他人的过程中获得对教学的新的理解。对合作教师而言，他们能从值得信赖的同伴处获得知识及建设性意见和反馈，这可以帮助他们增长知识，提升教学的自信心和教学技能。对学生而言，他们能够从教师的改变中获益，增强学习动力；对学校而言，同伴指导能够加强教师间的合作和人际交流，营造学习共同体的氛围，提升教师素质，促进学校的发展和教学质量的提高（Meng *et al.* 2013；Sparks & Bruder 1987；Zwart *et al.* 2009）。

教师教育领域的同伴指导活动常常用于职前教师的培养，一般是在教育实习期间通过开展此项活动促进其专业成长。研究表明，职前外语教师对同伴指导活动持积极态度，有着不同背景和经历的教师可以相互学习、取长补短，该活动使教师更有信心在教学中尝试从教师教育课程中学到的各种教学方法和手段，克服自身的不足（Vacilotto & Cummings 2007）。同伴指导的学习途径还能有效促进教师的自主学习，提升职前外语教师的自我效能感和教学技能（Goker 2006）。

有研究在一般性同伴指导活动的基础上做出了一些改进，如增加录像观摩环节，并对其效果进行了检验。在Charteris & Smardon（2013）的研究中，参与同伴指导活动的教师除了针对本次课堂观察进行讨论外，还观看了上一次课后讨论会的录像，通过这种方式重温上一次所参与的活动，并重新反思其中的教学及课后指导环节。Charteris & Smardon（2013）认为，将录像作为一种反思的中介工具，能够促进教师有效地反思同伴指导的过程及教师的角色，使他们关注到当时在讨论过程中被忽略的问题，厘清并重新认识自己的思维过程。录像辅助下的教师反思和对话能够触发教师深层次的学习，使他们"看到"自己的反思过程，拓展教学思维。这种"元认知式反思"（metacognitive reflection）有助于教师从不同角度客观地看待自己的思维和决策过程（Charteris & Smardon 2013：177）。

除了传统的面对面的同伴指导外，网络聊天工具也使远程指导成为可能。例如，Benson & Cotabish（2014）在职前教师的教育实习中尝试使用网络聊天工具Skype开展同伴指导活动。他们认为，作为一种创新型同伴指导方式，基于网络聊天工具的同伴指导能够解决指导教师人手不足、远距离指导不便等问题。相比传统指导方式它也具有一些优势，如指导教师可以通过网络和耳机对实习教师进行实时指导，且在课前和课后与实习教师进行高频率互动。借助网络聊天工具的录像功能，指导教师可以反复观看并思考职前教师的教学情况，从而给出更为清晰、有效的意见，以及更加及时的反馈。但是，值得注意的是，面对面指导的优势在于，指导教师能够示范某种教学方法或与职前教师所教的学生互动，这是远程指导所不能做到的。此外，并非所有教师都适合并愿意开展远程指导活动，加之受硬件和网络条件等因素的制约，该模式是否能够广泛应用还有待进一步观察。

　　Zwart et al.（2008）对同伴指导活动的微观研究表明，同伴指导所涉及的教师学习活动主要为思考类活动和实践类活动，包括对学生学习结果的归因、对学生表现的评价、对新方法的尝试、课堂观察、常规教学等，而涉及最少的活动是设定学生学习目标、教学目标等计划类活动。与这些学习活动相关的学习情境多为现场教学和同伴讨论，其次是备课和课堂观摩。在所有的学习情境中，教师的思考都多于实践。这说明教师更倾向于将反思视作学习方式，在思考中学习。同伴指导所带来的学习效果主要是教师能获得新的想法，其次是教师能够证实某些想法或信念。

　　综上，同伴指导为教师间开展平等对话提供了可能。通过定期观摩教学、分享经验、给予反馈，教师能够与他人讨论自己的教学，分析问题，进行反思，调整教学，实现共同发展。在职前教师教育课程中，这种学习途径能够有效缓解指导教师的压力，在指导教师数量不足或时间有限的条件下，增加职前教师接受教学观察、反馈和指导的机会，能保障甚至提高教育实习的质量（Goker 2006）。

　　但是，要想这种教师学习途径充分发挥作用，还需要考虑某些因素。首先，参与双方都需要设定明确的专业发展目标，为了彼此的专业发展共同努力。*Zwart et al.*（2008）发现，如果教师没有为课堂观摩设定一个明确的学习目标，他们就无法将自己视为一名学习者；指导教师在观摩教学时可能只关注同伴的学习而没有关注自己的学习，这会影响他们的学习效果。因此，有效的同伴指导模式一定是基于合作、分享、共赢的精神。其次，教师对合作的态度也会影响同伴指导的效果。Vacilotto & Cummings（2007）指出，同伴的关心和情感投入，他们之间的尊重、分享和鼓励，教师的灵活性和开放性以及幽默感等因素是有效开展同伴指导活动的重要保障。最后，应关注合作中的教师情感。*Zwart et al.*（2007）发现，在同伴指导所带来的教师对自身专业发展的感知中，情感态度发挥了重要的作用。教师可能会因为开展合作并成功实现改变而产生正面情绪、增长自信，也可能会因为不成功的尝试而感到失望和沮丧。这些情感态度必将影响下一步教师合作，应引起活动参与教师和教师教育者的关注。

6.2.4　课例研究

6.2.4.1　课例研究的概念

课例研究（lesson study）一词来源于日语jugyo kenkyu，这一概念最早由Yoshida（1999）在其博士论文中使用。与同伴指导类似，课例研究是一种由教师主导的、植根于教师的课堂教学、在教学观摩的基础上开展的合作式非评价性教师学习途径。我国教研体系中常见的"磨课"与课例研究类似。

课例研究可以是校本的或区域性的，可由不同层级的主体组织开展，如区域性教研组织、区域性专业发展组织、学校、特定教师群体，其目的具有多样性，可以是推动课程改革、推行新教材和新教法、促进校际合作、提高教学水平等。参与课例研究的教师一般可以分为若干个小组，每组4—6人，可由教授同年级课程的教师组成。开展教学观摩和评课活动时，全体教师都可参与，以提供不同的视角，增加教师的分享和学习机会（Fernandez 2002）。一个完整的课例研究循环大约持续3—4周，其间教师开展约10—15小时的小组讨论。课例研究聚焦的重点是"课例"，而不是具体的教师，这有利于缓解教师被评价的压力，鼓励他们公开讨论课堂教学（Tsui & Law 2007）。但课例研究的意义又超越了课堂教学本身，因为通过讨论，教师能对教学内容和学生学习形成更为深入的认识，从而提高自己的教学技能。

课例研究是以提高教学和促进教师专业发展为目的、由问题驱动的一种教师学习途径。课例研究一般包括研习课程并制定目标、计划研究课、开展研究课和反思等四个步骤的循环（Lewis & Hurd 2011）。其中，研习课程并制定目标指教师研究课程标准，明确学生学习和发展的长期目标，确定研究议题，如教学难点、新的教学内容、教法。计划研究课指选择或修改研究课，制定教学计划（包括长期目标、预期教学目标、具体教学步骤、实施方案等），确定数据收集计划。开展研究课指其中一名小组成员实施研究课教学，其他教师参与观察并收集数据。反思指教师在研究课后开展评课活动，分享观察到的学生学习情况，讨论教学启示，形成新的问题，进入下一轮循环。

在具体的操作中，参与课例研究的教师首先就特定教学内容（如某一单元的内容）进行集体备课。在备课过程中，教师充分利用外部资源，如教材、相关研究探索新的教学方法，特别关注学生的学习过程及学生知识和技能的发展，解决学生在学习中的问题或教师所遇到的困难，集思广益，形成教案。接着，一位教师根据集体备课环节制定的教案进行公开课教学，亦称"研究课"，其他教师参与观摩，用录音、录像的方式收集数据，还可外请专家参与观摩并评课。听课教师在教学中特别关注学生的所说、所写、所做，学生如何与课堂材料互动，学生的学习困难或教学如何促进学生的理解过程。课后，所有教师及外请专家开展评课活动。首先，由授课教师介绍教学理念、教学的具体开展情况、预期的教学效果及具体实现情况。接着，听课教师和专家就教学的优势和不足发表意见，特别聚焦学生的学习证据及学生对教学各个环节的回应。评课结束后，全体教师基于评课反馈修改教案，授课教师按照修改后的教案再次开展课堂教学。在第二次评课活动中，听课教师和专家更多地关注宏观的课程目标及教学的整体有效性。多轮循环结束后，授课教师基于自己的经历撰写研究报告，附上完整的教案、观察到的学生行为、教师反思及小组讨论记录等材料，形成关于特定教学内容的优质课案例。尽管与正式的教学研究不同，但课例研究的主要成果，如研究课、课例研究报告也属于教师研究的成果，因为课例研究包含完整的研究设计、数据收集和分析等环节（Watanabe 2002）。

6.2.4.2 关于课例研究的实证研究

课例研究是以教师为导向的非评价性、合作式教师学习途径。课例研究相关实证研究大多在数学和科学等学科中开展。近十年来，在外语教学和教师教育研究领域，越来越多的研究者从不同角度开展实证研究，考察课例研究的效果，研究对象涉及各个层次的教师，包括职前教师（Cajkler *et al.* 2013，2014；Iksan *et al.* 2014；Parks 2009；Sims & Walsh 2009）、新手教师（Xu 2015）、有经验的教师（Lee 2008；Nami *et al.* 2016；Pella 2011；Zhang *et al.* 2019）等。

研究表明，参与课例研究有助于提升教师的批判性反思能力，增长教师知识，促进教师知识和经验的整合（Lee 2008；Nami *et al.* 2016；Pella 2011；Xu 2015；Zhang *et al.* 2019）；改变教师的情感态度，提升教师的自我效能感，增进教师互信，改善教师的人际关系，促进教师合作，增强教师的团队归属感（Parks 2009；Pella 2011；Xu 2015）；改善教师的个人特征，增添教师进行教学探究的动力，帮助教师形成作为教学的学习者和研究者的身份认同（Cheung & Wong 2014；Lewis 2009；Lim *et al.* 2011）；促进学生的学习和学校的发展（Hixon 2009）。

还有研究表明，不仅教师及其学生和所在学校能够从中受益，参与课例研究的专家也能实现个人的发展。Tsui & Law（2007）发现，参与职前教师课例研究的大学和中学指导教师都对如何指导职前教师这一问题有了新的理解。他们不再纠结于职前教师是否能够忠实地执行集体备课环节制定的教案，而是更加关注教师是否能够有效开展教学，由此，他们作为教师教育者的专业能力也得到了提高。

作为一种教师学习途径，课例研究的主要特点是通过建立教师实践共同体促进教师合作，实现教师的共同发展。但也有研究发现，并非所有的课例研究小组都能开展建设性的合作，且依托课例研究小组的合作在某种情况下还会阻碍教师的发展。Nami *et al.*（2016）发现，由于该研究中的外语教师不适应合作备课，加之缺乏时间，故部分课例研究小组未能成功开展合作。同时，也并非所有教师都对同伴的评课意见满意，这主要是因为出于避免伤害同伴感情的考虑，评课教师大多只评价授课教师的积极之处，而没有指出其不足之处并提出改进建议。Parks（2009）针对三位职前英语教师的研究发现，由于三位教师对教学持类似的观点和信念，因此在讨论过程中，即便有些观点与他们在教法课中所学的观点相悖，他们也始终保持观点一致，能够迅速做出一致性决策。最终，在课例研究的合作氛围下，错误的教学理念不断得到加强，而没有被质疑。Parks认为，导致这一现象的原因有两个。第一，教师的讨论方式阻碍了他们的学习。在共同备课的过程中，没有任何一位教师对自己提出的教学建议加以解释，也没有任何一位教师要求提出建议的教师给出自己的理据。第二，研究者作为指导教师的边缘性参与导致其与教师互动的效果极为有限，而且三位教师合作后形成的"统一战线"使他们对指导教师提出的建议和质疑置之不理。Parks认为，教师合作后形成的共同体对创新和变化的抵触是影响合作效果的主要障碍，这种抵触导致教师不能深入探究教学，也不能反思和质疑自身固有的信念，而指导教师"干预"作用的缺乏又使这一问题未得到有效解决。可见，成功的课例研究来源于参与各方的批判性反思以及指导教师（专家）的引导和启发。

值得关注的是，研究中开展课例研究的具体操作方式并不完全一样。考虑到参与教师的特点、人数以及时间等客观因素的限制，研究者往往会采用一些课例研究的变体。这些情况主要出现在针对职前教师和/或新手教师所开展的课例研究中。例如，在Xu（2015）开展的针对新手外语教师的课例研究中，每位参与教师都根据集体备课环节制定的教案在各自的学校开展教学，在完成教案修改后，教师仅就修改稿进行讨论，而不开展二次教学和观摩。这可能与该研究所涉及的教师人数较多，参与教师不在同一所学校，且时间安排紧张有关。在Nami *et al.*（2016）的研究中，职前教师并未在真实的学生群体前教学，而是采用微格教学的形式，由参与观察的教师同时承担学生角色；研究者也没有安排修改教案并再次开展教学的环节；某些时候课堂教学还是通过网络远程开展的。Nami *et al.*(2016)认为，这样的安排虽然缺乏教学的真实性，但仍然能为教师教学提供有效的建议。

在Cajkler *et al.*(2013)的研究中，合作备课之后的第一轮教学由中学指导教师完成，职前教师和其他教师重点关注事先选定的三名学生个案的学习情况。评课结束后，职前教师根据修改之后的教案在平行班开展第二轮教学，由指导教师和其他教师参与观摩并评课。研究表明，尽管职前教师与指导教师在地位和经历上存在差异，且职前教师在最初的合作备课环节中的信息输入量并不大，但他们在实践共同体中仍然处于核心地位，他们所提出的意见和建议受到欢迎和采纳，双方都从中实现了专业发展。

Iksan *et al.*(2014)尝试在职前教师的微格教学中开展课例研究，也取得了理想的效果。根据微格课的要求，学生教师需将微格课中所要求练习的四种技能整合在一起，开展一次完整的课堂教学。研究者将学生教师分成三个小组(每四人一组)，开展课例研究活动。学生教师首先进行集体备课，每一组都确定四个教学目标，并采用以学生为中心的教学方法以实现教学目标。接着，教师轮流根据这些目标开展教学，每一位教师完成一个教学目标。当一位教师开展教学时，同小组内的其他教师担任评价者，分别关注教师的提问技巧、以学生为中心的教学方法和学生的行为。教学和观摩活动结束后，所有小组成员进行自我反思和同伴反馈。每一位成员首先反思自己的教学，然后对其他成员教学中的某一方面给予反馈。最后，所有成员根据反馈修改教案，再次开展教学。Iksan *et al.*(2014)认为，在微格课中融入课例研究，有助于职前教师更好地掌握教学技能，促进教师反思。但在该研究中，学生教师并没有独立完成完整的课堂教学，每位学生教师只完成了某一个教学目标下的教学；在观摩中每位学生教师也只关注了同伴在某个方面的教学。这是否会影响学生教师对这些教学技能的理解和实践，尚待进一步分析。

　　除了上述课例研究的变体之外，还有研究借助网络手段来促进教师非实时的互动，以弥补面对面课例研究所面临的时间不足问题。例如，在Pella（2011）的研究中，教师在一个学年内除了每月开展一次课例研究活动，共开展公开课、观摩课、评课活动各四次之外，每周还会通过邮件进行交流。在Xu（2015）的研究中，教师互动超越了课例研究活动本身的时间和空间限制：在课例研究的活动时间外，教师主动利用网络即时聊天工具，在QQ群内开展进一步讨论。研究者认为，今后的课例研究可以尝试采用多种交流方式和手段，为教师创造更多的互动和学习机会。

　　此外，也有研究探讨了课例研究中可能出现的问题。例如，Lee（2008）发现，参与这种合作性活动会给教师带来一定的压力。尤其当教师来自不同的学校/机构时，他们担心自己的表现会影响所在学校/机构的形象；同时，参与课例研究活动也会给教师增加额外的工作负担，对他们的生活造成影响。Tsui & Law（2007）针对职前英语教师的研究发现，专家，尤其是多位专家作为指导教师参与课例研究时，他们从不同角度提供的信息输入会使职前教师感到无所适从，不知道是应该严格遵从指导教师的建议，还是应该根据具体的课堂情境进行教学设计。Tsui & Law（2007）认为，这主要是由于学生教师没有足够的时间去充分理解这些输入，从而灵活运用这些输入。更重要的是，指导教师的身份导致其反馈的评价性超越了反思性，给学生教师造成了必须遵从指导教师意见的压力。该研究还发现，能否正确处理集体与个体的关系也是影响课例研究效果的重要因素。Tsui & Law（2007）认为，在开展集体备课时，应给予教师充分的自主性和灵活性，鼓励他们根据自己的判断选择教学材料，以符合他们个人教学风格和特点的方式满足学生的需求。否则，教师就无法把控自己的课堂，有效开展教学。Zhang et al.（2019）对我国高中英语教师的研究发现，课例研究小组中存在的教师权力差异会对教师合作产生负面影响。当更有经验或权威的教师（如学科组长）提出建议时，资历较浅的教师往往不得不接受建议，即便他们在内心中可能并不非常认同。

综上，课例研究已被广泛应用于职前和在职教师的学习中。尽管不同国家和区域、不同专业发展阶段的教师在开展课例研究的过程中对其基本模式进行了一定程度的调整，但课例研究的根本理念没有发生变化，课例研究始终是基于课堂教学开展教师合作学习的一种途径。Cheung & Wong(2014)在回顾2000—2010年间关于课例研究的实证研究后指出，几乎所有研究都证实了课例研究对不同阶段教师的专业发展和/或学生学习的积极影响。这些研究证明，课例研究是促进教师检视自己的教学行为、提高学生学习效果的强大工具，是促进教师专业发展的可行途径。但是，Cheung & Wong(2014)也指出，在现有的实证研究中，研究者采用了不同的测量工具评价教师的学习效果，这导致我们在对比这些研究结论时遇到了困难。今后的研究应采用更为一致、有效的测量方式；在研究对象的选取上更突出代表性；在研究内容上突出丰富性，聚焦学生、教师和学校等多个层面，既要关注课例研究的短期效果，又要注重其长期效果。

6.2.5 教师学习小组

6.2.5.1 教师学习小组的概念

教师学习小组(teacher study group)是由教师组织并运作的合作性小组，在小组中教师就其共同关心的领域加强自身专业发展(Cramer *et al.* 1996)。教师学习小组的基础是成员的自愿参与和平等对话。参与教师在这一实践共同体中就共同关注的问题进行协商，通过对话解决问题，重新理解理论和实践。

根据参与者的构成，教师学习小组主要有三种形式。其一，校本学习小组，它主要扎根于某一所学校，由该校的校长、教师、实习教师等参与。其二，由承担相似工作的教师组成，如校长学习小组、小学教师学习小组、英语学科教师学习小组。其三，以主题为中心的小组，如阅读教师学习小组、写作教师学习小组。教师在此类小组中就某一主题进行探讨，例如，探讨如何开展读写教学。此类学习小组的成员构成较为多样化，可以包括对同一话题感兴趣的所有相关人士。但此类小组存在的时间一般不长，某一个主题下的讨论结束之后小组会自动解散，成员可以根据感兴趣的主题再次组建新的学习小组。

根据小组成员讨论的内容，教师学习小组又可以分为四类。其一是问题讨论小组，主要讨论成员共同遇到的问题，这是最为常见的一种学习小组。其二是专业书籍阅读小组，即成员选择一本专业书籍或一系列论文进行阅读和讨论。其三是教师研究小组，即致力于促进教师研究的小组。该类小组中的成员可以共同开展某一项研究，也可以分别选择不同的研究课题在各自的课堂中开展研究。在后一种情况下，学习小组的主要作用是使教师有机会分享研究的心得和困难，寻求同伴的建议和支持。其四是读者或作者小组，即成员分享阅读到的文学作品或自己的写作成品。

教师学习小组活动一般包括三个步骤（Birchak *et al.* 1998；Lefever-Davis *et al.* 2003）。首先，小组成员开展热身活动，分享自己的课堂经历。接着，成员就预先设定的某一话题开展讨论。最后，成员确定下一次活动的主题及参与讨论的前期准备工作。

开展教师学习小组活动的关键是基于教师共同关心的话题进行合作学习。无论小组的成员构成如何，小组针对何种内容进行讨论，教师学习小组的主要目的是通过对话和反思改善教学，给教师带来一种实践共同体的归属感（Birchak *et al.* 1998）。在教师学习小组中，教师具有充分的学习自主性，他们可以在共同确定好所要探究的话题后，按照不同的方式学习。

6.2.5.2　关于教师学习小组的实证研究

教师学习小组的形式和构成非常灵活，其目的也具有多样性。当前研究表明，无论是何种形式和目的的教师学习小组，对于教师学习都能发挥积极的作用。参与教师学习小组有助于促进教师共同体的建立，形成合作共享的学习文化；使教师能分享自己关于教学的理解，质疑自己根深蒂固的信念，共同建构教师共享的知识；使教师在同伴的帮助下清晰陈述自己日常教学行为背后的理念，持续反思教学，充分利用各种知识开展讨论，发现问题，解决问题（Dubetz 2005；Yeh 2013；刘学惠 2007）。参与教师学习小组能使教师从关注教学内容转变为理解和促进学生学习，鼓励教师通过深入探究教学找到解决实践问题的答案，提高教学水平（Birchak *et al.* 1998；Clark 2001）；使教师更愿意改变自己的课堂教学，并在这种改变中不断增强自我效能感和专业自主性（Cormany *et al.* 2005；Simon 2011）。同时，学生也将从教师的改变中受益，他们的学习效果和学习动机能分别得到提升和激发（Yeh 2013）。

Simon（2011）的研究表明，新手小学教师通过参与教师学习小组活动提升了自我效能感，坚定了从教的信念，形成了对个人及专业发展的积极态度。Simon认为，定期参与教师学习小组活动，与处于类似情境中的同伴开展对话，有助于新手教师分享信息和想法，在专业和情感态度方面相互支持，促进其专业身份的建构和发展。

但也有研究发现，教师在教师学习小组中的学习效果是具有个体差异性的。Lambson（2010）针对三位新手教师的研究表明，教师在学习小组中的转变存在个体差异，这体现在教师参与小组活动的不同体验中，也从教师在讨论过程中发言质量的变化中表现出来。Lambson认为，教师的性格、经历和个人期待是产生这种差异的主要因素。该研究指出，小组中的引导者和有经验的教师在接纳新成员教师、帮助其了解共同体实践方面起到了重要作用。尤其是作为大学教师教育者的引导者，如果他们能够了解新手教师的需求及其所面临的困境，就能为新成员的参与和学习提供良好的支架。

刘学惠（2007）的研究也支持了上述观点。该研究发现，英语教师在参与学习小组过程中所发生的知识和行为的变化呈现出复杂的个体差异性。有些教师在知识和行为方面皆有明显进步，有些教师的知识改变明显而行为改变不大，而有些教师的行为改变仅限于某个方面。刘学惠认为，这种个体差异反映了教师原有的知识和经验基础对教师学习的影响，也与教师的活动参与度和个人特征有关。该研究还发现，教师学习小组在团体—个人、正式—非正式这两个维度上可能分布着几十种活动形式。其中，课堂实录分析和小组交流是参与者认为最有效的活动形式。教师的"共享认知"一般出现在由教师发起、多边参与的互动性会话中，促使这种会话发生的主要因素包括高度情境化的话题、促使思维外显的概念图和引起深入交流的会话策略等。该研究认为，教师互动是教师学习发生的前提。

尽管大部分研究都证实了教师学习小组对教师专业发展的积极作用，但也有一些研究发现了这一学习途径可能会存在的问题。Clair（1998）的研究表明，小组成员的参与度受到传统的知识观和社会建构主义知识观之间冲突的影响。一方面，教师仍然将自己视为信息的接受者，希望从研究者这样的专家身上获得知识；另一方面，小组成员对同伴的知识存在不信任感，不认同其他成员的知识在自己的教学情境中的有效性，这种怀疑一直持续到研究结束。但是，研究者也注意到，通过参与学习小组活动，个别教师逐步增强了对自己的知识和同伴知识的信心，并能够从同伴的知识中受益。这是教师学习小组活动给教师带来的变化，但研究者并没有进一步探讨，为什么这种变化只发生在部分成员身上，是什么原因使他们更容易接受这种新的学习途径并从中受益。

除了探究教师学习小组的有效性及教师的参与体验外，也有研究关注教师学习小组中成员的角色特点，尤其是在小组中起辅助作用的大学研究者或教师教育者的角色特点。Yeh et al.（2012）对一个由五位小学英语教师和一位大学教师（教师教育者）自发组织的教师学习小组进行了研究，结果表明，大学教师在小组活动中主要扮演五种角色：内容专家、知识提供者、思想挑战者、讨论的协助者、真诚的倾听者。研究还发现，教师教育者和小学教师对各自角色和学习小组目标的认识存在一定分歧。教师教育者认为，自己应扮演思想挑战者或真诚的倾听者的角色，小学教师则是共同知识的自主建构者，学习小组的目标是通过批判性小组讨论帮助包括自己在内的所有教师实现专业发展。但是，在小学教师看来，教师教育者的角色是内容专家和知识提供者，他们自己是知识的接受者，学习小组的目标是提供有助于自己设计英语教学活动的有用资源和技术培训。Yeh *et al.*(2012)认为，教师学习小组应关注参与者对各自角色和学习目标的定位，以保证教师学习的有效性。Hung & Yeh(2013)的研究证实，作为双重的外部刺激，教师学习小组活动和大学教师教育者的引领能够促使教师反思，分享自己的实践知识，有利于教师共同设计教学活动，评价课堂教学，促进教师的学习以及教师信念和课堂教学行为的变化。Hung & Yeh(2013)指出，大学教师教育者能够在教师的小组活动参与和学习中发挥中介作用，使之更为积极主动地反思，成为积极的知识建构者，推动教师变化。

Lambson(2010)的研究也发现了教师教育者的这种支持性作用。在该研究中，一位大学教师教育者和三位小学英语教师组建了阅读教学小组。在学习小组活动中，大学教师教育者的支持性作用主要体现在其与教师分享自己的专业知识和经验，解答教师关于阅读教学的问题等方面。教师教育者或通过亲自示范向教师展示如何使用某些阅读教学策略，或组织教师对所阅读的儿童文学作品进行研讨。教师教育者还会引导教师反思他们所学到的教学策略，思考如何将之运用在自己的课堂实践中。Hung & Yeh(2013)指出，教师教育者的作用之所以重要，主要是因为教师对如何通过合作式探究实现专业发展并不熟悉，他们需要教师教育者的支持。当熟悉了这种专业发展途径后，教师就能获得合作学习的自主性，主动将从学习小组中学到的知识应用到自己的教学情境中。

Firestone *et al.*(2020)回顾了32项关于教师学习小组的实证研究，发现在绝大多数研究中，参与学习小组活动给教师的知识和课堂教学带来了积极的影响。其中，给教师带来积极影响的教师学习小组具有连贯性和持续性，即学习小组活动内容、目标等与教师的知识、信念、课堂教学、学生需求以及教师所面对的课程目标和评价等因素相一致，且学习小组活动需要持续一段时间(半年甚至更长)，便于教师内化实践和理论知识。在这类学习小组中，成员间会为了提高教学质量这一共同目标开展合作，并对教学活动进行持续的批判性反思。此外，专家的参与和贡献、学习小组活动与教师日常教学的密切联系等也是影响教师学习小组效果的重要因素。

综上，教师学习小组是以自愿参与、平等互助为前提的合作性教师学习途径。研究证明，这种合作性学习组织能够为教师带来显著的专业成长，给学生的学习带来积极的影响，能为学校的整体合作氛围和办学质量带来变革性影响。但在实施教师学习小组活动时应注意两个问题。其一，教师学习小组活动应注重培养教师的合作意识，促进教师平等参与和知识共享。研究表明，教师学习小组中的学习是在教师互动的基础上实现的(刘学惠 2007)。但与6.2.1节所讨论的合作发展不同，这种互动没有指导性的话语框架；与6.2.2节介绍的批判性朋辈小组也存在差异，没有专门监控互动过程的观察员这一角色。因此，在教师学习小组讨论的过程中很可能会出现话轮分配失衡、某些成员主导话语等问题。Stanley(2011)指出，即便是在共同体中也可能存在非平等和不尊重现象，某些成员可能会主导规则的制定并将规则强加于其他成员身上。这在Simon(2011)的研究中也得到了证实。因此，学习小组活动应尝试采用一些话语框架或事先指定一些互动规则，辅助教师的讨论过程，保证教师积极、平等参与其中。这在活动的初始阶段尤为重要。其二，教师学习小组活动应从教师的真实需求出发，提高分享的目的性，充分发挥教师合作的作用。Stanley(2011)认为，教师的合作学习并不一定会带来有意义的变化；合作的结果既可能是改变教学行为，也可能仅是巩固现状。有效的教师合作并不是简单的小组内分享，而应考虑教师的学习目的、学习需求、分享的形式等多重因素。只有充分发挥合作的作用，才能通过教师学习小组提升教师教学和学生学习效果，并最终影响学校乃至整个宏观教育环境。

6.2.6　合作教学

6.2.6.1　合作教学的概念

20世纪80年代以来，合作教学（team teaching）这一教学和专业发展模式广泛出现在亚洲许多国家的中小学外语课堂中。合作教学指两位或多位教师共同在一个班级中开展教学，一般包括合作备课、合作教学、合作评价等环节（Richards & Farrell 2005）。

根据参与合作的外语教师的特点，其合作关系可能存在以下四种形式（Richards & Farrell 2005）。（1）平等伙伴关系，即教龄和教学经验相差无几的两位教师通过平等协商展开合作。（2）领导和参与者关系，即由一位具有丰富合作教学经验的教师承担领导者角色，负责决定合作过程中的主要事宜，经验较少的教师参与合作教学。（3）导师和学徒关系，即参与合作的分别是一位教学经验较丰富的教师和一位新手教师。其中，导师在教学决策中承担较多责任。这与我国基础教育体制中常见的"师傅带徒弟"的形式类似。（4）未经教学训练的流利本族语者和有经验的非本族语者的合作关系，即参与合作的分别是一位未经过外语教学训练或没有相关教学经验的"外教"和一位具有外语教学经验的本地教师。有时，在这种合作关系中，担任教学组织工作的仍是本地教师，"外教"仅发挥会话伙伴的作用，与本地教师和学生进行对话练习。在日本、韩国、中国香港等国家或地区，邀请外教与本地教师共同为幼儿园至中学等各层次学生教授英语已成为一种较为普遍的做法（Jeon 2010；Meerman 2003）。

实施合作教学一般包括以下几个步骤。第一步，确定合作教学的目的，如协助教师完成公开课、提升新教师的教学技能、促进校内教师合作。第二步，为合作教学做好准备，如通过协商确定开展合作教学的频率。在准备过程中，应考虑到合作教学的整体目标及其与教师个人专业发展的关系。第三步，确定开展合作教学的方式和参与者角色。第四步，在教学结束后开展讨论活动，分析教学得失。第五步，根据学生和参与教师的意见，评价合作教学的效果，确定是否继续开展合作教学。

6.2.6.2 关于合作教学的实证研究

从当前外语教学领域关于合作教学的研究来看，参与合作教学的教师构成主要有两种情况：一类是外教和本土教师间的合作（Carley III 2013；Choi 2001；Ng 2015；Storey *et al.* 2001）；另一类是跨学科的教师合作，如英语教师与其他人文社会科学教师的合作（Stewart 2018；Stewart & Perry 2005）、ESOL教师与小学学科教师的合作（Martin-Beltran & Peercy 2014）。从研究的内容上看，相关研究主要关注的是合作教学对学生学习的影响（Anderson & Speck 1998；Meerman 2003；Pardy 2004；Tajino & Walker 1998）以及影响合作教学的主要因素（Carless & Walker 2006；Perry & Stewart 2005；Stewart & Perry 2005；Storey *et al.* 2001）。

关于合作教学的效果，研究表明，开展合作教学有利于建立教师合作机制，便于教师之间取长补短，从不同的角度观察并体验教学，不仅能够促进教师的专业发展，还能使学生从中受益。就教师而言，通过相互学习，他们的反思能力、专业知识和教学能力都能得到提高，教师也更具有创造力和理解力（Carless & Walker 2006；Gladman 2015；Martin-Beltran & Peercy 2014；Stewart & Perry 2005）。对学生而言，由于存在两位（或多位）教师，学生从教师处受到的关注就会增多，评价和反馈就能更加充分、具体；不同教师的个性、教学风格等的差异也会使课堂更为生动、有趣、充满活力，使教学方式具有多样性，学生更有学习的动力（Anderson & Speck 1998；Buckley 2000；Carless & Walker 2006）。

但是，并非所有研究都证实了合作教学的积极效果。部分研究通过实验研究法探究了合作教学的效果，却未发现能证明其有效性的证据。Aliakbari & Nejad（2013）的研究发现，开展合作教学的班级与由一位外语教师单独授课的班级在英语语法成绩上没有显著差异。基于此，他们认为，合作教学对外语学习者语法学习的积极作用值得怀疑。在此前的一项研究中，Aliakbari & Bazyar（2012）也发现，合作教学对外语学习者的整体语言水平并没有产生影响。

因此，不少研究者对合作教学的有效性提出了质疑。他们认为，在大多数的合作教学案例中，并不存在真正的合作教学（Carley III 2013；Choi 2001；Ng 2015；Storey *et al.* 2001）。Storey *et al.*（2001）对香港地区中学阶段所开展的外教与本地外语教师的合作教学情况进行了调查，结果表明，教师之间缺乏真正的合作，教师大多各自开展教学，很少一起分析和探讨教学。外教与本地教师在外语教学理念上缺乏沟通和共识。这一发现也得到了Ng（2015）的证实。在对香港一所幼儿园中外教和本地英语教师的合作教学情况的调查中，Ng（2015）发现，参与合作的教师在课堂内外都缺乏交流与合作，本地英语教师在课堂中很少参与教学。Ng认为，这主要是因为教师所处的教学情境中的合作教学缺乏教学、组织保障和人际等多个层面的支持。在教学方面，进行合作的教师双方都缺乏外语教学经验和相关培训，这不仅削弱了合作双方的互补性，更限制了双方通过经验分享来促进专业发展的可能性。在组织保障方面，幼儿园的管理层没有为教师创造合作的条件，外教与本地教师没有时间开展合作备课。在人际方面，由于缺乏接触机会，参与合作的教师无法了解对方的观点。需要说明的是，事实上，该研究所聚焦的合作教学情境具有一定的特殊性，即参与合作的外籍教师是未经过培训的兼职教师，没有时间真正融入幼儿园的教学中。但研究者也指出，除收费高昂的国际幼儿园外，一般幼儿园很难雇得起接受过培训的全职外教，这似乎才是阻碍合作教学的主要因素之一。

关于合作教学的另一类研究探究了影响合作教学有效性的因素。研究表明，教师的教学经验和合作教学经验，教师之间的沟通，教师的个性、工作风格、教学理念等都会影响教师合作的效果。此外，在有限的共同备课时间内，外教对当地语言和文化不熟悉，教师缺乏相关培训及支持，教师对是否参与合作教学、与谁合作等问题缺乏决策权，合作教学与整体课程缺乏有效整合等问题也会阻碍教师合作（Carless & Walker 2006；Perry & Stewart 2005）。

Rao & Chen（2020）通过开放性问卷和访谈的方式，从合作教师、学生和教育体制等三个方面归纳了影响本地英语教师与外教开展合作教学的主要因素。其中，合作教师因素包括缺乏关于如何开展合作教学的培训、缺乏对彼此的理解、教学风格存在冲突、教师角色分工不清、缺乏开展合作教学的时间和技能等。学生因素主要包括较低的听说能力、对合作教学的不适应以及参与课堂活动意愿的缺乏等。教育体制因素主要包括较大的班级规模以及考试对语法的强调等。Rao & Chen（2020）认为，为了保证合作教学的效果，学校应该为教师提供相关的培训课程，合作教师之间应建立良好的合作关系，融合不同的教学风格，开展细致的合作备课活动。

当前研究凸显出影响合作教学的三方面因素，包括教学层面、组织保障层面和人际层面的因素（如Choi 2001；Carless & Walker 2006；Storey *et al.* 2001）。其中，教学因素指教师所具有的外语教学法相关知识或经验、开展合作教学的基本技能等。组织保障因素包括微观和宏观两个层面，前者指教师是否能获得学校管理层的支持，后者指教师是否能将合作教学与整体的课程和评价相整合，以发挥其最大潜能。人际因素包括与同伴合作的能力、对同伴的观点及课堂教学行为的敏感性等。研究者指出，合作教学的成功与否在很大程度上取决于参与双方的人际理解力（如参与双方之间的友善态度和相互理解程度、参与双方在课堂内外的关系、教师对冲突的容忍度）、参与双方做出妥协或牺牲的意愿、外教对符合当地文化的固有教学行为的尊重程度以及学校教师人事安排的延续性等因素。

综上，作为一种基于课堂教学的教师合作学习途径，合作教学具有灵活性、多样性的特点，能够为教师、学生、学校乃至宏观教育环境带来积极的影响。但不少研究也指出，所谓的"合作"常常只是一种表面现象。不少合作教学的案例并没有实现真正的教师合作。开展合作教学应注意以下两个方面。其一，参与教师应享有合作自主权，可以自主决定是否参与合作、与谁合作、如何开展合作等。Stewart & Perry（2005）指出，合作教学的成效在很大程度上取决于参与教师的性格、教学风格，以及参与教师之间的关系等因素。只有当各方面都相互匹配的教师在自愿、自主的前提下开展合作教学，他们才能相互尊重，相互理解，建立和谐的合作关系，恰当地应对合作中所出现的各种问题，充分发挥教师合作的优势。其二，学校行政管理层应为教师合作教学提供充分的支持，包括为教师提供相关培训，从知识、技术和合作技能方面保证其具有开展合作教学的基本能力；为教师合作教学提供时间和条件保障，使其能够进行充分讨论与合作。

6.2.7　总结

本节回顾了基于教师合作的外语教师学习途径。其中，合作发展和教师学习小组对合作者的素质、实施的情境等要求较高，批判性朋辈小组、同伴指导、课例研究、合作教学等途径的操作性更强，更具有灵活性，适合教师与同伴之间自发开展。

当前的实证研究为外语教师开展合作式教师学习活动提供了三个重要启示。首先，合作的前提是平等、相互尊重的同伴关系。参与合作式学习的教师应形成一种平等的合作伙伴关系，避免合作机制中的权力差异。当教师间存在一定的教龄和教学经验方面的差异时，合作关系中可能也会存在一种非平等的"指导"成分。研究表明，在某些教师合作形式中，尤其是教师与大学研究者的合作中往往存在着权力的不平等，大学研究者常常对参与教师所分享的知识和经验及其在共同体中的贡献缺乏真正的尊重（Johnston 2009）。因此，在合作关系中警惕这种"不平等"，促进合作的有效开展是至关重要的。

其次，教师合作的基础是教师的合作性反思。这种反思性互动具有一定的批判性，是针对教学的，而不是针对教师个人的。不少研究发现，教师常常对批判性反思存在顾虑，不愿对他人提出批评，以避免造成不愉快（Vo & Nguyen 2010；Yang 2009）。这种现象在某些文化或缺乏合作氛围的情境中非常突出。因此，Farrell（2016）指出，在促进教师反思的过程中应考虑教师的情感因素，因为许多教师对于被观察和接受/给予评价存在一种焦虑。参与合作的教师应在情感态度方面做好准备，为开展成功的合作奠定基础。

最后，外部环境对教师合作的支持是开展合作的前提条件。这种支持一方面来自参与合作的大学教师教育者，他们能够为教师合作和反思提供技术和心理上的支持（Farr & Riordan 2012；Hung & Yeh 2013；Yang 2009；Yeh *et al.* 2012）。另一方面来自教师所处的制度环境。对于工作和生活负担繁重的教师而言，投入额外的时间和精力探究教学，追求自身的专业发展是一件难能可贵的事情，这种热情需要也应该得到学校的支持。这种支持不仅包括行政和资金方面，更包括精神和道德层面。学校管理层应充分认识到教师合作的价值，为教师合作提供必要的保障，创造支持、鼓励合作的良好氛围。

6.3 基于研究的外语教师学习

基于研究的教师学习主要指教师对自己的课堂教学所开展的系统的、有目的的研究活动，属于教师研究的范畴（Cochran-Smith & Lytle

1990)。在基于研究的外语教师学习中，行动研究和教师叙事是最普遍也是最适合一线教师采用的两种学习途径。本节将分析这两种学习途径的基本概念和主要实证研究。

6.3.1　行动研究

6.3.1.1　行动研究的概念

20世纪60—70年代，英美等国兴起了"教师即研究者"（teacher as researcher）运动，提倡通过教师研究促进教师的自主性专业发展（Stenhouse 1975）。所谓"教师研究"（teacher research），是指教师针对学校和课堂所开展的"系统的、有目的的探究"（Cochran-Smith & Lytle 1990: 2），教师研究的主要形式是行动研究（action research）。

行动研究最早由社会心理学家Kurt Lewin在1945年提出，1949年由Stephen Corey等人引入教育学领域。关于行动研究已有不少定义，其中较为广泛认可的是Kemmis & McTaggart（1988: 5）提出的，即行动研究是社会工作者和教育者所开展的一种"具有自我反思性的探究"，其目的是提高自身对所从事的社会或教学工作本身、工作过程及工作环境的理性认识和正确评价的能力。因此，教育学领域的行动研究是由教育实践者发起的一种自我反思性探究，它不仅能加深实践者对自身行为合理性、合法性的认识，也可以促进实践者自身对这些行为和行为所处的情境的理解（Carr & Kemmis 1986）。

在外语教学和教师教育研究领域，学者也从不同角度对行动研究进行了界定。Burns（1999）将行动研究定义为教师作为研究者所开展的"自我反思性、系统性、批判性"探究活动，其目的是发掘值得探究的问题情境，基于研究发现改善教学（转引自Cornwell 1999: 5）。这一定义强调了行动研究作为一种探究方式的本质属性。Richards & Farrell（2005: 171）则从行动研究的主体、目的和研究场域出发，将其定义为"教师所开展的、以发现和解决教学中实际问题为目的的课堂研究"。他们认为，行动研究包含两个维度的活动。其一是"研究"，即针对某一问题收集信息，开展系统探究，以提高课堂教学实践水平。其二是"行动"，即采取实际行动解决课堂中的问题。总之，行动研究发生在教师自己的课堂中，涉及发现问题、收集关于问题的各种信息、设计问题解决方案、实施方案、观察方案效果等多个环节。

从概念上讲，行动研究不同于教师的日常"行动"，它比日常行动更具有系统性和合作性。行动研究也不是简单的解决问题的过程，它不仅注重问题的解决，也注重问题的提出。其源动力是教师通过行动促进自己对自身工作的理解，并从中学习如何提高教学质量。行动研究也不同于传统的教育研究。行动研究的主体是教师，而不是教育研究者；研究的场域是教师自己的课堂；研究的目的不是得出具有普遍指导意义的教育理论和原则，而是直接提高教师的课堂教学质量，解决教学中的问题，促进教师自身的发展。

一般来说，行动研究既可由一位教师独立开展，也可由多位教师合作开展，还可由教师与外部专家(如大学研究者或教师教育者)合作开展。在行动研究中，教师首先确定问题并对之进行初步调查，找出问题的原因。接着，基于调查结果形成研究假设，制定干预计划。然后，采取行动，观察结果。最后，反思结果，确定后续研究问题(或继续同一个研究问题)，开始下一个研究循环。行动研究并不是一次性的研究活动，而是不断循环、呈螺旋式上升的。Nunan & Bailey(2009)指出，一项行动研究至少需要两个研究循环才能解决教师所关心的问题。因此，行动研究最主要的特点是循环性和螺旋上升性。表6.2呈现了外语教学中的行动研究循环及相关步骤。

表 6.2　外语教学中的行动研究循环及步骤（译自 Nunan 1992：19）

循环和步骤	举例
行动研究循环1	
步骤1：确定问题	学生的学习兴趣在课程学习期间不断下降
步骤2：初步调查	访谈学生，证实教师的猜测
步骤3：提出假设	学生努力却没有收获，学习日志可以使学生看到自己的进步
步骤4：制定干预计划	让学生每周撰写学习日志
步骤5：采取行动，观察结果	学生尚未从学习日志中完全认识到自己的进步
步骤6：反思结果	学习动机正在增强，但没有预期的快
行动研究循环2	
步骤7：确定后续问题	如何能够提高学生在学习过程中的参与度和努力程度
步骤8：提出第二个假设	培养学生的反思性学习态度能提高其参与度并增强其学习动机
步骤9：采取行动，观察结果	每单元末，学生完成对学习成效和学习目标达成情况的自我评价
步骤10：反思结果	自我评价显示学生感觉自己正在进步，教师也认为学生进步了

　　研究者认为，只有当教师主动践行新的教学观念，反思教学结果，并在此基础上调整自己的思维和教学时，才有可能发生持续性的教师改变（Breen *et al.* 1989）。这就意味着在行动研究中教师必须同时进行"创新"和"反思"，而且要将二者完美结合。行动研究不仅能使教师重新审视并改进自己的教学实践，提高教学效果，而且有利于其将教学理论和研究与教师当前的教学实践相结合，增长教师知识，促进其专业发展（Burns 2009；Nunan & Bailey 2009）。

6.3.1.2　关于行动研究的实证研究

　　20世纪80年代以来，行动研究越来越受到外语教学界的重视，一些项目实施报告以及指导行动研究的文献陆续问世。90年代以后，相关文献逐渐将行动研究与外语教师教育与专业发展联系起来，但主要为理论性探讨，探讨的主题包括外语教师研究的评价标准、质量、可持续性等（Allwright 1997；Bell 1997；Nunan 1997），也有一些以指导教师开展行动研究为目的的教师教育项目报告（Belleli 1993；Nunan 1990）。近20年来，国内外关于外语教师行动研究的实证研究大量涌现。研究主题大致包括三个方面：(1) 行动研究的效果，即行动研究对教师专业发展的影响；(2) 行动研究中的教师学习过程；(3) 影响教师开展行动研究的因素。下文将对这三个方面的研究进行回顾。

6.3.1.2.1　行动研究的效果

针对行动研究效果的研究表明，行动研究能够促进不同层次、处于职业生涯不同阶段教师的专业发展。通过开展行动研究，教师对教学和学生学习的理解得以加深，课堂教学质量得以提高，其身份认同、专业自主意识、研究意识和教学研究能力均得到增强，专业成就感和自我效能感也有明显提升（Atay 2008；Cisar 2005；Ginns *et al.* 2001；Rathgen 2006；王蔷等 2010）。Hassen（2016）的研究表明，开展行动研究能促进英语教师提升专业能力，这些专业能力包括多个方面：批判性观察能力；发现问题和提出问题的能力；进行系统探究的能力；解决问题的能力；教学决策能力；实施教学干预的能力；反思行动的能力；评价能力；进行专业对话、讨论和交流的能力；文献阅读能力；口头汇报能力；教师自主性；教师的专业自信；教师的专业责任感；论文撰写能力，等等。同时，Banegas *et al.*（2013）发现，伴随着外语教师的变化，学生的学习动机能得到增强，学习效果和整体语言能力也得以提高。

Warren *et al.*（2008）对参与研究生层次行动研究课程的73位在职教师进行了研究，结果表明，通过学习课程和开展行动研究，教师对自己的专业能力、专业身份以及自身作为教师与周围其他人（如同事、学生、家长）的关系等的看法都发生了变化。在专业能力方面，教师能够灵活运用各种教学策略，拓宽自身的知识基础，能够熟练解决问题，与学生建立了深层次的关系。在专业身份方面，教师更具有反思性，获得了更大程度的专业发展。在教师与他人关系方面，行动研究促进了教师与周围其他人的专业对话，他们与同事、学生和家长之间的关系也得到了加强。

Ginns *et al.*（2001）针对新手教师的研究表明，如果行动研究以合作的方式开展，就能够帮助新手教师摆脱教学中的孤立感、对教学的不确定感以及对自身专业能力的质疑，使其逐步掌控自己的教学和思维，成为批判反思型教师。Banegas *et al.*（2013）也证实，合作性的教师行动研究能够提高外语教师的学习动机，促进外语教师的社会化知识建构和学习。通过合作开展行动研究，教师重新建构了关于语言教学的原则和方法，能够针对具体的教学情境改变教学方式和教学行为，其专业自主性和职业发展动机得以提高，教师的身份认同也发生了转变。同时，教师的变化也提高了学生的学习动机。在Banegas *et al.*（2013）的研究中，由于外语教师在新的教学模式中将学科内容与语言教学融合在一起，并鼓励学生就教学内容、教学资源和教学活动等与教师进行协商，因此学生的语言学习效果也得到了提升。

当前的研究不仅探讨了行动研究对外语教师专业发展的即时性作用，还关注了行动研究的持续性效果。Wyatt（2011）对TESOL本科课程中的四位学生教师进行了研究，在该研究中学生教师在课程学习阶段开展了行动研究。Wyatt发现，参与行动研究使教师对自己的工作更为自信，其教学自主性和自我效能感都得到了提高。他们能够发现自己教学中存在的问题，采取有效的干预手段，并取得良好的教学效果。但是，在后续跟踪了其中一位教师后，Wyatt发现，尽管行动研究已证实这些教学行为是有效果的，但由于学校实施新政策，该教师放弃了新的教学行为。该研究认为，教师教育课程结束后，教师失去了课程和导师的支持，情境因素的限制很可能使教师难以坚持开展教师研究。

但是，Patterson & Crumpler（2009）发现，行动研究中所蕴含的行动和反思促进了教师的变化，且这种变化在教师此后的教学生涯中一直得以维持，这主要得益于教师不断阅读和学习以及与学生积极互动。这种持续性效果在Gilles *et al.*（2010）的研究中也有体现。在该研究中，大学研究者与某小学的教师合作开展的行动研究持续了七年之久。其间，教师研究已成为该校的常规性活动，逐渐制度化、常态化，即便是没有直接参与研究的该校教师也认识到了研究的重要性，并在某种程度上受到了教师研究的影响。Gilles *et al.*（2010）认为，教师研究建立了学校的专业发展文化，开启了教师可持续性专业发展的循环。可见，行动研究是否具有持续性，既与教师自身的学习态度和方式相关，又与教师所处的教学情境有关。如何在真实的情境中正确处理行动研究与学校和宏观教育环境的关系，使之可持续地促进教师发展是一个值得关注的议题。

综上，无论是独立还是合作开展的行动研究，无论是教师自发的还是融入教师培训或教师教育活动中的行动研究，都能给教师的专业发展带来积极的影响。教师通过行动研究发现教学中的问题，寻找解决办法，最终提高自己的教学水平，加深对教学的认识和理解，重构自身关于教师职业的身份认同。当行动研究以教师合作的形式开展时，还能为教师创造一种良好的合作氛围，帮助构建教师实践共同体，促进教师之间的分享和互动。Burns（1999）指出，行动研究的哲学基础应是合作，合作能够提升行动研究的效果。通过合作行动研究，教师能够将彼此的研究工作联系起来，共同促进学生的学习和学校的发展。因此，从某种意义上讲，行动研究也属于一种合作式教师学习活动，即教师合作对教学开展系统性探究。

值得注意的是，行动研究对教师专业发展的持续性影响是当前研究关注较少的一个问题。当前大部分研究所关注的都是某种外部因素推动下的教师行动研究，如教师培训项目中包含的行动研究课程、大学研究者支持下的合作行动研究项目。关于这些课程或项目效果可持续性的研究结论仍然存在争议。目前我们尚不确定，当这些外部"支持"消除之后，教师是否能够坚持新的教学理念和教学方法，是否能够继续探究自己的教学或者如何坚持开展研究。但可以肯定的是，当教师真正将研究作为教师职业的一个有机组成部分，将之与自己的日常工作融为一体时，无论是否存在外部推动力，他们都能够持续开展研究。

6.3.1.2.2 行动研究中的教师学习过程

针对行动研究的第二类研究考察教师在开展行动研究时的学习过程。此类研究不仅回答了教师学习在行动研究中是否发生的问题，而且描述了行动研究中的教师学习过程及教师体验。研究表明，外语教师在行动研究中的学习过程具有自发性和自控性，是外语教师不断面临问题、解决问题的过程；在这一过程中外语教师不断增强对学习的理解，并获得专业成长（Cisar 2005）。一系列针对大学研究者和中学英语教师开展的合作行动研究项目的研究表明，在教师合作开展研究的过程中，教师的研究动机、教师对研究的态度，以及教师的身份认同都发生了显著变化（Wang & Zhang 2014；Yuan & Burns 2017；Yuan *et al.* 2016）。

Wang & Zhang（2014）的研究表明，教师对合作行动研究的态度变化和在研究中的行为变化可以分成四类：从研究的先锋到楷模、从被动跟随者到积极参与者、从实用主义者到后起之秀、从不关心者到退出者。研究发现，教师在参与合作行动研究项目过程中的学习经历包括三个阶段。第一阶段，教师对参与研究既感到兴奋，又感到担忧，因为可能需要投入额外的精力。第二阶段，教师体验到研究的困难和压力，但大多数教师依然选择坚持。第三阶段，教师获得关于教学和研究的新理解，期待开展新的探究。这些研究发现说明，如果教师抱着不同的目的参与合作行动研究，那么其最终的学习体验也不尽相同。在开展合作行动研究项目前，教师教育者应关注教师的研究动机，并有针对性地为教师提供指导。

Yuan *et al.*（2016）从教师自我的角度，探究了外语教师如何在大学—高中教师合作行动研究项目中重构不同自我、调节自身研究动机。研究表明，教师的研究动机在参与合作行动研究过程中出现了起伏变化，这主要是由于教师的不同自我之间存在矛盾。通过参与合作行动研究，高中教师获得了一种社会归属感，形成了具有强烈反思性的"合作者"这一新的自我，也解决了教师不同自我之间的矛盾，提高了教师的研究动机。但是，如果没有这种外部支持的存在，教师的研究动机是否会发生变化、如何变化，项目结束后教师是否还能继续保持较高的研究动机等是值得进一步研究的问题。基于同一个教师合作行动研究项目，Yuan & Burns (2017)发现，开展行动研究也会促进教师身份认同的变化。该研究揭示了教师身份建构的四条路径：从"渔夫"到"捕鱼教练"，从"教书匠"到"教师研究者"，从"孤独的斗士"到"合作者"，从"守门人"到"变化的开创者"。引起这些变化的源头是教师在其所处的各种实践共同体中的实践和互动。

当前相关研究大多是针对大学—中学教师合作行动研究项目开展的，只有一小部分研究关注教师在无外界支持的情况下开展行动研究时的学习过程及体验。康艳(2014)探究了一位中学英语教师在无外界支持的条件下开展行动研究的经历和由此所获得的专业发展。研究表明，在研究初期，教师主要为了完成领导布置的教学改革和研究任务改变教学行为，其教学决策的立足点是教学的形式和内容，即如何设计教学才能完成研究任务，实现教学改革目标。随着教改的深入，教师更多地从学生的角度反思教学，关注教学对学生的影响。教师对学生的认识更为深刻，更能熟练地把握教学，形成了新的个人实践知识。研究者认为，教师在毫无外界支持的条件下独立开展行动研究时会遇到重重困难，由于缺乏理论的指导和他人的反馈，教师容易出现实践方面的错误。学校自上而下布置的研究任务承载了过多行政化和功利化目标，导致教师为了"研究"而"研究"，最终使研究流于形式。

综上，独立开展行动研究的外语教师往往面临巨大的挑战，在专业能力等方面容易感到焦虑和不自信，这会影响行动研究的效果。当行动研究以合作的形式开展时，教师能感受到来自实践共同体成员的支持，这不仅能大大缓解研究压力，也会促进经验和知识的共享，保证研究顺利进行。

在这一过程中，教师不同的参与程度和研究目的导致了他们迥异的研究体验和学习效果，其身份认同也会发生不同程度的转变。从当前的实证研究来看，针对行动研究中教师学习过程和体验的研究并不多见，但此类研究有助于我们深入认识教师在开展研究过程中的学习机制，是值得进一步探究的重要议题。

6.3.1.2.3　影响教师开展行动研究的因素

针对各个层次英语教师的研究表明，英语教师开展研究的频率并不高，他们对自己开展研究的环境也并不满意。教师开展研究时面临各种困难，包括论文发表的困难、时间和资源的缺乏、研究知识和技能的缺乏、研究指导的缺乏、严格的课程要求、僵化的学校文化、来自学校管理层支持的缺乏等（Barkhuizen 2009；Borg 2009a；Borg & Liu 2013；Xu 2014；康艳 2016b）。这些因素严重影响了教师开展研究的动机和自信，导致教师对研究和教师研究者这一专业身份产生抵触情绪（Edwards & Burns 2016；Mitchell *et al.* 2009；Yuan & Burns 2017）。Yuan & Burns（2017）指出，如何帮助外语教师应对各种限制因素，通过行动研究促进外语教师学习和身份建构持续进行是一个重要的研究议题。

陈芳（2012）系统探究了学校范围内影响英语教师开展行动研究的环境因素，主要包括研究团队、学科领导和校级领导等三个方面。研究表明，首先，以团队形式合作开展研究比个人开展研究效率更高，但流于形式的表面化合作不利于研究的顺利开展。合作对象的素质也会影响合作研究的开展。研究能力强、严谨踏实、志同道合的合作对象能够成为教师的良师益友，但现实中，教师不一定有机会选择自己的合作者，尤其是在自上而下组织的研究活动中，教师的合作者往往是由自身以外的因素如学校的人事安排所决定的，这使得教师从合作伙伴那里得到的收获具有很大的偶然性。其次，学科领导对研究的态度在很大程度上影响教师对研究的态度以及他们参与研究的积极性。最后，校级领导对研究的态度以及学校能够提供的研究条件，如研究时间、资金及文献资料等也会影响教师研究的开展。研究者认为，教师行动研究并不是一项孤立的个人行为，除了教师自身的研究意愿和相应的研究能力外，还需要周围环境，尤其是学校为其提供必要的外部条件作为保障。

鉴于教师开展行动研究时所面临的情境性限制因素，大学—中学合作开展的行动研究被认为是推动教师开展研究，促进教师专业发展的有效途径（Burns 2009；Kane & Chimwayange 2014；Koutselini 2008）。这种合作机制能够为教师提供一个相互学习、彼此支持的系统网络。在这一实践共同体中，大学研究者为一线教师提供建设性指导和支架，帮助他们熟悉研究的基本知识，提升研究技能，学习新的教学理念（Wang & Zhang 2014），参与这一实践共同体也有助于教师应对共同情境中的各种挑战，维持其开展研究的动机（Yuan & Lee 2015b）。Yuan & Lee（2015b）系统探究了在这种合作机制下，大学研究者如何为一线外语教师提供支架，帮助其开展行动研究。研究发现，在大学研究者—中学教师的合作中，大学研究者的作用主要体现在两个方面。其一，转变教师的研究观，鼓励教师将教学与研究相结合。通过工作坊、研讨等形式，教师不仅学习了行动研究的相关知识，还减轻了研究焦虑，加深了对行动研究的认识。其二，协助教师应对行动研究中的各种情境性障碍，鼓励教师与同事分享自己的想法和教学资源、邀请同事观摩自己的课堂。这种支持使教师在研究过程中更安心、更有自信。Yuan & Lee（2015b）认为，面对教学情境中的各种限制，教师很难独立开展研究。只有在大学研究者的支持下，他们才能够摆脱情境的束缚，勇于进行创新。但是，由于受到合作双方内在的权力不均衡的影响，教师在这种合作中可能过分依赖大学研究者，而失去对研究的自我掌控，沦为大学研究者的"跟随者"（follower）或"初级合伙人"（junior partner）。因此，在开展合作之前，双方有必要明确各自的角色和责任，在合作中保持沟通和交流，使双方能够不断进行平等的意义协商。

许多类似的合作行动研究项目（Ginns *et al.* 2001；Wang & Zhang 2014；Yuan & Burns 2017）也发现了这种权力不均衡问题。Ginns *et al.*

（2001）的研究表明，大学研究者在研究初期占据主导地位，在很大程度上决定了合作的结构。随着研究的深入，教师的主动性和独立性逐步增强。Ginns *et al.*（2001）认为，大学研究者与教师之间的关系是影响合作行动研究的一个关键因素。尽管在该研究中，二者的关系从研究之初的"专家/导师—学生"关系转变为"合作研究者"的关系，但是教师对大学研究者的依赖却没有改变。尽管大部分教师通过参与合作行动研究，能够主动反思，但他们始终需要寻求大学研究者的支持，未能完全掌控合作行动研究过程。Yuan & Burns（2017）指出，教师对大学研究者的依赖是对合作行动研究的一个潜在威胁，将导致教师丧失对行动研究的控制权。因此，大学研究者应扮演引导者的角色，为教师提供支架，既要帮助教师解决在研究中所面临的具体问题，又要维持教师的研究动机和主动性。Wang & Zhang（2014）认为，大学研究者与中学教师开展的合作行动研究的成功依赖六个方面的因素：教师的时间和精力投入、相互尊重与合理期待、有效的组织、大学研究者所面临的工作压力和参与合作的动机、出版物的署名、促进教师反思与提升教师研究技能之间的平衡。

综上，教师行动研究面临着个人、团队、课程、管理等诸多因素的限制，应对这些限制因素的一个有效途径是开展大学—中小学教师合作行动研究。这种合作机制有助于创建教师合作共同体，为教师开展研究提供支架，协助教师正确应对情境中的诸多限制因素，以更有效地开展行动研究。但是，建立这种合作机制并不容易，会面临一些组织保障上的困难，如经费来源、合作双方的时间和精力投入等方面的问题。同时，合作各方的角色定位也会影响合作的开展。一方面，大学研究者能够从合作中获得什么、如何获得，这是一个值得关注的问题。另一方面，一线教师如何在大学研究者的充分支持下保持相对的自主性也是值得研究的一个议题。

6.3.2 教师叙事

6.3.2.1 教师叙事的概念

叙事探究是社会科学研究领域中一种重要的质性研究方法，主要指通过讲述故事的方式描述、理解人的行为或社会现象。20世纪90年代以来，叙事探究在外语教师教育领域不断得到重视。研究者采用这一方法探究了与外语教师教育相关的各种议题，如教师知识（Almarza 1996；Xu & Liu 2009；李晓博 2011）、教师身份认同（Liu & Xu 2011；Moran 1996；Tsui 2007；Yuan & Lee 2016）、教师学习（Knezevic & Scholl 1996；Rust 1999；崔琳琳 2014）。这些研究从研究者的视角展开，通过讲述并分析研究对象的故事回答研究者所关心的问题，所涉及的故事是研究者为研究对象所撰写的故事。

叙事探究不仅是教育研究领域的一个重要研究方法，也是教师专业发展的一种途径[1]。本节所探讨的是作为教师学习途径的教师叙事（teachers' narrative），指教师讲述的"自己专业发展世界中关于自身专业发展的故事"（Johnson & Golombek 2002：6），是教师从自己的视角撰写的故事。叙事探究作为一种专业发展途径，是教师通过自己的故事和话语所开展的系统性自我探究。

叙事探究将教师所讲述的关于自己的教学和专业发展经历的故事作为促进教师自身发展的一个重要资源。但教师叙事并不是简单的讲故事，而是需要教师深入反思和分析自己的故事（Johnson 2009）。通过讲述自己的故事，教师不仅能够反思自己专业世界中的具体事件，而且能获得一种心理上的放松，释放自身的压力和消极情绪（Farrell 2013；Jalongo et al. 1995）。因此，这些教师故事不仅是关于教师专业发展的故事，它们也构成了教师的专业发展。

1　关于叙事探究作为一种研究方法的探讨，请参见3.2.3节。

21世纪初，叙事探究作为一种教师研究的方法，逐渐得到外语教师和教师教育者的认可。Johnson & Golombek（2011）认为，教师对自身经历的探究是其建构知识、实现专业发展的一种中介工具。它使教师不断增强对自身思维和行为的控制，赋予其经历丰富而深刻的意义；使教师能够更深入、细致地对待自己的工作，并最终改变自己的专业世界。Johnson & Golombek（2011）认为，从社会文化理论的角度来看，叙事是一种文化活动，也是一种中介工具。它不仅是帮助教师讲述自身经历的工具，更是促进教师认知发展的符号工具。叙事的过程是教师描述、解释、分析、阐释、建构个人现实的过程，将会影响教师如何理解自己所叙述的内容。

作为中介工具，教师叙事对教师专业发展的作用主要包括三个方面：叙事作为外部化（externalization）过程、叙事作为言语化（verbalization）过程以及叙事作为系统性探究（systematic examination）过程（Johnson & Golombek 2011）。首先，教师叙事为教师内省、理解并解释自己的经验创造机会。教师通过口头或笔头陈述的方式，呈现自己的所思、所想、所感，将隐性的知识、信念、思想、忧虑、希望等显性化，将碎片化的个人经历拼接起来，清晰陈述自己在专业世界中日常面临的问题。教师可通过叙事对自己的行为进行自我调控，这是其认知发展的第一步。从这个意义来说，叙事将教师当前的理解和最近发展区公开化，并对它们进行重构。在这个以语言符号为中介的社会化过程中，教师不断分配相关的语言和文化资源，使用和改变这些资源，在自己的专业世界中达成相应目标，并最终学会教学。

其次，教师叙事是教师有目的地使用科学概念，即关于外语教学的理论知识，理解自身经历的过程；它是一种思维调节过程，也是促进知识内化的手段。这一过程植根于特定的教学情境中，通过具体的、有目的的教学活动得以实现。内化的理论知识使教师能更有意识地控制自己的认知过程，在不同的教学情境中有效开展教学。当教师叙事作为一种言语化过程时，它不仅能使教师解释各种理论概念，还能使教师在叙事中利用这些概念理解教学经验，进而调节并控制自身的思维和课堂教学行为。

最后，教师叙事是教师开展系统性探究的一种方法，能够促进教师基于自身的日常经历开展探究式学习。通过叙事性活动，教师可以对自己、教学以及自己专业世界中的历史、社会文化、政治情境等进行系统性探究。

Johnson & Golombek（2011）指出，这些作用相互交织、相互渗透，不仅体现在叙事活动的成果，如反思日志、行动研究中，也体现在教师在开展叙事性活动时所实现的认知过程中。当教师叙事的成果公开化，通过专业的话语和行为与他人分享时，这种故事便成为一种知识建构工具，促使教师成为自己所处的历史、政治、文化情境中的知识使用者和创造者。同时，作为一种文化产物，这些故事也能为不同专业情境下更广泛的教师群体所借鉴，实现不同的目的。换言之，教师叙事活动的产物将成为核心和边缘情境下知识建构的工具。通过各种途径公开发表之后，这些成果就扩大了外语教师教育的专业领域（Johnson & Golombek 2011）。Johnson（2006）指出，这种知识建构方式是情境中教师教育的重要组成部分，也揭示了教师为什么在特定的社会文化、历史情境下采取特定的行为，并与他人共同恰当地回应自己的专业发展需求。

6.3.2.2　关于教师叙事的实证研究

2002年，Karen E. Johnson和Paula R. Golombek编辑出版了《作为专业发展的教师叙事探究》（*Teachers' Narrative Inquiry as Professional Development*）一书，这是教师自撰叙事的开先河之作。全书分为四部分，共辑录了13个高度个人化、高度情境化的教师故事，记录了教师对课堂教学、学生、教师角色及其所参与的专业合作活动的探究，展现了教师作为教学的学习者的专业发展经历，凸显了教师作为知识的使用者和创造者的身份以及教师学习的情境性、社会化、协商性特点。近十年来，以教师叙事为媒介的专业发展活动逐渐成为外语教师的一个重要学习途径（Burns 2009;

Johnston 2009)。越来越多的教师开始通过叙事的方式深入探究自己的教学（Amundrud 2011；Chen 2011；Zoshak 2016）。

近二十年来，不少外语教学领域的重要国际期刊都陆续开辟专栏登载教师研究。例如，《语言教学研究》（*Language Teaching Research*）中设有一个"教师研究"（Practitioner Research）专栏，登载教师自己所开展的探究性研究。《世界英语教师协会期刊》（*TESOL Journal*）设有一个"语言教师研究"（Language Teacher Research）专栏，登载教师叙事研究。但Johnson & Golombek（2011）指出，能够在这些期刊上发表文章的大多为高学历、高职称教师，普通教师的文章难以被这些期刊收录。

在这些公开发表的教师叙事中，教师描述了自己如何创造或重构知识、如何在特定的教学情境下使用知识并重新理解和重构自己的课堂教学行为（Amundrud 2011；Chen 2011；Esbenshade 2002；Mann 2002）。例如，Esbenshade（2002）讲述了自己利用反思日志进行教学反思和教学探究的故事，在该研究中教师叙事帮助教师将反思日志中那些看似毫无条理、碎片化的经历拼接起来，发现相关的主题。教师利用理论知识解读日志中的内容，系统描述和探究自己的学习经历，并最终形成对教师角色和学生互动的新的认识。通过这种探究，教师不再是课堂中的权威和决策者，而能够给予学生更多的权力，成为知识的共同建构者。

Chen（2011）通过叙事的手段讲述了自己将教育技术融入英语课程的经历。Chen认为，通过叙事，自己得以反思自己的教学经历，更好地理解了自己的信念和教学行为，以及二者之间可能存在的不一致性。教师在自己的叙事中发现了一个贯穿始终的主题，即转变（transformation）：从以教师为中心转变为以学生为中心，从教学主导转变为学习主导，从自上而下转变为自下而上，从直接移植理论到在自己的教学和课堂研究中创建理论。更重要的是，在该探究过程中，教师反思的层次不断深入，从技术性反思发展为批判性反思，从对教学的描述性探讨转变为解释性探讨。

Amundrud(2011)用叙事的方式记录了自己采用会话分析方法探究学生在小组讨论中的沉默现象的过程。教师表示，叙事是自己对教学进行反思、讲述自己专业发展故事的一种方式。通过叙事，教师形成了新的身份认同，深入思考了课堂教学和教学的情境，尤其对小组讨论过程中所蕴含的交际困难和学生沉默的机构话语特征形成了新的认识。该研究证明，叙事是教师自主探究自身课堂教学的有效方式。通过叙事，教师不仅能够反思教学，改进自己的教学行为，还能增长实践知识。

在Taylor *et al.*(2019)的研究中，八位美国英语教师自述了他们如何通过合作性叙事探究(collective narrative inquiry)的方式开展具有文化可持续性的写作教学(culturally sustaining writing instruction)，并在此过程中提升自身批判性读写教学(critical literacy pedagogies)能力的故事。八位教师每两个月开展一次活动，讨论相关的教学理论和实践，进行教学设计，反思自身的经历，并定期对部分教师的课堂教学进行观摩。教师认为，叙事帮助他们发现了现行英语课程中存在的问题，如题材和体裁有限(例如，素材主要包括白人作者创作的关于白人的作品，而缺乏反映其他少数群体身份、视角等的作品)；倡导语言标准化，将非标准的语言或方言边缘化，导致学生在写作中过分关注语言准确性；忽视学生的母语和母语文化。教师针对课程中的问题做出了相应的改革，例如鼓励学生使用漫画(学校教材中缺乏的文本形式)描绘自己心目中的超级英雄，将更多非白人作者和女性作者的作品引入课堂，选用能够反映学生真实生活中人物、语言和情境的课文。教师认为，合作性叙事探究增强了他们彼此间的信任，促使他们相互支持，逐步建立研究伙伴关系，并致力于长期合作，共同解决教学中的问题。教师逐渐形成了作为批判性读写教师的专业身份认同，也相应地调整了自己的教学行为。这种合作形式克服了教师孤立开展改革的劣势，使他们得以分享经验和想法，不断拓展思维，更加自信地对主流课程进行改革。

　　叙事探究还可以作为促进职前教师反思和专业成长的一种手段融入教师教育课程中。在Chan（2012）的研究者中，参加教师教育课程的职前教师参与了两种叙事活动。其一，将与自身经历相关的物品带到课堂，向同学讲述这些物品与自己的成长和发展的故事。为了帮助讲述者更好地理解过去的经验与将来的行为之间的联系，同学可以就讲述者的故事进行提问，并通过邮件就故事给予反馈。其二，开展对自身经历的探究。首先，职前教师按照时间顺序，列举对自己的成长和发展具有重要影响的人或事；然后，详细讲述其中涉及的三个故事。由此，教师在清晰认识自身经历的基础上理解并建构自己的身份。研究证实，职前教师通过反思自身的经历，讲述这些经历对自己的意义，在自身经历和现有知识的基础上建构了新的知识，并重构了自己的身份，逐渐成为自主的学习者。

　　除了教师自述的故事所直接揭示的专业发展过程外，还有一些研究（Johnson 2007；Tasker *et al.* 2010）通过分析教师故事揭示了教师在叙事中的学习过程，但此类研究并不多见。Johnson（2007）分析了Herndon（2002）中的教师叙事，并从社会文化理论的角度分析了教师叙事作为一种教师学习途径如何改变课堂教学行为，以及这种变化如何影响学生的学习。Herndon（2002）讲述了自己作为一位有经验的ESL教师在纽约某公立高中为移民学生教授文学课程的故事。Johnson（2007）通过对教师叙事语言的分析，追溯了教师学习的完整过程，包括教师变化的初衷，对教师学习起到中介作用的人和文化产物，教师如何重构自己的教学、如何将对教学的新的理解迁移到新的教学情境中并最终实现自身作为教师的转变。Johnson认为，叙事能够反映教师行为的复杂性，历时性地追溯教师的专业发展历程，揭示教师对自身工作的理解和建构过程。它不仅有利于教师理解自己的学习经历，还能给教师及其课堂教学带来有价值的变化。

　　综上，教师叙事作为探究式教师学习的一种途径已经逐渐为广大教师所重视。越来越多的教师尝试用叙事的方式反思自己的专业发展经历，并在此基础上重构自己的实践和知识。但值得注意的是，教师叙事虽然采用故事的形式来呈现经验，但它并不是简单的"讲故事"。所有的教师故事都是教师基于经验本身的内在联系进行选择的，是教师"叙事性思考"的产物，其探究的对象是经验本身的意义。由此所建构的知识是故事化的知识，只能在具体的情境中理解。这需要教师回归到自己的生活和专业世界中，通过探究具体场景中及其周围的人、事、物等相关因素之间的内在联系，从整体上理解自己的知识。

6.4　小结

教师学习的途径是教师学习研究中的一个重要议题。本章介绍了九种外语教师学习途径(分为三大类)，并回顾了相关实证研究。从本章的分析来看，关于外语教师学习途径的研究提供了以下几个重要启示。首先，外语教师学习的基础是教师反思，这种反思可以由教师自发开展，也可以通过合作的方式开展，还可以蕴含在教师对教学和知识的有意识探究中。教师在实践中反思，在反思中增长实践知识。其次，合作式教师学习比教师个人学习更有效率和效果。通过参与实践共同体，外语教师之间可以进行对话与意义协商，这能够促进知识的共享和共同建构。再次，要提倡教师以行动研究、教师叙事等方式探究自己的教学，这是促进教师反思、增长教师知识的有效途径。需要注意的是，有效的教师学习需要"支架"。外语教师在学习过程中可能会遇到各种困难，也会受到情境中各种因素的限制。研究者或教师教育者可以协助教师学习，促进教师对知识的理解和运用，同时也应帮助教师应对学习过程中可能出现的各种问题。最后，随着网络信息技术的发展，互联网越来越多地开始应用于教师反思和教师合作中，成为教师学习的中介工具。网络信息技术支持下的外语教师学习结果及过程应成为今后外语教师学习研究的一个关注点。

第七章 外语教师学习的环境

在普通教育学领域，关于学习环境的研究始于20世纪70年代初。90年代末，学术期刊《学习环境研究》(*Learning Environments Research*)创刊，这标志着学习环境研究逐渐走向成熟(Fraser 1989)。在外语教育和教师教育领域，针对环境的研究起步较晚，伴随着这些领域的社会文化转向才逐渐兴起(Johnson 2006，2009)。但是，外语教育和教师教育研究者对环境因素的重视由来已久。1998年，Donald Freeman和Karen E. Johnson在探讨外语教师教育的知识基础时就强调了情境在教师教育中的重要性。他们指出，教师学习者(teacher-learner)、社会情境(social context)以及教学过程(pedagogical process)共同构成了外语教师教育的知识基础，只有明确地探究教师学习的社会文化情境，才能充分理解教师学习的过程(Freeman & Johnson 1998)。

教师学习不是简单的个人行为，不能脱离内部和外部环境。它既关系到教师的内心世界，又与其所处的外部客观世界相联系，受到内外部关系与规则的制约。针对教师学习环境的研究可以帮助我们理解教师学习和教师专业发展的本质特征，并为教师学习创造有利条件。本章将首先分析外语教师学习环境的概念及内涵，再回顾以外语教师学习的环境为主题的实证研究。

7.1 外语教师学习环境的概念及内涵

环境是一个涉及哲学、心理学、社会学、人类学、生物学等多个学科的研究议题。从环境哲学的角度来看，环境是人类活动赖以进行的自然条件、社会条件和文化条件的总和，可以分为自然环境、社会环境和文化环境等三类(马志政 1997，1999)。其中，自然环境从广义上讲是指整个自然界，从狭义上讲则特指生态环境。社会环境是由人类主体的集合所形成的社会本身，包括政治、经济、法律、伦理道德、文化等复杂因素。文化环境是意识和精神活动的产物，是人类在特定的社会环境中，依靠自己的意识和精神的创造力造就的氛围或环境。文化环境是社会有机体的一部分，并在很大程度上依赖社会的政治、经济状况。构成文化环境的要素包括教育、科技、文艺、道德、宗教、哲学、传统习惯等。与实实在在的、具体的自然环境和社会环境不同，文化环境是无形的，它弥漫于主体周围，熏陶着主体(马志政 1997)。环境哲学将文化环境从社会环境中抽离出来，将之放在与自然环境和社会环境平等的位置上，这是对文化环境重要性的高度认可。

在教育学和教育心理学研究中，环境一直都是一个重要的议题。20世纪30年代，心理学家Kurt Koffka提出了行为环境论，将环境分为地理环境(geographical environments)和行为环境(behavioral environments)。前者是现实的环境，指物质环境与人际环境；后者是想象的环境，指个体与物理环境互动时所形成的环境。他认为行为产生于行为环境，受行为环境的调节，而行为环境也依赖地理环境。个体的心理活动是一个由自我、行为环境、地理环境等进行动力交互作用的场(field)(Koffka 1935)。受到这一观点的影响，Kurt Lewin提出了场动力理论。他认为，人的心理活动是在一个心理场(psychological field)或生活空间(life space)里发生的。生活空间包括个人及环境，人的行为发生在生活空间中。Lewin (1936：73)提出了一个经典公式，即B = f(P∗E)。其中，B代表个人行为，

f代表函数关系，P代表个人的内部动力，E代表环境刺激。由此可见，行为是个人及环境的函数，是个体与环境相互作用的结果。行为环境论和生活空间论将个体的心理因素与客观环境的作用相结合，强调人的心理因素对环境的作用以及人对环境的主动回应，具有一定的合理之处。

在此基础之上，人类发展生态学对环境的概念进行了拓展，进一步强调了发展中的人和环境及两者之间的互动。Bronfenbrenner（1979：22-26）将环境理解为一个多层级内嵌相扣的同心结构（concentric structure），由内至外包括微观系统（microsystems）、中观系统（mesosystems）、外层系统（exosystems）和宏观系统（macrosystems）等四个层级。微观系统即发展中的人所处的直接环境，是他们"在具有特定物理（physical）和物质（material）特点的某一情境（setting）中所体验到的活动、角色和人际关系的结构"（P. 22）。所谓"情境"，是指主体参与面对面互动的地方，如家、操场、幼儿园。活动、角色和人际关系是构成微观系统的基本元素。Bronfenbrenner认为，微观系统最接近心理学意义上的系统，包括个体所处的即刻情境、在这个即刻情境中的活动以及在这个即刻情境中的人们之间的相互关系。中观系统是由"发展中的人积极参与的两个或多个情境之间的相互关系（interrelations）"（P. 25）所构成的系统，例如儿童的家庭、学校和社区伙伴群体，成年人的家庭、工作和社会生活。外层系统是由多个微观系统所构成的系统，指"发展中的人并未积极参与，但其中发生的事件会与发展中的人所处情境中的事件相互影响的一个或多个情境"（P. 25）。例如，就儿童而言，外层系统包括父母的工作单位、兄弟姐妹的班级、父母的朋友圈等。宏观系统指"在亚文化或整体文化层面存在或可能存在的低层次系统（微观系统、中观系统、外层系统）在形式和内容上的一致性（consistencies）及其所隐含的任何信念系统或意识形态"（P. 26），这些信念系统或意识形态是与微观系统、中观系统、外层系统相联系的，并成为这些系统的基础。

Bronfenbrenner认为，不同社会之间的情境存在一致性差异，同一社会内部的相同情境也存在差异，各社会内相同情境间的差异又具有一致性。例如，A国的家、学校、幼儿园、操场等场所与B国的类似情境具有一致的差异性；而A国中产阶级所处的这些情境与贫困家庭也不尽相同，这种差异与B国内部相同情境间的差异又具有一致性。这反映出不同社会、民族、宗教和一些亚文化群体在信念系统和生活方式等方面的差异，这些差异会渗透在某一群体的生态环境中。当主体的角色和/或所处的情境发生变化时，他们在生态环境中的位置也会发生变化，这就称为"生态过渡"（ecological transition）（Bronfenbrenner 1979：26）。这些过渡是环境变化和生物变化的结果，是生物体及其环境相互适应的过程，也是人类发展所依赖的生态环境的主要关注点。

在Bronfenbrenner提出的人类发展生态学的基础上，Zastrow & Kirst-Ashman（2006：20）将人类行为系统分为微观系统（micro system）、中观系统（mezzo system）和宏观系统（macro system）。其中，微观系统涉及个人层面，如个人的身体和心理发展、身份发展；中观系统涉及小规模群体层面，包括家庭、工作小组和其他社会小组；宏观系统则指大于小规模群体的系统，主要关注社会、政治、经济环境，立法，政策等。在此基础之上，王坤（2014）提出了教师专业发展的三维度复合社会生态环境。其中，微观系统处于教师专业发展生态系统的最里层，指即时情境下的教师个人环境因素，即与个人紧密相连的内在和心理环境，包括专业知识（知）、专业情感（情）、专业信念（意）、专业能力（行）四个要素。中观系统处于教师专业发展生态系统的中间层，是与教师相关的小规模群体因素，主要指学校因素，具体包括规章制度、管理风格、公众信任、社会期望及专业组织等。宏观系统处于教师专业发展生态系统的最外层，包括与教师发生间接关系的教育行政机构、教育制度、教育习俗和文化等因素。

在外语教师教育领域，Freeman & Johnson（1998）从社会文化理论的角度提出，教师学习的社会情境包括学校（school）和学校教育（schooling）两个方面。前者指教学和学习发生的物理和社会文化环境，后者指在学校情境中不断变化的社会文化、历史因素。Freeman & Johnson（1998）指出，学校是一种"共时"情境（synchronic contexts）；学校教育则是一种"历时"（diachronic）的社会文化情境，通过参与者的持续参与获得价值和意义。这些共时和历时情境共同构成了教师学习发生的社会文化情境。他们认为，学校和课堂是思考、开展和评价教学工作的社会文化领域，为教师学习教学提供了解释性框架。教师教育的关键就是要帮助教师学习、理解环境中的规则并学会与之协商。

延续Freeman & Johnson（1998）的观点，Sharkey（2004）进一步提出，情境不仅是物理地点和影响课堂教学的具体因素（如物理空间、学生人数、教材），还包括社会文化和社会政治因素，即影响教育政策、教学行为以及教师与周围其他人互动的价值观和意识形态等。Sharkey将教师工作所涉及的情境定义为多层次的同心圆，并认为，不同层次的情境相互重叠且进行动态互动，教师学会如何识别、评价、解释、协商、回应不同层次的情境对教师教育有着重要的意义。

Barkhuizen（2008）提出，教师学习的环境就是教师生活的世界，也是教师感知与体验到的职业生存和成长环境，由个人环境、学校环境和社会文化环境这三个彼此内嵌相连的环境组成。处于最内部的是教师的个人环境，建构在教师的直接情境中，如课堂教学、与学生和同事的面对面互动、教学日志，体现为教师的内在想法、情感、理论等以及在他们的教学实践中所发生的各种社会互动。环境的第二个层次是超越教师直接心理等内在个人环境的学校环境，如学校教学政策、学生群体的需求、规定的教材和教法。第三个层次是教学发生的社会文化环境，如国家教育政策、课程要求、区域社会经济环境等。

顾佩娅等（2017）以生态学理论为基础，通过对全国十所高校英语教师进行叙事问卷调查，构建了一个教师专业发展环境模型，用于概括和解释教师发展环境的核心因素关系特点及结构。该模型建立在教师发展生态系统这一概念之上，自内而外由三个核心因素构成，包括职业心态、教研实践和环境条件。其中，职业心态指教师关于职业生活的心理状态，涵盖认知和情感两个方面，具体表现为教师对发展环境的感知、理解和情感体验；教研实践指教师职业生活中对教学和科研环境的回应方式和策略。教师职业心态与教研实践的互动构成了教师个人的专业实践世界，即对教师发展影响最直接的个人环境。环境条件因素中除了个人环境之外，还包括学校和社会文化环境，如学校政策、学术评价标准、国家教育管理导向。这三个核心因素的关系特点及结构体现在教师发展环境的层级性（个人、学校、社会文化环境）、三因素之间的关联性（环境条件的必要性、职业心态的基础性、教研实践的中介性）、开放性以及个人环境中的职业心态和教研实践与外部两个层级环境的交互性等方面。

外语教学和教师教育领域对环境的概念及内涵的认识主要受到社会文化理论和生态学理论的影响。二者都承认教师主体与环境的联系及互动。但生态学理论对社会文化理论视角下的环境观进行了进一步拓展，对环境的层级性和系统性特征进行了更为清晰的论述，更具有整体性、系统性、互动性。它不仅将教师视为环境中的主体，而且更强调教师个体的影响力，认为由主体的多种特征所构成的有机整体会动态地影响发展的过程（顾佩娅等 2016）。因此，针对外语教师学习环境的研究出现了生态学转向（顾佩娅等 2017；宋改敏、陈向明 2009）。

7.2 关于外语教师学习环境的实证研究

外语教育和教师教育领域内关于教师学习环境的实证研究起步较晚，大约在20世纪末才陆续出现。主要研究议题包括三个方面：其一，外语教师学习环境的现状；其二，如何改善外语教师学习的环境；其三，外语教师学习环境对教师的影响。本节将回顾这三大研究主题。

7.2.1 外语教师学习环境的现状研究

当前针对外语教师学习环境现状的研究大多以社会文化理论或人类生态学理论为理论基础。在研究方法上，研究者主要通过量的方式来测定研究对象的特征，通过统计分析找出规律，研究者主要使用的研究工具是问卷。为了弥补量化研究在深度描述和阐释方面的不足，也有部分研究结合了质性方法，辅以深度访谈等工具，进一步探究教师真实的专业世界。近十年来，纯质性的研究，如叙事探究、个案研究也有增加的趋势。

当前的研究大多从个人、机构、社会政治等层面描述外语教师学习环境的现状，凸显了环境因素的复杂性和多层次性。以不同国家外语教师为研究对象的研究一致发现，外语教师学习的环境不容乐观。在个体层面，教师具有良好的自我效能感，但他们面临教学和科研的双重压力，缺乏学习时间 (张莲 2013；周燕 2005)；大多数教师缺少专业发展的规划，教师个体的价值取向过于功利，其专业学习行动依赖考核评价、学历要求、晋升等外部因素的导引 (李丽 2015)。

周燕 (2005) 对我国高校英语教师进行了问卷调查，结果表明，我国高校英语教师对自己的教师职业满意度较高，对教学能力有较强的自信心，对教学工作的专注程度超过社会的普遍预期。他们具有不断提升自己的追求、较为强烈且明确的自我发展意识，但实际获得的进修机会却较少。教师对科研与教学的关系、科研对教师自我发展的影响等问题的认识不足，对科研方法的学习需求和热情由于工作压力大、科研条件不足而受到影响。

以上研究发现在张莲 (2013) 对某211重点院校外国语学院教师群体的个案调查中也得到了证实。该研究表明，多数教师认同自己的专业群体/人际氛围和专业知识、工作能力和效果，他们的自我效能感强，满意度高且态度清晰、明确，但多数人对"科研成果"和"教育教学专业理论知识"的认同度低。他们在专业发展方面面临着专业工作时间的压力，特别表现在他们日常教学所需时间和精力投入与开展科研和提升专业学术水平所需时间和精力投入之间的矛盾。这也证实了以往研究的结论，即教师学习面临的最大挑战就是缺少时间。

研究发现，教学与研究的冲突、工作量的压力等问题在新手英语教师群体中尤为突出，这极大地制约了新手教师的发展，对他们的生存状态产生了一定的负面影响。徐浩（2014）对全国17个省、自治区、直辖市41所普通高校共778位新手外语教师的大规模问卷调查表明，尽管新手教师在处理师生关系方面具有一定的优势，对教学资源也比较满意，但他们普遍感到学校缺乏对教学的重视，教师的教学工作量过重，任教课程不稳定，教学评估形式单一且缺乏具体指导，教师之间缺乏团队协作，新手教师在融入已有教师群体方面存在困难。他们在论文和科研方面面临较大的压力，存在论文发表要求高、难以融入科研团队等问题。该研究还发现，新手外语教师专业发展的现状存在地区性差异。西部地区（西北和西南）的新手教师的科研压力较其他地区小。华东和华南地区的新手教师所在科研团队的实力更强，他们对个人科研规划的判断显著高于其他地区。华北和华中地区的新手教师的教学工作量显著高于其他地区。

在机构层面，当前的研究表明，外语教师普遍面临教学和研究的双重压力，所在学校的合作氛围缺失（李丽 2015；徐浩 2014）；尽管部分教师对专业发展有一定的意识和追求，但大多数教师缺乏学习的平台、机会和资金等系统性支持（Sato & Kleinsasser 2004；李丽 2015；徐浩 2014；周燕 2005）；教师不满意自己的工资待遇、工作环境等（张莲 2013；周燕 2005）；"官本位"、行政化倾向严重，缺乏针对教师个性化专业发展的培育和扶持政策，评价体制单一，论文成果计算政策不合理（顾佩娅等 2014；罗婷等 2006）。

Sato & Kleinsasser（2004）对日本一所高中19位英语教师历时一年的研究表明，该校教师缺乏学习机会，没有时间参与学习活动，也并没有意识到参与教师学习活动（如正式或非正式的工作坊、培训）的需要；教师间进行合作仅是为了巩固现有的教学，以与其他人保持一致，教师间少有教学经验和教学方法创新方面的交流，这导致教师丧失了学习的动力。Hwang（2014）对韩国教师教育机构中包括外语学科在内的教师教育者的研究表明，与政治、社会环境和宏观的国际教育环境相比，机构环境对教师教育者的影响最大，尤其会影响他们开展研究。他们面临着备课与教学、行政工作等工作负荷以及缺乏研究助理、研究环境差、缺乏科研时间、缺乏资金支持等问题，处于前所未有的压力之下。

Sharkey（2004）发现，外语教师关于环境的知识具有多层次性，包括关于特定课堂、学校的外语课程、学校、学区、城市、州和国家等层面的知识。教师关于环境的知识在课程开发中发挥着重要的中介作用。Sharkey认为，教师关于环境的知识具有复杂性和动态性，不仅表征了不同的环境层次和环境影响因素，还代表着教师对这些因素的评价以及这些因素对课堂教学的影响。这些环境影响因素就是前面提到的课堂、课程、学校、学区等。它们具有层级性，会对课程开发产生影响。上述这些知识影响了教师对课程开发项目及其有用性的评价，决定了教师如何表达自己对课程开发的关切和希望，也影响了他们对课程开发项目的目标定位。

罗婷等（2006）对我国大学教师所处的生态环境的调查表明，大学教师发展的生态环境中存在生态因子发展不均衡的现象，这主要体现在以下几个方面：（1）官本位思想严重，处于行政或管理职位的人员有更多的学术科研和进修机会，更容易成功申报课题；（2）评价以终结性评价为主，忽略教师发展的过程性，对发展中的教师造成压力；（3）受经费限制，普通教师参与研修、培训的机会较少。这些在对高校基础课教师和专业教师的研究（李丽 2015；徐浩 2014）中都得到了证实。罗婷等（2006）的研究发现，学校和院系层面制定了人才支持计划，但并未制定专门的教师专业发展培育和扶持政策；学校的教师专业学习共同体发展滞后，尚处于自发阶段，文化引领缺失，支持条件匮乏；高校在教师专业学习帮扶、培训、激励等方面尚未形成良好的环境。

张莲（2013）的研究也证实了以上观点。该研究发现，过半的高校外语教师对"教学评价"持不满意或模糊的态度，多数教师不认同自己的专业工作条件，包括"工资水平""福利待遇""工作环境"等，对专业工作条件的满意度较低且态度模糊的比例较高。研究者将制约高校外语教师专业发展的学校环境因素归纳为三个方面。第一，繁重的日常教学工作与专业发展和学术水平提升之间的矛盾。第二，不尽如人意的专业发展条件与对教师的高期望值之间的差距所带来的工作压力。第三，作为高校外语教师专业认同感重要指标的"教育教学专业理论知识"的不足、科研经验和方法的欠缺以及科研成果的不足影响了教师群体的专业发展。

在宏观社会环境方面，当前的研究表明，外语教师的学习行为和学习信念受到学生、社会期望、教育体制、国家政策、家庭责任等因素的影响（Hwang 2014；顾佩娅等 2014；张莲 2013）。张莲（2013）的研究表明，一方面，高校未能给外语教师提供良好的专业发展条件，但另一方面，社会、学校和学生又对教师提出了较高的要求，将"教学评价"作为衡量教师工作成效的主要标准，这导致教师自身发展的需求与外部环境要求之间产生了剧烈的矛盾，给教师带来了较大的工作压力和复杂的情感体验。Hwang（2014）的研究也证明，教师对教学内容和教学方法的选择受到学生看法的影响；学生对学习的消极态度、对考试的极度关注限制了教师的教育创新。大学之间的竞争导致学校制定以研究成果为本的评价机制和薪资奖励制度，这也促使教师急于发表大量研究成果。宏观环境因素对教师的影响在 Gao *et al.*（2011）对我国广东省小学英语教师的研究中也有所体现。该研究发现，学校的类型及整体氛围影响教师的科研工作和科研体验。社会和教育管理部门对学校采取指标性考评机制，其中，教师的科研成果是一项重要的指标。这导致学校内部管理层对教师的研究有一种自上而下的热切关注，促使教师通过开展研究谋求职位晋升，同时也为学校在教育竞争中争取到更高的位置。如此循环，这导致教师面临巨大的科研压力。

从当前的研究来看，对于外语教师学习环境现状的探讨主要关注的是个体层面和机构层面，对宏观社会层面的分析较少，更少有对教师生存和发展生态系统的完整描述，也鲜有对不同层面的互动及其对教师学习影响的研究。在现有研究中，只有三项研究对教师学习的完整生态系统进行了细致描述，并探究了不同层面的互动对教师学习的影响，其结论既反映了一致性，又凸显了文化差异。Hwang（2014）针对韩国教师教育机构中包括英语学科在内的教师教育者的研究发现，韩国教师教育者所处的生态系统体现出由内至外逐渐增强的影响力。处于系统最外层的宏观因素作用最为强大，影响了处于中层的国家教育政策和处于内层的机构政策，中层的国家教育政策也会影响内层机构政策，而处于最内层的则是最直接影响教师教育者的环境因素。

在我国，宋改敏（2011）通过对北京某小学发起的"学习和发展共同体"（learning and development community，LDC）的研究发现，教师专业发展所依赖的学校生态环境是以教师发展为核心，由大系统、外系统、中间系统和小系统所共同构成的环境。这些系统之间具有内部一致性，它们之间的相互作用会最终影响教师个体的心理发展，通过教师在职业认识、职业情感、职业行为上的变化体现出来。各系统间的内部一致性决定了学校生态环境的结构关系。内部一致性越强，各系统对教师发展的影响力越大；否则，其影响则会相互抵消。其中，教师专业发展的大系统主要通过社会意识和信念的力量对环境中的人和事件产生外力推动作用，如新课改中对教师专业发展的要求推动教师学习。外系统主要指来自外部专家团队的支持。专家为教师搭建专业发展的平台，引领并推动教师在LDC中实现专业发展。中间系统作为关系系统对教师的专业成长起着直接的互动作用，如LDC本身及其成员所形成的合作文化氛围、成员身边重要他人所组成的环境。小系统作为即时的环境对教师专业成长起着内部塑形作用。教师作为活动在职业领域中的个体，其职业认同、职业幸福感和教研能力在即时的环境中发生变化，实现了从"教书匠"到"研究者"

的自我变化。研究者认为，教师专业成长的状况不是单一系统作用的结果，而是多个系统协同整合之后所形成的学校生态环境作用的结果。在系统之间，由外到内形成了一个波及教师专业成长的学校环境系统影响链。

顾佩娅等（2014）对全国十所高校的英语教师进行了叙事问卷调查，结果表明，我国高校英语教师身处复杂的专业发展环境，教师在与人际、教学、科研、改革、生活等不同层面环境的交互中产生了复杂的感受；教师所处环境的各个层面之间相互影响，交互作用，共同构成了教师专业发展困难重重的整体体验。这些体验包括教师虽然与学生、同事的关系亲和，但与行政领导和管理人员存在人际距离；教师热爱学生和教学，但因受到繁重的教学任务、大规模班级、事务性工作等因素的影响，教师教学的独立性和自主权不足；教师认同科研的价值，却面临教学与科研之间存在冲突、论文发表困难、科研缺乏明确的方向和专家引领等困难，而学校科研政策和量化的评价体系又凸显了理想与现实的冲突；教师对自上而下的改革持矛盾态度，尽管心态积极，但由于缺乏话语权，他们的参与常被边缘化；教师的职业生活面临着多元角色冲突，这使他们感到身心疲惫。研究者认为，教师所面临的发展困境是他们所处的个人、学校和社会文化环境共同作用的结果。其中，个人环境对教师影响最大，教师在教学、科研等重要活动中表现出的积极态度源于他们的职业发展信念，这些信念对他们的环境感知能力和实践有着重要的影响；学校环境与个人环境紧密相连，对教师发展起到促进或制约作用；社会文化环境则间接地塑造了教师对人际环境和学校环境的感知和理解。

7.2.2 改善外语教师学习环境的研究

外语教师学习环境研究的第二个研究主题是如何改善外语教师的学习环境。Saavedra（1996）指出，要改善教学环境和学生的学习环境就必须先改善教师的学习环境。教师学习环境的改善不仅意味着教师可以实现专业上的成长，也意味着学生学习效果的提升。当前相关研究大多采用质性研究方法，聚焦某一情境下的个案（如特定的学校、教师教育项目、教师群体），探究如何改善教师的学习环境，提升教师的自我效能感、职业幸福感、专业知识和技能等。研究或由教师自发，或由教师教育研究者发起，教师参与合作，旨在探索改善教师学习和专业发展环境的途径及相关条件。

研究表明，合作式教师学习途径能够有效缓解教师在教学和研究中的孤立感，促使教师共同应对所处环境中的各种限制因素，在互动、协商中实现自身的发展。这些途径包括教师学习和发展小组（Saavedra 1996；宋改敏 2011）、课程开发项目（Sharkey 2004）、教学改革项目（吴宗杰 2005；吴宗杰等 2005；周燕等 2008）、行动教育（文秋芳、任庆梅 2011）。教师在这些实践共同体中与同伴共同学习，向学生、家长、实践共同体中的其他成员学习，与共同体成员合作建构知识和课堂教学行为，共同界定和面对自己的学习环境。研究发现，促进教师学习的环境因素包括：民主互动的环境、反思并开展行动的氛围、专家教师的典范或家庭影响、进修和学术研讨机会、良好的国家整体环境等（吴一安 2008；吴宗杰 2005；吴宗杰等 2005；周燕等 2008）。吴一安（2008）的研究表明，宽松、积极向上、良性的互动性教学氛围是促进外语教师学习的重要因素；教师群体是教师学习和发展的重要依托，其本身也构成了教师发展的重要环境；进修和学术研讨是促进教师成长的关键因素之一；以积极的心态理解、正视外语教学所处的宏观社会环境能够将激励和压力转化为动力，促进教师的专业成长。

Saavedra（1996）开展了一项研究，旨在通过教师学习小组促进教师学习，提升教师在学校和其他社会系统中的地位。该研究发现，教师学习小组为教师创造了一个批判性对话的社会情境，使他们有机会了解最新的教学理论和方法，与同伴合作备课；教师学习小组鼓励教师创新教学模式并分享经验，促使教师主动学习，促进教师的变化。教师在合作中成为被赋权的社会主体，致力于共同应对自己所处的社会文化情境。该研究归纳了学习小组促进教师转化性学习的八项条件，包括：(1)创造民主的对话环境；(2)促使教师建构并重构身份和话语权；(3)给予教师学习自主权和超越社会限制的能动性；(4)引导教师将个体内部或个体之间的不一致或冲突视为学习机会；(5)创造促进教师分享知识、共同建构知识的中介性事件，展示学习过程，鼓励教师通过观察他人的教学进行学习；(6)引导教师反思、行动并创造新的知识；(7)鼓励教师对自身经历、发展、所面临的困境、体验和情感态度等进行自我评价；(8)鼓励教师开展反思性实践、重塑教学。

吴宗杰(2005)和吴宗杰等(2005)记录了某大学外国语学院"RICH[1]课程实践和教师发展"项目为教师学习创造的积极环境。研究表明，宽松的人文环境和机构文化、教师群体的协商和批判性研讨机制、教师对教学改革自主权的掌握、学生对教学决策过程的全面参与、专家的引领等构成了教师学习的积极性环境因素。研究者认为，RICH课程改革通过反思性实践、行动研究、叙事探究、探索性实践、实践群体等教师发展机制将教师的学术研究、教学工作和日常生活有机地融为一体，使教师能够在开展教学改革的同时，以团队的形式进行自我学习、相互学习并谋求共同发展。

周燕等(2008)通过一项大学英语教学改革的实验探索了促进教师成长的基本条件。研究发现，教师的自我发展可以通过集体备课、课堂观察和个人课后反思等几个重要环节来实现。教师的发展愿望和反思性实践能力是他们成长的动力，一个积极、团结的学习集体，有着不同经历的教师之间的互动以及学生的要求和期待是促进教师学习的重要外部条件。研究者认为，创建以项目为基础、由有着不同经历的教师组成的教师实践共同体是教师在实践中实现发展的一个重要途径。

以上研究所揭示的积极影响因素在Molle(2013)的研究中也得到了

1　RICH外语教育理念指通过研究性学习(research-based learning)、融合型课程(integrated curriculum)、合作学习(cooperative learning)，促进学生人文素质全面发展(humanistic outcomes)，实现英语教育、人文教育、教师教育的有机融合。

证实。该研究采用微观民族志（microethnography）的研究方法，探究教师发展项目如何帮助一线英语教师创建生态化发展环境，促进教师自身发展。研究发现，教师教育者通过三种方式为参与专业发展项目的教师创造良好的学习环境。第一，创造合作性学习环境。在面对冲突等问题时，教师教育者在不同的观点中寻找共同基础，质疑教师论点背后的基础，促进不同观点共存。第二，中断教师关于学生的负面话语。当教师提及学生时，教师教育者引导他们看到学生身上的优点和潜能，并强调学校和教师帮助学生学习语言的职责。第三，提升教师的政治意识，鼓励教师依据国家政策为外语学习者主张权利，提升学生的学习体验，帮助教师转变他们与同伴和上级的关系。

除了针对在职外语教师的研究外，也有研究关注职前外语教师学习的环境。其中，Engin（2014）的研究较有代表性。以社会文化理论为基础，Engin（2014）将职前外语教师之间以及职前外语教师与教师教育者之间的互动定义为微观支架（micro-scaffolding），将职前外语教师从学习环境中所获得的支持定义为宏观支架（macro-scaffolding）。研究表明，支持职前教师学习的宏观情境包括两个方面：学习环境中"好的"教学行为和反馈机制。一方面，教师教育者对"好的"教学行为的示范可以为职前教师开展教学，反思并讨论自己的教学行为、教学设计和教学准备工作提供支架，有助于其进行自我评价和决策。与以往研究不同，该研究并没有认为这种"示范"作用会导致职前教师对教学行为的简单模仿，而认为教学示范可以提供"好的"教学行为模板作为一种支架，能够为毫无教学经验的职前教师提供具体的、可被直接使用的教学方法，使教学更加简单、易操作。另一方面，教学反馈的常规也构成了促进职前教师学习的宏观支架。这些常规的存在使职前教师既能够熟悉开展教学反馈的基本流程，又能够根据教师教育者的要求，养成对教学开展批判性反思的习惯。正是基于这些常规，职前教师在教师教育者的支持下，主动反思并评价自己的教学，成为学习过程的积极参与者。研究者认为，教师学习的支架既发生在微观的互动层面，也发生在教育和文化情境中。宏观支架和微观支架是互利共生的关系，共同支持职前教师的知识建构过程。

7.2.3 外语教师学习环境对教师的影响研究

外语教师学习环境研究的第三个研究主题是环境对教师专业生活的影响，包括教师认知、教师情感和教师实践等方面。教师所处的社会、学校和课堂环境是理解教师专业世界的重要因素。Phipps & Borg（2009）指出，固定的课程、时间限制、教育中的高风险考试等环境因素都会对外语教师产生影响。研究表明，不同文化背景下的社会、学校等环境因素对教师的影响不同，教师所面临的环境越宽松，他们的专业生活所受到的影响就越小（Osam & Balbay 2004；Sato & Kleinsasser 2004；Smith 1996；张凤娟、刘永兵 2011）。

在关于教师决策的一项研究中，Smith（1996）将环境作为一个影响外语教师备课和教学计划实施的重要因素来探讨。Smith认为，教师特征和环境是影响教师决策的主要因素。其中，环境因素分为三类：学校因素、课堂因素和学生因素。这些因素包括学校管理层的期望、教室及视听资源、学生特征等。通过对来自三所学校的九位英语教师的调查，该研究发现，三所学校都有明确的课程规范，教师在根据课程规范制定课程计划方面具有相当的自由度；课程规范的目标并不是规范教学，而是为教师决策提供参考，且不同的教师在备课阶段对课程规范的参考程度不同。在教学层面，学生因素对教师教学的影响最大。教师对学生目标和兴趣的了解指导他们在备课过程中选择教学任务和教学材料；在教学过程中，学生的情感状态对教师的课堂决策具有重要影响。该研究还发现，学生对教学方法的期待和针对学生的终结性评价（如考试）对教师的决策没有太大影响；教师对学生发展的反馈等形成性评价和学生对课程的反馈却是影响教师决策的关键因素。

同样是关注教师决策，Osam & Balbay（2004）聚焦的是外语教师的即时决策，该研究考察促使教师临时改变教学计划的文化/机构因素。研究发现，促使教师改变教学计划的原因大体可以分为八类，包括时间、课堂管理、纪律、学生动机、语言技能、来自其他教师的建议、课堂物理环境、由学生发起的学习活动。通过对比七位实习教师和四位指导教师的教学情况，Osam & Balbay（2004）发现，时间因素和课堂管理的需要会更多地引发实习教师在教学中改变教学计划；而指导教师则更关注纪律问题，这可能是因为他们比实习教师更熟悉如何维持纪律。由于指导教师对课堂的物理环境较为熟悉，所以他们很少因此而改变教学计划，但实习教师则因为未知的环境做出了大量的改变。该研究对于理解环境因素对不同层次的教师的影响具有借鉴意义。

以上两项研究中研究对象所在学校的教学环境相对宽松，教师教学的自由度相对较大，因此，环境因素对教师的影响也相对较小。但是，当面临较为严格的机构环境时，教师工作和学习的体验则大不相同。Sato & Kleinsasser（2004）对日本一所中学英语教师历时一年的研究发现，该校教师缺乏学习机会，他们的课堂教学和个人信念受到学校文化的影响。教师在教学中步伐一致，都采取了应试教育的方法，这主要体现在课本和教学材料的选择以及语法教学活动设计等方面。该研究还发现，尽管教师对教学现状不满，却并没有共同致力于解决教学问题或开发课程，而是毫不犹豫地遵循着同一种教学模式，教师间的合作仅限于巩固现有的教学行为。由于学校在教学评价中对教师管理学生、维持课堂秩序的能力的注重多于教师的教学效果，因此教师（尤其是新教师）在教学中将更多的注意力放在了维持课堂秩序上。由此可见，教师个体难以与强大的学校文化相抗衡，在刻板的学校环境中，教师丧失了学习的动力，其能动性和个体差异性被逐步削弱。Gorsuch（2000）对日本876位中学英语教师的调查也证实了这一点，该研究发现，对教师教学影响最大的因素是日本教育体系中的高校入学考试，其次是学校和实际的课堂因素。其中，学校和课堂因素与教师对交际教学活动的感知显著相关。

与日本的研究类似，针对中国英语教师的研究也发现，高风险考试和学校的机构文化对教师的影响较大。张凤娟、刘永兵（2011）对我国中学英语教师的调查表明，影响教师信念的外部因素包括课程改革、学校创新文化、学校资源、教师激励制度、同事、学生、考试和学校类型等。其中，学校创新文化、同事、考试这三个外部因素对教师信念的影响最大。类似的发现在Shin（2012）对韩国初、高中阶段新手英语教师的研究中也得到了印证。该研究表明，尽管新手教师具有较高的英语水平，也认同全英文授课的理念，但他们在课堂中的英文使用率还不到30％。造成这一问题的主要因素是教育体制、学校文化以及教师和学生关于英语教学的信念。Shin认为，在教育体制层面，新手教师缺乏对教材、教学进度和评价方式的掌控，国家的教育环境以及学生和家长对考试的重视程度作为一种隐性的力量，会影响教师对教学行为和教学方法的选择。在学校文化层面，学校缺乏全英文授课的环境，新手教师的教学行为需要与周围其他教师趋同，否则他们会被"孤立"起来，独自承担后果。Shin认为，教育变革不能由教师独自来实现。教师和学生对固有教学方式的认同也阻碍了他们接受新的教学理念。要发生这种态度上的变化一方面需要教师看到新的教学理念所带来的积极效果，另一方面也需要国家从整体上改革大学入学考试制度。

当前的研究还表明，教师所处的环境不仅影响其认知和教学行为，也会影响其情感态度。研究表明，创建有效的专业发展环境是教师获得积极情感体验的前提和保证。Farrell（2003）关注了一位新加坡EFL新手教师入职第一年的工作经历。该研究发现，新手教师所处的学校文化缺乏合作性和支持性，这使得新手教师在工作和情感上都处于孤立的状态，繁重的工作量也导致教师经历了现实冲击（reality shock）。Farrell指出，尽管该教师最终依靠自己的力量成功应对了入职第一年中的所有挑战，但学校和社会的环境极大地影响了新手教师的认知及其对自身角色的理解。张庆宗（2011）对五位高校外语教师的研究表明，导致教师职业倦怠的主要原因是教师所面临的五个矛盾：教师对学生高付出与低回报之间的矛盾、教师教学工作的重复性与创造性之间的矛盾、教师教学工作与自身专业发展之间的矛盾、教师教学工作与以科研为导向的评价机制之间的矛盾，以及教师的劳动报酬与市场需求之间的矛盾。这些矛盾体现了教师所处的专业发展环境中的师生关系、工作性质、工作量、评价机制、福利待遇等问题，凸显了教师所处的生存环境对其情感态度的影响。

应对环境的影响，教师需要外部支持网络来满足其在教学和情感这两个方面的需求。Brannan & Bleistein（2012）对新手外语教师的研究表明，教师需要指导教师、同事和家庭等三类社会性支持，其中，家庭支持与教师效能感显著相关。Bellibas et al.（2017）对土耳其27所中小学的研究表明，学校内的合作、共享氛围并不足以支持教师学习共同体的建立。教师合作还需要时间、教师工作安排、资金、教学材料和技术等方面的外部支持。此外，学校因素，尤其是学生家庭的社会经济地位和学校规模也会影响校内教师学习共同体的建立与发展。

当前的研究将环境作为教师专业世界里的一个重要因素来考察。教师专业发展的环境不仅仅是一个物理场地，也包含了教师与同处于这一工作环境中的其他人的互动。对环境的这种认识能使我们更全面地考察教师知识建构和专业发展的本质及影响因素。但研究的不足之处也十分明显：在这些研究中，环境只是独立于教师之外的一个"干扰"或"促进"因素，研究的潜在思维是环境会改变教师。顾佩娅等（2016）指出，这是一种典型的单向性思维。在这一思维下，教师与环境的复杂关联性和互动性被忽视，教师在环境中的主观能动性也未能得以彰显。因此，今后的研究应考虑教师与环境的互动性特点，在探究环境对教师的影响的同时，也关注教师及其同伴如何改变和重塑环境。

7.3 小结

外语教师学习环境研究是外语教师教育研究尤其是外语教师学习研究

中的一个新兴议题。研究者调查了外语教师所处环境的现状，并积极探索了改善环境的策略和路径，为理解教师学习和专业发展的相关问题提供了重要启示。

进入21世纪以来，关于外语教师学习环境的研究取得了一些成果。但从整体而言，相关研究仍然只停留在对表层问题的探讨上，对一些深层次问题的探究尚不充分，如不同层次的教师学习环境之间如何互动、如何发生作用并共同影响教师学习等问题。从理论视角来看，人类生态学理论为研究这些关键问题提供了理论支撑。宋改敏、陈向明（2009）指出，教师专业发展的生态学取向在探究教师学习途径方面不仅是对理智取向和实践—反思取向的一种存疑和发展，也是一种完善化的补充。生态学视角超越了非此即彼的思维习惯和二元对立思维模式的影响，进一步发展了实践—反思取向所倡导的同伴互助交流、群体协商，以及该取向所提出的重视反思过程、体验和发展反思技术、方法等倡议，在强调教师成长与环境之间关系的同时，强调教师"群体"和学校"文化"的建构，重视通过"环境""氛围"对教师个人的影响来促进教师的专业成长。

教师学习是一个持续的社会化、协商性过程，需要教师所处环境中各个层面的协同配合。在宏观层面，国家和教育主管部门应倡导积极的学术价值观，通过顶层设计切实提高教师待遇，为教师学习提供更优惠的政策支持和更充分的资金保障。在机构层面，学校应引导教师制定个性化学习方案，创造条件使教师学习制度化、规范化、可持续化；创新教师评价体系，充分利用评聘和考核的反拨作用；创设合作性机构氛围，鼓励教师在共同体中合作开展教学和科研工作。在个人层面，教师应充分发挥学习的主动性，以积极的心态回应环境中的各种因素。在现有条件下，尤其是在面对教学与研究的双重压力和矛盾之下，教师可尝试将二者结合起来，在教学中寻找研究选题，积累研究素材。在这一方面，行动研究、教师学习小组等教师学习途径都是不错的选择。

第八章 | 外语教师学习研究的展望

本书前七章描述了教师学习研究的发展脉络、理论基础和主要研究方法，回顾了外语教师学习的重要实证研究，涵盖教师学习的结果、过程、途径和环境等四个研究主题。作为总结，本章将在前述章节的基础上，从理论视角、研究方法和研究主题这三个方面探讨外语教师学习研究的发展方向，对今后的研究做出展望。

8.1 外语教师学习研究理论的发展方向

如第二章所述，教师学习研究在很大程度上跟随着学习理论的发展而发展。从发展脉络来看，外语教师学习研究受到了行为主义学习理论、人本主义学习理论、个人建构主义学习理论和社会建构主义学习理论的影响。行为主义学习理论将教师视为被动的知识接受者，强调知识学习和技术培训，以及对有效教学行为的模仿和操练。人本主义学习理论尊重教师的个性，强调教师的自我发现和自我选择。个人建构主义学习理论认为学习是建构的过程，强调教师通过反思不断更新并重构知识。社会建构主义学习理论则注重教师学习的社会性，强调教师在专业实践共同体中的合作探究和知识共建。

进入21世纪以来，教师学习研究领域不断引入新的理论，使该领域的理论基础呈现多元化。其中较有影响力的理论包括生态学理论和复杂理论。下面将简单介绍这两个理论及其对外语教师学习研究的启示。

8.1.1 外语教师学习研究中的生态学理论

生态学（ecology）一词最早由 Henry D. Thoreau 于1858年提出。1866年，德国生物学家 Ernst Haeckel 将之具体定义为"研究动物与其无机环境和有机环境的全部关系"的科学；目前，较为普遍的定义是"研究有机体或有机群体与其周围环境的关系"的科学(转引自范国睿 1995：83)。Park & Burgess（1921）在《社会学科学导论》（*Introduction to the Science of Sociology*）一书中首次提出了人类生态学（human ecology）的概念，标志着将生态学原理和方法论应用于人类社会研究的开端(转引自范国睿 1995：83)。

正如范国睿（1995：83）所提到的，到20世纪40年代，美国堪萨斯大学的 Roger Barker 和 Herbert Wright 创立了第一个环境心理学研究机构——中西部心理学田野研究站（Midwest Psychological Field Station），专门开展对人类行为的生态学研究。到70年代末，康奈尔大学的心理学家 Urie Bronfenbrenner 进一步拓展了这一研究路线，并建立了人类发展生态学（ecology of human development）（Bronfenbrenner 1979）。Bronfenbrenner 认为，个体的发展受到与其有直接或间接联系的生态环境的制约，这种生态环境是由若干个彼此嵌套的系统所组成的。要理解个体的行为和发展过程，就必须考虑其所处的整个生态环境，了解个体与其所处的生态环境中各个系统层面的互动，强调多维度、多层面以及个体所处环境的复杂性。

生态学与教育研究的结合源于 Eric Ashby。1966年，他提出了"高等教育生态学"（ecology of higher education）的概念，首次将生态学原理和方法应用于高等教育研究。正式提出"教育生态学"（ecology of education）概念的是美国哥伦比亚大学师范学院前院长Lawrence A. Cremin。1976年，Cremin在其专著《公共教育》（*Public Education*）中首次提出了教育生态学这一术语，主张将教育视为一个有机的、复杂的、统一的系统，认为在教育生态系统中应全面考虑有机联系着的各种因子，如学校、教育者。

教育生态学将教育视为一个有机的、复杂的、统一的系统，认为系统中的各个因子紧密联系，又动态地呈现为统一与矛盾、平衡与失衡的状态。它借助于生态学的动态观、联系观、平衡观和系统观来考察复杂的教育现象，探寻实现教育生态平衡的方法和途径。教育生态学理论为教师学习研究提供了一种整体性的、情境化的、关联性的理论视角。在这一理论框架下，教师学习是教师个体与其所处生态环境中的多重因素建立联系、彼此互动的结果。这些因素包括学校、管理者、教师、学生、家长、研究者等。生态学理论视角下的教师学习研究重视学习发生的场域，强调场域中群体的作用以及群体的价值观、文化等因素对教师主体的影响。教师在这个开放的生态系统中与外界保持联系，在各类信息交换中主动学习（宋改敏、陈向明 2009）。

范国睿（1995）指出，国外学者对教育生态学研究对象的认知并不一致，但基本都强调生态学的三个核心概念，即综合、联系与平衡。他认为，教育生态学研究主要侧重三个方面。其一是微观教育生态学，即探究学校生态环境、课堂生态环境及其对个体行为和教育教学的影响。其二是生态因子教育生态学，即探究教育生态系统中的各种生态因子。其三是宏观教育生态学，即探究教育生态系统的构成要素、特征、功能、运行机制等。在生态学理论视角下，研究者可以开展关于教师学习的宏观、微观和生态因子教育生态学研究，如探究教师学习生态环境的构成、作用机制，寻找影响教师学习生态系统发展的相关生态因子以及各生态环境子系统对教师个体的影响等。

近年来，生态学理论在教师学习研究中越来越受到重视。早在2004

年，Shulman & Shulman（2004）就提出了教师学习的系统层次模型，该模型涵盖了教师个体、共同体和政策等三个彼此独立又相互作用的子系统。两位研究者认为，教师作为学习的能动者，可以通过不同的方式参与各系统层面的持续互动过程，呈现动态发展的态势。

在我国，生态学理论视角下较有影响力的相关研究是顾佩娅等（2017）对大学英语教师的专业发展环境的研究。同时，还有不少研究从生态学视角探究了教师情绪（孙彩霞、李子建 2014）、教师韧性（王晓莉、张世娇 2018）等议题。在近年来的国家社会科学基金项目和教育部人文社会科学研究项目中，也不乏生态学理论视角下的外语教师学习研究，如"高校外语教师专业发展动机及其影响因素的生态模型构建研究"（2015年国家社会科学基金一般项目）、"生态学理论视角下中国中小学英语教师信念发展研究"（2017年教育部人文社会科学研究青年基金项目）等。Kubanyiova & Feryok（2015）在探讨外语教师认知研究的发展方向时，提出了教师认知研究的生态学转向。两位研究者指出，鉴于教师认知的高度复杂性，研究者应在宏观的生态系统中全面探究"语言教师内在生活的生态系统"（ecologies of language teachers' inner lives）。在生态学理论视角下，教师内在生活的生态系统既包括教师所处的课堂、学校、区域和国家教育系统，也包括教师广阔的生活世界及其所处的社会文化、历史情境。教师的内心世界和个体行为植根于由课堂、学校、教育体制、国家语言政策和全球影响等因素所组成的宏大的生态系统中。

8.1.2 外语教师学习研究中的复杂理论

复杂理论（complexity theory）发端于20世纪中期，首先出现在物理学领域，后来逐渐应用于生物学、数学和信息科学等领域。进入21世纪，复杂理论被应用于心理学、政治学和教育学等社会科学领域。将这一理论正式引入应用语言学领域的是美国密歇根大学语言学和教育学专家Diane Larsen-Freeman。1997年，她在国际知名期刊《应用语言学》(*Applied Linguistics*)上发表了著名的论文《混沌/复杂科学与二语习得》(Chaos/Complexity science and second language acquisition)，首次提出使用复杂理论研究语言和语言习得问题，倡导以过程为导向，关注语言学习者个体发展路径的复杂动态特征。进入21世纪以来，应用语言学界掀起了一股复杂理论研究的浪潮。国际学术期刊《应用语言学》(*Applied Linguistics*)、《双语：语言与认知》(*Bilingualism: Language and Cognition*)、《现代语言期刊》(*The Modern Language Journal*)、《语言学习》(*Language Learning*)分别于2006、2007、2008、2009年出版特刊，讨论复杂理论在应用语言学各个领域中的应用问题。2008年，Diane Larsen-Freeman与Lynne Cameron合作出版专著《复杂系统与应用语言学》(*Complex Systems and Applied Linguistics*)，对复杂理论及其对应用语言学研究的启示进行了全面描述。在该书中，两位学者使用了"复杂理论"(complexity theory)这个上位词来概括与之相关的混沌理论(chaos theory)、动态系统理论(dynamic systems theory)、复杂系统理论(complex systems theory)等。她们还指出，复杂理论关注人类语言使用和学习与复杂生态系统的关系，因此，复杂理论与生态学理论密切相关，并包含了生态学方法。

复杂理论以"系统"为研究对象，强调构成系统的各个部分之间的相互作用。系统是由一系列要素构成的，它们以特定的方式互动，在某一时间点上呈现出某种整体的状态或形态(Larsen-Freeman & Cameron 2008)。任何复杂系统都具有异质性(heterogeneity)、动态性(dynamism)、非线性(non-linearity)、开放性(openness)、适应性(adaptation)(Larsen-Freeman & Cameron 2008；Verspoor *et al.* 2011)。第一，任何一个复杂系统都由许多异质子系统组成，每个子系统又自成为一个复杂系统，它们彼此相互关联、相互作用。例如，教育是一个复杂的系统，它由教师、学生、学校等多个复杂的子系统组成。第二，复杂系统内的所有构成要素都是不断变化的，系统内各要素的变化会引起整个系统的变化。同时，系统各要素之间的互动方式也会随着时间发生变化。第三，系统的发展具有非线性。系统初始变量的一个微小变化都可能对整个系统造成巨大的影响，但巨大的扰动也可能只使系统产生很小的变化。这使得整个系统的行为和发展路径不可预测。第四，复杂系统是开放的，它不断与外界进行能量和物质交换，维持一种有序状态（ordered state），即动态稳定（dynamic stability）。第五，当外部环境发生变化时，复杂系统为了保持自身的稳定，会不断进行自我适应（adaptation）。系统的变化是自发的（self-organized），即由系统自身的动态特性决定的，而不是外力促发的（other-organized），其结果是新现象的涌现（emergence）。复杂理论打破了简单的因果论和线性论的研究模式，代之以非线性的、整体性的研究模式。

复杂理论与高度重视情境/环境的社会文化理论和生态学理论既有相似之处，又有明显的差异。社会文化理论和复杂理论都主张将影响学习的社会文化因素与认知因素结合起来。但社会文化理论强调的是社会文化情境对学习者个体认知系统的影响，而复杂理论则强调二者的互动性（Larsen-Freeman & Cameron 2008）。此外，相比社会文化理论，复杂理论既关注情境性特征（contextualized properties），即适用于特定情境和个体的特征，也关注脱离情境的特征（decontextualized properties），即可推广至不同情境和个体的特征（Opfer & Pedder 2011）。复杂理论与生态学理论都强调个体与情境的相互作用，但生态学理论仅从生态环境的角度关注个体学习者生态系统与外部生态环境系统的互动，而复杂理论则从更为全面的视角关注个体、群体、学习活动、宏观情境等不同复杂子系统之间的关联和互动。因此，未来可考虑在外语教师学习研究中将复杂理论与社会文化理论、生态学理论等理论相结合。

在复杂理论的框架下，教师学习是一个复杂的大系统，包括教师个体、学习活动及学校等三个子系统，它们相互联系、彼此影响（Opfer & Pedder 2011）。教师个体系统是教师的学习取向系统（teachers' orientation to learning system），由教师知识、信念、实践及个人经历等多重因素的互动而形成。当系统中的教师经历、知识、信念和行为等要素由于自身内部的矛盾或彼此的互动而产生冲突，如新知识与教师已有知识或信念的冲突、个人理想与实际能力的冲突，教师就有了学习和变化的动力。这些冲突是"混沌边缘"（edge of chaos），即混沌与秩序的特殊平衡点，也是教师的创造力得以发挥、教师变化得以实现的临界点。但是，如果冲突过于激烈，则很可能导致教师放弃学习，因为解决这些冲突可能需要教师重构其当前的知识和信念体系。因此，教师学习是否发生取决于冲突的强度。当学习导致教师变化时，他们的学习取向系统也会发生变化。

教师学习的第二个子系统是学习活动系统（learning activity system），包括教师所参与的学习活动及其参与方式等。Opfer & Pedder（2011）认为，有效的学习活动应该是集体性的、持续的、密集的，应融入校本生活和教师的日常教学中。由于教师的学习取向系统通过教学实践和教师个人经历获得，因此知识传递式的学习活动很难使其发生改变。只有那些能够兼顾理论与实践的教师教育课程和学习活动才可能改变教师的学习取向。学习活动系统与教师学习取向系统彼此联系、相互影响。教师会按照自己的学习取向选择学习活动，当这些活动改变教师的知识、信念和行为时，教师的学习取向系统也会发生变化，而这种变化又将促使教师寻求新的学习活动。

教师的学习取向系统和学习活动系统都嵌套于学校层面的机构系统，即教师学习的第三个子系统——机构学习取向系统（organizational orientation to learning system）。它包括为教学提供支持的学校情境、学校内共享的教学行为和教学常规、学校内教师群体的学习取向和关于学习的信念，以及他们实现共同学习目标的能力等。学校通过创造各种有利条件、设定教学和学习常规等途径鼓励个体和群体学习，在使用内外部学习资源方面保持平衡。与个体系统一样，机构学习取向系统内部的冲突也是促进学习发生的催化剂。机构学习取向系统会影响个体系统，也会受到个体系统的影响，而机构学习取向系统内部的各个因子也在不断互动中影响着整个系统。例如，学校的行为可能影响教师群体的信念，而教师群体的信念也会影响学校的行为和结构。由此，教师群体的能力影响群体的目标，也促进学校结构的改进，而后者则进一步促进教师群体中新的常规和教学行为的形成。Opfer & Pedder（2011）认为，从复杂、非线性系统的角度看待教师学习，能够将教师的教学实践、学习取向、个体与群体的学习情境联系起来，有利于更好地解释教师学习过程及其对教师行为的影响，因为这种影响具有多元因果（multicausal）、多元相关（multicorrelational）、多层面（multidimensional）的特征。要理解教师学习，必须关注教师的个人学习取向系统如何与学校层面的机构学习取向系统互动，二者如何共同影响教师所参与的学习活动，又如何受到教师所参与的学习活动的影响。

从整体而言，复杂理论在应用语言学研究领域的应用态势较好，已成为二语习得研究领域中的热点理论。在外语教师学习和教师教育研究领域，复杂理论的应用也逐渐受到关注。研究者采用这一理论框架，探究了外语教师的认知（Feryok 2010；Feryok & Oranje 2015）、教师信念与教学行为的关系（Zheng 2013a，2013b）、教师学习与教学行为的关系（Martin & Dismuke 2018）、教师专业身份认同变化（Henry 2016）、教师学习的特点和过程（Yuan *et al.* 2018；陶坚、高雪松 2019）等。但是，该理论在外语教师学习研究中的应用尚在起步阶段，其理论解释力和对外语教师学习研究的贡献度值得进一步挖掘。

8.2　外语教师学习研究方法的发展方向

20世纪的社会科学研究在实证主义范式和解释主义范式两大阵营的对立中不断发展。到80年代末期，"范式之战"（paradigm wars）已经达到了一种"血腥的高潮"（sanguinary climax）（Gage 1989：4）。但是，Gage（1989）也指出，随着时间的推移和学界认识的不断加深，不同范式之间将会相互适应，彼此融合；一项研究可能会单独使用某一种方法，或同时使用不同的方法。这一预言在当前已成为现实。随着外语教师教育理论和研究的发展，外语教师学习研究的方法呈现出"多样化""融合性"的发展态势，这主要体现在两个方面。其一是解释主义范式内部多样化质性研究方法的使用；其二是解释主义和实证主义两种范式的融合，亦即质性与量化两种研究方法的融合。

8.2.1　质性研究方法的多样化

在外语教师学习研究领域，质性研究方法仍然是主流的研究方法，在具体的方法使用方面呈现出多样化的局面。Özçınar（2015）对教师教育领域在1992—2012年间发表的实证研究进行回顾后发现，相关研究使用的研究方法大多以质性研究方法为主，且叙事探究的使用频率呈上升趋势。教师教育研究属于社会科学研究，研究对象是教师及其生活和专业世界。这要求研究者走进教师生活和工作的"场域"，通过观察和/或参与教师生活、倾听教师心声、与教师谈话等方式理解教师的生活实际，对其个人的生活故事和意义建构做出解释。

但是，在质性研究方法论的框架下，当前外语教师学习研究在研究方法的选择范围上较为狭隘，常常集中在某几种研究方法上。徐锦芬等（2014）对2000—2013年间国内外外语教师专业发展研究的对比表明，国外的实证研究大多以质性研究为主，具体使用了叙事探究、个案研究等方法，也有少量研究采取了质性与量化相结合的混合式研究方法。国内研究以量化的问卷调查为主，质性研究方法在国内刚刚兴起；国内大部分实证研究是短期的小型调查，到21世纪初才出现较大规模的实证研究和跟踪性叙事探究。

事实上，质性研究方法类型多样、十分丰富。常用的质性研究方法包括叙事探究、个案研究、话语分析、现象学研究、扎根理论、民族志研究等。一般而言，了解研究对象的生活经历，描述个人的生活世界可以采用个案研究、叙事探究、现象学研究等方法；描述文化群体的价值观、信念和行为等可以采用民族志研究的方法；描述社会现象的本质和意义，探寻其内在联系，可采用扎根理论；探究言语交流的方式、特点、形态与话语规则可采用话语分析或交流民族志（ethnography of communication）的方法（陈向明 2000）。

在外语教师学习研究领域中，这些研究方法都大有可为。以话语分析为例，通过对不同类型话语的剖析，研究者可以了解语言如何构成各种社会意识和现象，揭示影响社会生活的各种权力关系。例如，对教师日常工作中的机构话语进行剖析，可以解读制约教师专业发展的语言环境和权力关系，了解学校活动对教师学习的影响，探讨有利于教师学习的机构环境。对教师群体话语进行研究，可以了解实践共同体的话语权分配和参与规则，探讨如何通过改变话语方式构建有利的共同体学习环境。吴宗杰（2005）指出，话语分析在外语教师教育研究中非常重要，其研究方式也多种多样。研究者既可以关注语言形式，也可以关注语言所表述的内容，还可以结合其他质性研究方法，如民族志研究、叙事探究，了解教师如何通过语言构建学习活动，形成不同的学习体验。

当前，越来越多的针对教师的研究尝试使用话语分析方法，取得了较好的研究成果。Duff（2002）采用交流民族志的方法探究一位高中外语教师如何通过课堂的话语组织，如话轮分配，帮助学生理解文化异同、建构文化身份。Urzúa & Vásquez（2008）分析了16位新手外语教师在各种专业活动（如与导师的谈话）中的口头话语，探讨了教师如何通过这些话语建构自己的专业身份认同。Dudley（2013）分析了教师在参与课例研究过程中的话语，探究了教师如何通过话语的使用参与备课和讨论，共同建构新的教学行为，促进学生的学习。Cheng & Pan（2019）对一个由上海中学英语教师组成的专业学习小组中的教师互动话语进行了分析，探究了专业学习小组活动中的教师话语特征、教师在参与互动时的角色以及教师如何通过话语创设学习机会。

　　尽管国外外语教师教育研究从20世纪中后期开始就已经广泛使用质性研究方法，我国也从21世纪开始倡导解释主义范式的转向（张莲 2008；张莲、吴一安 2008），但国内外相关研究在具体的方法使用上仍然存在一定的局限性。研究者虽然认同解释主义范式的基本观点和质性研究方法，但在研究选题、论文写作等方面仍然秉持了实证主义范式下量化研究的思维（Nunan & Choi 2011）。在大多数质性研究中，为了洗脱主观性的嫌疑，研究者在研究过程中都选择"隐身"，扮演一种客观"局外人"的角色，其研究报告也倾向于使用被动语态和第三人称。但是，Nunan & Choi（2011）认为，研究者是研究过程中不可或缺的一部分，是完全的"局内人"，第一人称"我"和主动语态在质性研究中也是常见的叙事角度。解释主义范式下的质性研究非常灵活。构成研究活动的一切要素，如研究者的个人经历和探索过程，都可以用学术探究的方式在研究论文中呈现出来。例如，He（2002）考察了自己撰写博士论文的过程，分析了自己与导师针对论文所进行的对话，通过对话语及相关情境的分析使读者了解了一种具有探究精神的教育和写作。黄景（2010）通过讲述自己从事英语教育和教师教育工作20年的经历，探讨了教师专业发展中教师身份认同、教师能动性和教师自主性之间的关系。杨鲁新（2018，2019）也采用了自我叙事的方法，分别探究了研究者自己作为高校外语教师的专业发展历程以及从高校研究者转变为教师教育者的发展历程。在此类研究中，研究者与被研究者、研究过程和研究结果、研究与生活等关系完全被打破。Benson（2005）将此类叙事探究称为一种"自传"（autobiography），其数据是关于经验的第一人称叙述，分析者就是研究对象本人。这也是 Johnson & Golombek（2002）所提倡的教师对自身所开展的叙事探究，是教师学习的一种新兴途径。

8.2.2 质性与量化研究方法的融合

外语教师学习研究方法的第二个发展方向是质性和量化方法的有机融合。郑日昌、崔丽霞（2001）指出，教育研究中研究方法的单一化倾向十分严重，研究往往只偏重使用某种方法，局限于简单的二元对立思维模式，缺乏整体、辩证、系统的方法论关照。一般来说，量化研究方法适用于大面积的统计调查，用来检验假设或探究变量之间的关系；质性研究方法则适用于从微观层面细致描述和分析社会现象，对不熟悉的现象进行探索性研究，在自然情境下研究生活事件及其动态发展过程(陈向明 2000)。可见，两种研究方法各有利弊，结合起来使用可以相互取长补短，比单独使用一种方法更有优势。陈波等(1989)认为，定性是定量的基础，定量是定性的精确化。由于教师的学习经历与其心理、专业和社会文化情境等诸方面相互交织，因此教师发展路径往往呈现出复杂、动态、多样化、个性化的特点。但是，质性研究方法在解释现象、发现变量方面的长处也决定了其在探究变量关系方面的短处，而这一方面恰恰是量化研究方法的优势。只有当二者巧妙结合起来，研究结论才能更为全面。

当然，方法论的融合不是简单的相加，也不是毫无原则的折中，而应注重二者之间的沟通和对话。陈向明（2000）认为，质性和量化的研究方法可以通过主从式、整体式、分解式等多种方式结合，只有实现不同范式和不同方法之间的平等对话，才能在"视域的融合"中找到新的生长点和新的生成境界。在回顾了大量教师学习相关实证研究后，Opfer & Pedder (2011)指出，教师学习的研究方法不必拘泥于某一个具体的范式或方法，判断研究方法是否合适的原则是看其能否提供研究者所需要的信息。新兴的教师学习理论(如复杂理论)要求研究者采用整体性的研究视角，既关注系统的情境特殊性，又关注其一般性和规律性。这就需要研究者融合质性和量化研究方法，开展各种规模的实证研究。

在外语教师学习研究领域，研究者常常通过质性研究方法，在自然情境下了解教师的心理世界，对教师的个人经验和意义建构做出理解性解释。这种认识是定性的、整体的。但因为质性研究的样本一般较小，结论缺乏普遍性，再加上缺少准确的测量，因此研究结论的精确性较弱。借助量化研究精确测量、广泛推论的优势，教师学习研究得以进一步丰富。例如，对文本资料的定量分析可以为质性研究的归类和概括提供帮助；对量化数据的定性解释又可以完善定量研究的结论，使其更具有说服力。

当前，有不少研究已经尝试将质性研究方法与定量的数据分析方法相结合，对教师学习的特点和模式进行规律化、精细化的描述。Oosterheert *et al.* (2002) 基于广泛的质性研究设计了教师学习取向调查问卷，通过因子分析、聚类分析等统计手段从六个方面区分了教师学习的五种取向。Bakkenes *et al.* (2010) 首先通过对94位教师的网络日志的内容分析，提炼出6类教师学习经历和11类教师学习结果。接着，对不同学习环境下的学习经历和学习结果的频率及其占比进行了交叉分析，并通过卡方检验探究了不同学习经历与学习结果之间的关系。

值得注意的是，无论是质性研究方法内部的融合，还是质性与量化研究方法的融合，决定选取哪种研究方法的关键在于研究目的和具体研究问题。随着研究方法的发展，外语教师学习研究必定能进一步拓宽研究视野、丰富研究成果、提高研究质量。

8.3 外语教师学习研究主题的发展方向

进入21世纪以来，外语教师学习研究发展迅猛，研究主题十分丰富。徐锦芬等 (2014) 将国内外外语教师专业发展研究的主题分为六大类，包括教师的生存和发展、教师专业素养、教师信念与实践、教师专业发展途径、教师专业角色及身份、理论阐述和研究综述。Kubanyiova & Feryok (2015) 指出，尽管当前相关研究非常多，但我们对教师学习的一些本质性问题仍然知之甚少，例如教师学习如何影响学生在课堂中的学习体验，教师在参与教师教育课程等各种专业发展活动中有什么实际收获（uptake），以及如何评价教师学习的意义和价值，等等。基于以上观点，本节将从教师持续性自主学习、教师群体学习与群体中的教师个体学习以及教师学习与学生学习的关系这三个方面对外语教师学习研究主题的发展方向进行展望。

8.3.1 对教师持续性自主学习的关注

当前研究表明，教师学习应该是持续的、密集的，而不是短暂的、分散的。传统的短期培训、工作坊、会议等学习形式很难带来教师的变化，教师需要时间来讨论、发展、吸收并践行新的知识（Guskey 2000；Opfer & Pedder 2011）。因此，任何促进教师发展的努力都必须落实到教师自身的持续性自主学习上。同时，教师学习是一个复杂的过程，涉及不同因素之间的互动。例如，教师学习的方式和途径与学习的内容、环境、动机等有一定的联系，教师学习的效果又与学习的动机（motivation）、自主性（autonomy）、能动性（agency）、教师对自身专业身份的认同等有一定的联系。与教师培训、教师专业发展不同，教师学习的概念本身就强调教师在学习中的自我设计、自我实现和自我负责（申沁 2012）。因此，今后的研究应聚焦教师主体，着眼全局，关注那些推动教师主动学习的重要变量，如教师专业身份认同、动机、能动性、自主性，重点探究这些变量之间的互动及其对教师学习的影响。

教师的专业身份认同是教师对自身职业的看法、态度和观念（Richards 2008）。教师动机的概念则涵盖教师职业选择的原因、教学行为的动因以及教师进行在职学习的目的等相关问题（刘宏刚 2016）。教师能动性是一种现象/行动（phenomenon/doing），它影响教师参与学习活动的方式和态度，表现为教师个体为改变自身的专业发展境遇及其所处的专业发展环境做出一定的选择，并采取相应的行动（Priestley et al. 2015；高雪松等 2018；阮晓蕾 2020；张娜、申继亮 2012）。教师自主性则指教师对自身教学及其在教学中的学习进行控制的意愿、能力和自由权（黄景 2010）。

进入21世纪以来，国际知名学术期刊纷纷就这些主题出版特刊，进行了深入的探讨。2008年10月，《学习与指导》（*Learning and Instruction*）出版了《教学动机》（*Motivation for Teaching*）特刊，共刊登了两篇理论性文章和五份实证研究报告，汇报了五个研究小组在澳大利亚、芬兰、德国和以色列等国开展的相关研究，涉及教师的职业选择、教师动机的发展及其影响因素、教师动机对教师行为和学生行为的影响等主题。2017年1月，《现代语言期刊》（*The Modern Language Journal*）出版了《跨学科性与语言教师身份认同》（*Transdisciplinarity and Language Teacher Identity*）特刊，共刊登了六篇实证研究论文，研究主题包括多语言身份认同、情感与身份认同、身份认同的发展等，研究对象涉及在职教师、助教、家庭教师、非本族语英语教师等。2018年12月，《系统》（*System*）出版了《语言教师能动性中的跨学科性：理论和分析性探索》（*Interdisciplinarity in Language Teacher Agency: Theoretical and Analytical Explorations*）特刊，讨论外语教师教学和专业生活中的能动性问题。该特刊共登载了九篇文章，从不同的学科角度探究了多样化教学情境下的外语教师能动性问题，研究对象既包括在职教师也包括职前教师。

社会文化理论、复杂理论和生态学理论等新兴理论为上述研究提供了理论基础。在生态学理论视野下，教师工作的文化环境和学校教育的生态环境对教师能动性的建构至关重要。教师作为语言学习者和教学学习者的经历、职业发展动机、自我意识和职业认同等因素都是教师专业发展生态环境的组成部分，影响教师能动性的存在与发展。Molina（2017）以生态学理论为框架，对来自我国大、中、小学的72位英语教师进行了实证调查，重点关注英语课程改革背景下影响教师能动性的内外部因素。研究表明，教师能动性受到内外部生态系统的影响，二者的交互作用影响着教师能动性。其中，外部因素包括历史背景、政治环境、经济环境、教育部门、学校、课堂、家长、其他教师、学生等；内部因素包括教师的信念、经验、目标、情绪、自我认知和动机等。Hiver（2015）将教师视为一个复杂动态系统，从复杂动态系统理论的角度探究了韩国四位外语教师动机的发展轨迹。Hiver 使用"教师免疫力"（teacher immunity）这个概念诠释了教师动机的四个发展阶段：启动（triggering）、耦合（coupling）、重新调整（realignment）、稳定（stabilization）。Hiver 指出，免疫力是教师得以在复杂、繁重的教学工作中生存的重要能力。Hiver & Whitehead（2018）从复杂动态系统理论的视角探究了教师能动性对教师身份认同建构过程的影响。他们指出，复杂动态系统理论强调发展的动态过程，从该理论框架出发探究教师能动性能跨越学科的界限，整合静态与动态、个人与集体、心理认知与社会化等不同视角。这一理论框架有利于揭示与教师能动性相关的不同因素之间的互动及教师主体对不断变化的环境的适应性过程。该研究表明，教师在课堂教学中所表现出的能动性是教师个人的信念、目标、价值观的体现，是教师个人特质、专业身份认同和教学情境之间不断进行复杂的、持续的协商的结果，表现为教师的具体行为而不是教师的某种潜质。教师对自己能动性行为的选择和评价又进一步促进教师身份认同的建构，二者形成一种互动循环：教师发挥能动性，对自身思维和行为进行有意识的控制，可以促进教师专业身份认同的形成和发展，而教师身份认同的建构又影响在复杂的课堂情境下教师能动性的发挥。高雪松等（2018）也证实了这一研究发现。该研究从社会文化理论的角度解读了八位高校英语教师的职业发展历程，探究教师如何发挥能动性以促进自身的专业发展，揭示教师能动性与教师身份认同的关系及其对教师专业发展的影响。研究表明，教师身份认同影响教师做出的能动性"选择"及其职业发展方向，教师做出的能动性"行动"会受到其个人经历和环境的影响。阮晓蕾（2020）从社会文化理论视角探究了英语专业教师在课程改革背景下发挥教学能动性的过程。研究表明，教师的教学能动性具有复杂性、动态性、反思性和情境性，教师教学能动性的发挥是教师个人因素和环境因素共同作用的结果。

8.3.2 对教师群体学习和群体中的教师个体学习的关注

促进教师积极、持续、自主开展有效学习的一个途径就是建立教师专业学习共同体，这也是今后外语教师学习研究的又一个重要发展方向。专业学习共同体（professional learning community），又称持续探究与改进共同体（community of continuous inquiry and improvement），在该类共同体中教师及学校管理者为了提高教学的有效性、促进学生发展而持续学习、共享学习成果并根据学习成果开展行动（Hord 1997：1）。共同体活动以学习为导向，以促进教师成长为目标，具有持续性、反思性、合作性、包容性的特点（Stoll *et al.* 2006）。Westheimer（1999）归纳了教师专业学习共同体的五个特征：共享的信念和理解、互动和参与、成员间的相互依赖、对个体和少数人群观点的关注以及有意义的关系。Stoll *et al.*（2006）指出，教育改革依赖教师个体和群体的能力及学校提升学生学习效果的能力。这些能力涉及教师学习动机、学习技能、学习态度、组织条件和文化、作为支持条件的基础设施建设等方面。

发展教师专业学习共同体有助于培养教师的可持续发展能力。它能促进教师个体、教师群体、学校和整个学校系统开展持续性学习。研究表明，强有力的教师专业学习共同体有助于改进教学，促进教学改革（Little 2002），也能使共同体成员产生信任感和归属感，在学校中建立协作文化、共享的愿景和价值观（Hord 1997）。与教师个体学习和松散的聚集性学习相比，有效的教师专业学习共同体对教师的发展更有意义。在共同体中，学习是持续的，是教师共同的责任而不是教师个体的责任。教师能够一同讨论他们所面临的问题、应采取的策略和解决办法。因此，以学校教师专业学习共同体为基础的校本学习比教师个体学习更有效，更能促进教师变化。今后的研究可以教师专业学习共同体为研究对象，关注构建共同体的条件、影响因素，共同体对教师群体学习和个体学习的作用，共同体的互动模式、交往沟通规范和共同体中信任的建立与维持以及教师个体参与共同体的机会、体验及收获等。

当前，不少研究聚焦外语教师在共同体中的学习。2016年4月，《亚太教育期刊》(*Asia Pacific Journal of Education*)出版了《发展专业学习共同体的全球视角》(*Global Perspectives on Developing Professional Learning Communities*)特刊。该特刊汇集了亚太地区七个研究小组对韩国、新加坡、美国和中国的教师专业学习共同体的研究，涉及共同体的构建过程和机构支持条件，共同体中的微观互动话语，校本学习共同体的构成、特点及影响其构建的因素等研究主题。Li & Tu(2018)探究了影响高中英语教师对专业学习共同体评价的因素。通过对长春422位高中英语教师的调查，Li & Tu(2018)发现，教师认为自己能够在专业学习共同体中分享教学行为，开展集体学习，但与他人分享价值观和愿景的机会及来自领导层的支持相对较少。教师参与最广泛的专业学习共同体是教研组和备课组，其次是年级组、QQ群和微信群等，他们在名师工作室、区域性专业学习共同体等共同体中的参与度明显不足。30岁以下的青年教师对共同体的评价较高，41—50岁年龄组的评价最低。随着教师教龄的增长，他们对专业学习共同体的评价呈下降趋势。这可能意味着，教师参与的专业学习共同体越多，他们对之评价就越低。此外，具有英语和教育学专业背景、来自优质学校或规模较大学校的教师对自己所处的专业学习共同体的评价较高。Yan & Yang(2019)采用活动理论，探究了由大学—区—中学共同构建的英语教师专业学习共同体中的矛盾。该研究发现了四个层次的矛盾：一级矛盾为大学研究者与中学教师之间的矛盾，二级矛盾为传统的理论灌输式教师教育模式与教师学习之间的矛盾，三级矛盾为教师现有教学行为与新的教学设计理念之间的矛盾，四级矛盾为大学研究者参与共同体活动所需的时间和精力与其根据大学要求产出学术成果所需的时间和精力之间的矛盾。

随着现代信息技术的发展，教师专业学习共同体的存在形式也从实体扩展到网络上。通过电子邮件、微信、微博等平台建立的虚拟专业学习共同体能够克服时间和空间的限制，为教师提供群体学习的新渠道。例如，Qi & Wang（2018）探究了英语教师如何通过微信群建立积极、可持续的在线专业学习共同体。Mejang & Suksawas（2021）使用即时通信软件LINE建立英语教师专业学习共同体，实现了不同地域学校教师之间的合作与分享。因此，虚拟专业学习共同体的建立、教师的参与及其对教师学习的影响也是值得研究的话题。

8.3.3　对教师学习与学生学习关系的关注

外语教师学习研究主题的第三个发展方向是以学生的学习和发展为指向，探究教师学习与学生学习的关系。除了提升教师自身的素质和专业能力之外，教师学习还有一个更为重要的目标，即促进学生的发展。事实上，教师学习与学生学习之间的关系问题在许多文献中都被提及过（Borg 2006，2009b；Tsui 2011），但一直未在实证研究中得到广泛探讨。当前的研究大多只关注教师的声音，却未足够重视学生的声音。相关研究大多止步于教师学习本身及其所带来的教师变化，在研究的链条上缺失了学生的学习这一重要环节。Kubanyiova & Feryok（2015）认为这是教师认知研究的"系统性失败"（systematic failure），将对整个教师学习和教师认知研究领域造成严重的影响。

事实上，新兴的教师学习理论为进一步探讨教师学习与学生学习的关系提供了崭新的理论视角。在生态学理论视角下，教师学习是一种促进学生生命成长的学习，教师通过成就他人生命成长实现自我价值。在复杂理论框架下，教师学习与学生学习是两个彼此联系、相互影响的复杂系统。在"社会文化—活动"理论框架下，Freeman & Johnson（2005）提出，教师学习与学生学习之间是一种"影响的关系"（relationship of influence）。这种关系存在于特定的情境中，具有社会情境性，它依赖教师的课堂教学活动（activity）得以实现，而教师需要借助各种工具（tools），采取具体的教学行动（action）来完成这些课堂教学活动。其中，工具既包括物理工具，如教具、教学材料，也包括概念性工具，如教师关于如何在具体的情境中开展教学的认识。Freeman & Johnson(2005)认为，要理解教师学习与学生学习的关系，需要探究三个层次的问题。首先，在教师学习的层次，应关注教师如何获得特定的概念性工具以及这些工具如何通过教师行为不断发展。其次，在课堂教学活动层面，应关注教师如何将这些物理和概念性工具融入教学活动。最后，在学生学习层面，应关注学生如何看待这些工具以及他们对之有何种体验。

但是，相比探究教学与学生学习的关系，探究教师学习与学生学习之间的关系更为困难。困难主要包括两个方面：其一，如何定义学生的学习成效；其二，如何描述学生的学习成效并分析学生学习与教师学习之间的关系。从表面上看，要想检验教师学习作为一种干预手段对学生学习成效的影响，最简单、直接的方法就是开展实验研究。但是，这种研究设计需要考虑并控制大量的干扰变量，包括参与研究的教师和学生的初始差异、学生学习成效的检测手段与教师学习内容的关系、教师对学习内容的掌握程度，等等（Borg 2018）。对学生学习成效的传统检测手段，如考试、作业，往往也很难准确地体现学习过程，反映学生的学习成效，反倒是学生在教学活动中的学习体验能够反映真实的学习成效。Freeman & Johnson (2005)指出，探究学生的学习时既需要考虑学习的内容，也需要考虑学习的过程和体验，二者不可分离。Borg(2018)认为，学生学习的成效不仅体现为学习成绩的提高，还可以体现为学生的参与度、学习动机、自信心等的改变，从这些非认知的角度衡量学生的学习成效可能比从认知的角度(如考试成绩)可行性更大。

关于学生学习成效内涵的探讨直接带来了研究的第二个困难，即利用什么工具来测量学生的学习体验，并将学生学习与教师学习联系起来。一个可能的"工具"就是师生话语。教师的课堂话语行为反映了其自身关于语言、语言学习和语言教学的知识、信念和价值观。这些认知是教师在自身作为学习者和教师的经历的基础上通过各种学习活动逐步建构起来的。在外语课堂中，教师的话语行为对学生的话语行为及语言学习起着决定性作用，能够促进或阻碍学生的语言发展。因此，对师生话语的微观分析可能会为探究教师学习与学生学习的关系提供一扇窗口。此外，不少质性研究方法，如民族志研究、叙事探究，在探究个体生活体验等方面也具有独特的优势。当前，有少量研究在这一方面进行了尝试。例如，Kubanyiova（2015）采用民族志研究的方法探究了一位捷克中学英语教师的课堂话语对学生学习机会的影响。研究表明，教师对理想未来自我形象的认识影响其课堂话语的使用，进而也决定了学生在课堂中的参与度及其语言发展。虽然关于教师学习与学生学习关系的研究对研究者的理论知识水平和研究能力都提出了较高的要求，但这一研究主题有着重要的理论和实践意义，未来的发展前景广阔，需要研究者不断深入挖掘。

8.4　小结

本章从外语教师学习研究的理论视角、研究方法、研究主题等三个方面进行了展望。首先，外语教师学习研究的理论视角呈现多元化趋势，生态学理论、复杂理论等理论的引入为外语教师学习研究注入了新的活力，有利于研究者从整体的视角理解教师学习的复杂性、动态性和差异性。其次，研究方法呈现出多样性和融合性的特点。研究者在坚持使用"主流"质性研究方法的态势下，尝试一些"小众"的研究方法，或将质性与量化方法有机结合。最后，研究的主题更加丰富、全面。研究的关注点由短期学习转向长期学习，由被动学习转向主动学习，由个体学习转向群体学习，由教师学习转向师生学习的结合。

学习是焕发并维持教师职业生命力的活动。只有当学习真正融入教师的生活中，使教师获得职业的幸福感和成就感时，它才能被主动接受，并成为教师的终身习惯。有效的教师学习要求教师在特定的情境中积极参与各种专业学习共同体，主动获取学习资源，自主选择学习内容和方式，把控学习过程，反思学习成果。新兴的教师学习理论为探究外语教师的情境化、社会化、互动性学习提供了理论基础，研究方法方面的创新也为拓展外语教师学习的研究主题提供了技术保障。研究者应关注外语教师学习研究的发展动态，寻找恰当的理论和方法论框架，创新研究主题，将研究成果融入外语教师的日常实践，在改变外语教师的同时促进学生的全面发展。

参考文献

Abednia, A. 2012. Teachers' professional identity: Contributions of a critical EFL teacher education course in Iran. *Teaching and Teacher Education* 28(5): 706-717.

Ahonen, E., K. Pyhältö, J. Pietarinen & T. Soini. 2015a. Becoming a teacher–Student teachers' learning patterns in teacher education. *Journal of Education and Training Studies* 3(5): 89-101.

Ahonen, E., K. Pyhältö, J. Pietarinen & T. Soini. 2015b. Student teachers' key learning experiences–Mapping the steps for becoming a professional teacher. *International Journal of Higher Education* 4(1): 151-165.

Ai, B. 2016. Becoming a bilingual teacher in a Chinese university: A case study. *Reflective Practice* 17(5): 605-620.

Akbari, R. 2007. Reflections on reflection: A critical appraisal of reflective practices in L2 teacher education. *System* 35(2): 192-207.

Alatis, J. E. 1974. Towards a LAPSE theory of teacher preparation in English as a second language. *ELT Journal* 29(1): 8-18.

Aliakbari, M. & A. Bazyar. 2012. Exploring the impact of parallel teaching on general language proficiency of EFL learners. *Journal of Pan-Pacific Association of Applied Linguistics* 16(1): 55-71.

Aliakbari, M. & A. M. Nejad. 2013. On the effectiveness of team teaching in promoting learners' grammatical proficiency. *Canadian Journal of Education* 36(3): 5-22.

Allen, D. W. & A. W. Eve. 1968. Microteaching. *Theory Into Practice* 7(5): 181-185.

Allen, P., M. Fröhlich & N. Spada. 1984. The communicative orientation of language teaching: An observation scheme. In J. Handscombe, R. A. Orem & B. P. Taylor (eds.). *On TESOL '83: The Question of Control.* Washington, DC: TESOL. 231-252.

Allwright, D. 1997. Quality and sustainability in teacher-research. *TESOL Quarterly* 31(2): 368-370.

Allwright, D. & K. M. Bailey. 1991. *Focus on the Language Classroom: An Introduction to Classroom Research for Language Teachers.* New York, NY: Cambridge University Press.

Almarza, G. 1996. Student foreign language teacher's knowledge growth. In D. Freeman & J. C. Richards (eds.). *Teacher Learning in Language Teaching.* Cambridge: Cambridge University Press. 50-78.

Amundrud, T. 2011. On observing student silence. *Qualitative Inquiry* 17(4): 334-342.

Anderson, R. S. & B. W. Speck. 1998. "Oh what a difference a team makes": Why team teaching makes a difference. *Teaching and Teacher Education* 14(7): 671-686.

Andreu, R., L. Canós, S. de Juana, E. Manresa, L. Rienda & J. J. Tarí. 2003. Critical friends: A tool for quality improvement in universities. *Quality Assurance in Education* 11(1): 31-36.

Atay, D. 2008. Teacher research for professional development. *ELT Journal* 62(2): 139-147.

Avalos, B. 2011. Teacher professional development in *Teaching and Teacher Education* over ten years. *Teaching and Teacher Education* 27(1): 10-20.

Avidov-Ungar, O. 2016. A model of professional development: Teachers' perceptions of their professional development. *Teachers and Teaching* 22(6): 653-669.

Bailey, K. M., B. Bergthold, B. Braunstein, N. J. Fleischman, M. P. Holbrook, J. Tuman, X. Waissbluth & L. J. Zambo. 1996. The language learner's autobiography: Examining the "apprenticeship of observation". In D. Freeman & J. C. Richards (eds.). *Teacher Learning in Language Teaching.* Cambridge: Cambridge University Press. 11-29.

Bakkenes, I., J. D. Vermunt & T. Wubbels. 2010. Teacher learning in the context of educational innovation: Learning activities and learning outcomes of experienced teachers. *Learning and Instruction* 20(6): 533-548.

Bambino, D. 2002. Critical friends. *Educational Leadership* 59(6): 25-27.

Banegas, D., A. Pavese, A. Velázquez & S. M. Vélez. 2013. Teacher professional development through collaborative action research: Impact on foreign English-language teaching and learning. *Educational Action Research* 21(2): 185-201.

Barkhuizen, G. 2008. A narrative approach to exploring context in language teaching. *ELT Journal* 62(3): 231-239.

Barkhuizen, G. 2009. Topics, aims, and constraints in English teacher research: A Chinese case study. *TESOL Quarterly* 43(1): 113-125.

Barkhuizen, G. 2016. Narrative approaches to exploring language, identity and power in language teacher education. *RELC Journal* 47(1): 25-42.

Bartlett, L. 1990. Teacher development through reflective teaching. In J. C. Richards & D. Nunan (eds.). *Second Language Teacher Education*. Cambridge: Cambridge University Press. 202-214.

Bartrick, J. 2002. CD by cassette. In J. Edge (ed.). *Continuing Cooperative Development*. Ann Arbor, MI: University of Michigan Press. 230-236.

Basturkmen, H. 2012. Review of research into the correspondence between language teachers' stated beliefs and practices. *System* 40(2): 282-295.

Basturkmen, H., S. Loewen & R. Ellis. 2004. Teachers' stated beliefs about incidental focus on form and their classroom practices. *Applied Linguistics* 25(2): 243-272.

Bell, J. S. 1997. Introduction: Teacher research in second and foreign language education. *The Canadian Modern Language Review* 54(1): 3-10.

Belleli, L. 1993. How we teach and why: The implementation of an action research model for in-service training. In J. Edge & K. Richards (eds.). *Teachers Develop Teachers' Research: Papers on Classroom Research and Teacher Development*. Oxford: Heinemann. 65-75.

Bellibas, M. S., O. Bulut & S. Gedik. 2017. Investigating professional learning communities in Turkish schools: The effects of contextual factors. *Professional Development in Education* 43(3): 353-374.

Benson, P. 2005. (Auto)biography and learner diversity. In P. Benson & D. Nunan (eds.). *Learners' Stories: Difference and Diversity in Language Learning*. Cambridge: Cambridge University Press. 4-21.

Benson, T. & A. Cotabish. 2014. Virtual bugs: An innovative peer coaching intervention to improve the instructional behaviors of teacher candidates. *SRATE Journal* 24(1): 1-9.

Berliner, D. C. 1987. Ways of thinking about students and classrooms by more and less experienced teachers. In J. Calderhead (ed.). *Exploring Teachers' Thinking*. London: Cassell. 60-83.

Bibila, S. 2011. Teacher professional development in the era of Hermes. *TESOL Journal* 2(1): 91-102.

Birbirso, D. T. 2012. Reflective practicum: Experience of the Ethiopian context. *Reflective Practice* 13(6): 857-869.

Birchak, B., C. Connor, K. M. Crawford, L. H. Kahn, S. Kaser, S. Turner & K. G. Short. 1998. *Teacher Study Groups: Building Community Through Dialogue and Reflection*. Urbana, IL: National Council of Teachers of English.

Boon, A. 2007. Building bridges: Instant messenger cooperative development. *The Language Teacher* 31(12): 9-13.

Borg, S. 2001. Self-perception and practice in teaching grammar. *ELT Journal* 55(1): 21-29.

Borg, S. 2003. Teacher cognition in language teaching: A review of research on what language teachers think, know, believe, and do. *Language Teaching* 36(2): 81-109.

Borg, S. 2006. *Teacher Cognition and Language Education: Research and Practice*. London: Continuum.

Borg, S. 2009a. English language teachers' conceptions of research. *Applied Linguistics* 30(3): 358-388.

Borg, S. 2009b. Language teacher cognition. In A. Burns & J. C. Richards (eds.). *The Cambridge Guide to Second Language Teacher Education*. New York, NY: Cambridge University Press. 163-171.

Borg, S. 2011. The impact of in-service teacher education on language teachers' beliefs. *System* 39(3): 370-380.

Borg, S. 2018. Evaluating the impact of professional development. *RELC Journal* 49(2): 195-216.

Borg, S. & A. Burns. 2008. Integrating grammar in adult TESOL classrooms. *Applied Linguistics* 29(3): 456-482.

Borg, S. & Y. Liu. 2013. Chinese college English teachers' research engagement. *TESOL Quarterly* 47(2): 270-299.

Borko, H. & R. T. Putnam. 1996. Learning to teach. In D. C. Berliner & R. C. Calfee (eds.). *Handbook of Educational Psychology.* New York, NY: Macmillan. 673-708.

Boshell, M. 2002. What I learnt from giving quiet children space. In K. E. Johnson & P. R. Golombek (eds.). *Teachers' Narrative Inquiry as Professional Development.* New York, NY: Cambridge University Press. 180-194.

Brannan, D. & T. Bleistein. 2012. Novice ESOL teachers' perceptions of social support networks. *TESOL Quarterly* 46(3): 519-541.

Breen, M. P., B. Hird, M. Milton, R. Oliver & A. Thwaite. 2001. Making sense of language teaching: Teachers' principles and classroom practices. *Applied Linguistics* 22(4): 470-501.

Breen, M. P., C. N. Candlin, L. Dam & G. Gabrielsen. 1989. The evolution of a teacher training programme. In R. K. Johnson (ed.). *The Second Language Curriculum.* Cambridge: Cambridge University Press. 111-135.

Brinkerhoff, R. O. & S. J. Gill. 1994. *The Learning Alliance: Systems Thinking in Human Resource Development.* San Francisco, CA: Jossey-Bass.

Bronfenbrenner, U. 1979. *The Ecology of Human Development: Experiments by Nature and Design.* Cambridge, MA: Harvard University Press.

Brown, H. D. 2000. *Principles of Language Learning and Teaching* (4th edition). White Plains, NY: Longman.

Brown, J. D. 2001. *Using Surveys in Language Programs.* Cambridge: Cambridge University Press.

Brown, J. S., A. Collins & P. Duguid. 1989. Situated cognition and the culture of learning. *Educational Researcher* 18(1): 32-42.

Brubacher, J. W., C. W. Case & T. G. Reagan. 1994. *Becoming a Reflective Educator: How to Build a Culture of Inquiry in the Schools.* Thousand Oaks, CA: Corwin Press.

Brunetti, G. J. & S. H. Marston. 2018. A trajectory of teacher development in early and mid-career. *Teachers and Teaching* 24(8): 874-892.

Buckley, F. 2000. *Team Teaching: What, Why, and How?* Thousand Oaks, CA: SAGE.

Burden, P. R. 1981. Teachers' perceptions of their personal and professional development. Paper presented at the Annual Meeting of the Midwestern

Educational Research Association, Des Moines, IA, November 1981.

Burns, A. 1996. Starting all over again: From teaching adults to teaching beginners. In D. Freeman & J. C. Richards (eds.). *Teacher Learning in Language Teaching.* Cambridge: Cambridge University Press. 154-177.

Burns, A. 1999. *Collaborative Action Research for English Language Teachers.* Cambridge: Cambridge University Press.

Burns, A. 2009. Action research in second language teacher education. In A. Burns & J. C. Richards (eds.). *The Cambridge Guide to Second Language Teacher Education.* New York, NY: Cambridge University Press. 289-297.

Burns, A. & J. C. Richards. 2009. Second language teacher education. In A. Burns & J. C. Richards (eds.). *The Cambridge Guide to Second Language Teacher Education.* New York, NY: Cambridge University Press. 1-8.

Burri, M., H. Chen & A. Baker. 2017. Joint development of teacher cognition and identity through learning to teach L2 pronunciation. *The Modern Language Journal* 101(1): 128-142.

Bush, R. 1980. The beginning years of teaching: Attention, focus and collaboration in teacher education. In E. Hoyle & J. Megarry (eds.). *World Yearbook of Education 1980: The Professional Development of Teachers.* London: Kogan Page. 350-360.

Cabaroglu, N. & J. Roberts. 2000. Development in student teachers' pre-existing beliefs during a 1-Year PGCE programme. *System* 28(3): 387-402.

Cajkler, W., P. Wood, J. Norton & D. Pedder. 2013. Lesson study: Towards a collaborative approach to learning in initial teacher education? *Cambridge Journal of Education* 43(4): 537-554.

Cajkler, W., P. Wood, J. Norton & D. Pedder. 2014. Lesson study as a vehicle for collaborative teacher learning in a secondary school. *Professional Development in Education* 40(4): 511-529.

Calderhead, J. 1996. Teachers: Beliefs and knowledge. In D. C. Berliner & R. C. Calfee (eds.). *Handbook of Educational Psychology.* New York, NY: Macmillan. 709-725.

Çapan, S. A. 2014. Pre-service English as a foreign language teachers' belief development about grammar instruction. *Australian Journal of Teacher Education* 39(12): 131-152.

Carless, D. & E. Walker. 2006. Effective team teaching between local and native-speaking English teachers. *Language and Education* 20(6): 463-477.

Carley III, H. F. 2013. Team teaching styles utilized in Japan: Do they really work? *Journal of International Education Research* 9(3): 247-252.

Carr, W. & S. Kemmis. 1986. *Becoming Critical: Education, Knowledge and Action Research*. Geelong, Victoria: Deakin University Press.

Carter, K. 1990. Teachers' knowledge and learning to teach. In W. R. Houston (ed.). *Handbook of Research on Teacher Education*. New York, NY: Macmillan. 291-310.

Cavanagh, M. & T. Garvey. 2012. A professional experience learning community for pre-service secondary mathematics teachers. *Australian Journal of Teacher Education* 37(12): 57-75.

Chan, E. Y. -M. 2012. The transforming power of narrative in teacher education. *Australian Journal of Teacher Education* 37(3): 111-127.

Charteris, J. & D. Smardon. 2013. Second look–second think: A fresh look at video to support dialogic feedback in peer coaching. *Professional Development in Education* 39(2): 168-185.

Chaudron, C. 1988. *Second Language Classrooms: Research on Teaching and Learning*. Cambridge: Cambridge University Press.

Chen, J. -S. 2011. A critical reflection on integrating informational technology into EFL curriculum: An EFL teacher's inquiry. *US–China Education Review* A(4): 464-470.

Cheng, A. Y. N., S. Y. F. Tang & M. M. H. Cheng. 2016. Changing conceptions of teaching: A four-year learning journey for student teachers. *Teachers and Teaching* 22(2): 177-197.

Cheng, M. M. H., S. Y. F. Tang & A. Y. N. Cheng. 2012. Practicalising theoretical knowledge in student teachers' professional learning in initial teacher education. *Teaching and Teacher Education* 28(6): 781-790.

Cheng, M. M. H., S. Y. F. Tang & A. Y. N. Cheng. 2014. Differences in pedagogical understanding among student–teachers in a four-year initial teacher education programme. *Teachers and Teaching* 20(2): 152-169.

Cheng, X. 2016. A narrative inquiry of identity formation of EFL university teachers. *Journal of Education and Training Studies* 4(5): 1-7.

Cheng, X. & X. Pan. 2019. English language teacher learning in professional learning communities: A case study of a Chinese secondary school. *Professional Development in Education* 45(4): 698-712.

Cheung, W. M. & W. Y. Wong. 2014. Does lesson study work? A systematic review on the effects of lesson study and learning study on teachers and students. *International Journal for Lesson and Learning Studies* 3(2): 137-149.

Chi, F. -M. 2010. Reflection as teaching inquiry. *Reflective Practice* 11(2): 171-183.

Chien, C. -W. 2018. Fostering elementary school English teachers' professional identity through artifacts of practice. *Reflective Practice* 19(4): 557-572.

Childs, S. S. 2011. Language Teacher Cognition: Tracing the Conceptualizations of Second Language Teachers. Ph.D. Dissertation. University Park, PA: The Pennsylvania State University.

Choi, Y. 2001. Suggestions for the re-organization of English teaching program by native speakers in (South) Korea. *English Teaching* 56(1): 101-122.

Chong, S., L. E. Ling & G. K. Chuan. 2011. Developing student teachers' professional identities–An exploratory study. *International Education Studies* 4(1): 30-38.

Cisar, S. 2005. Collaborative teacher research: Learning with students. *Foreign Language Annals* 38(1): 77-88.

Clair, N. 1998. Teacher study groups: Persistent questions in a promising approach. *TESOL Quarterly* 32(3): 465-492.

Clandinin, D. J. 1985. Personal practical knowledge: A study of teachers' classroom images. *Curriculum Inquiry* 15(4): 361-385.

Clandinin, D. J. & F. M. Connelly. 1986. Rhythms in teaching: The narrative study of teachers' personal practical knowledge of classrooms. *Teaching and Teacher Education* 2(4): 377-387.

Clandinin, D. J. & F. M. Connelly. 1987. Teachers' personal knowledge: What counts as "personal" in studies of the personal. *Journal of Curriculum Studies* 19(6): 487-500.

Clandinin, D. J. & F. M. Connelly. 1995. *Teachers' Professional Knowledge Landscapes*. New York, NY: Teachers College Press.

Clandinin, D. J. & F. M. Connelly. 2000. *Narrative Inquiry: Experience and Story in Qualitative Research*. San Francisco, CA: Jossey-Bass.

Clark, C. M. 2001. Good conversation. In C. M. Clark (ed.). *Talking Shop: Authentic Conversation and Teacher Learning*. New York, NY: Teachers College Press. 172-182.

Clark, C. M. & P. L. Peterson. 1986. Teachers' thought processes. In M. C. Wittrock (ed.). *Handbook of Research on Teaching* (3rd edition). New York, NY: Macmillan. 255-296.

Clarke, D. & H. Hollingsworth. 2002. Elaborating a model of teacher professional growth. *Teaching and Teacher Education* 18(8): 947-967.

Cochran-Smith, M. & K. E. Demers. 2008. How do we know what we know? Research and teacher education. In M. Cochran-Smith, S. Feiman-Nemser, D. J. McIntyre & K. E. Demers (eds.). *Handbook of Research on Teacher Education: Enduring Questions in Changing Contexts* (3rd edition). New York, NY: Routledge. 1009-1016.

Cochran-Smith, M. & S. L. Lytle. 1990. Research on teaching and teacher research: The issues that divide. *Educational Researcher* 19(2): 2-11.

Cochran-Smith, M. & S. L. Lytle. 1999. The teacher research movement: A decade later. *Educational Researcher* 28(7): 15-25.

Cohen, L., L. Manion & K. Morrison. 2007. *Research Methods in Education* (6th edition). Abingdon: Routledge.

Cole, M. 1996. *Cultural Psychology: A Once and Future Discipline*. Cambridge, MA: Harvard University Press.

Connelly, F. M. & D. J. Clandinin. 1990. Stories of experience and narrative inquiry. *Educational Researcher* 19(5): 2-14.

Connelly, F. M. & D. J. Clandinin. 1994. Telling teaching stories. *Teacher Education Quarterly* 21(1): 145-158.

Connelly, F. M. & D. J. Clandinin (eds.). 1999. *Shaping a Professional Identity: Stories of Educational Practice*. New York, NY: Teachers College Press.

Cormany, S., C. Maynor & C. Kalnin. 2005. Developing self, developing curriculum, and developing theory: Researchers in residence at Patrick Henry Professional Practice School. In D. J. Tedick (ed.). *Second Language Teacher Education: International Perspectives*. Mahwah, NJ: Lawrence Erlbaum Associates. 215-230.

Cornwell, S. 1999. Interview with Anne Burns and Graham Crookes. *The Language Teacher* 23(12): 5-10.

Cosh, J. 1999. Peer observation: A reflective model. *ELT Journal* 53(1): 22-27.

Cowie, N. 1997. Cooperative journaling by email: Using the structure of cooperative development to become a more reflective teacher. *Saitama University Review* 33(2): 199-210.

Cowie, N. 2002. CD by email. In J. Edge (ed.). *Continuing Cooperative Development: A Discourse Framework for Individuals as Colleagues.* Ann Arbor, MI: University of Michigan Press. 225-229.

Craig, C. J. 2019. Curriculum making, professional development and the best-loved self. Keynote Speech at the Eighth National Conference on Foreign Language Teacher Education and Development, Nanjing, China, October 2019.

Cramer, G., B. Hurst & C. Wilson. 1996. *Teacher Study Groups for Professional Development.* Bloomington, IN: Phi Delta Kappa Educational Foundation.

Crandall, J. 2000. Language teacher education. *Annual Review of Applied Linguistics* 20: 34-55.

Cremin, L. A. 1976. *Public Education.* New York, NY: Basic Books.

Creswell, J. W. 2007. *Qualitative Inquiry and Research Design: Choosing Among Five Approaches* (2nd edition). Thousand Oaks, CA: SAGE.

Curry, M. 2008. Critical friends groups: The possibilities and limitations embedded in teacher professional communities aimed at instructional improvement and school reform. *Teachers College Record* 110(4): 733-774.

Daniels, H. 2001. *Vygotsky and Pedagogy.* London: Routledge.

Darling-Hammond, L. & N. Richardson. 2009. Teacher learning: What matters? *Educational Leadership* 66(5): 46-53.

Day, C. 1999. *Developing Teachers: The Challenges of Lifelong Learning.* London: Falmer Press.

Day, R. R. 1990. Teacher observation in second language teacher education. In J. C. Richards & D. Nunan (eds.). *Second Language Teacher Education.* Cambridge: Cambridge University Press. 43-61.

de Sonneville, J. 2007. Acknowledgement as a key to teacher learning. *ELT Journal* 61(1): 55-62.

Deng, L. & A. H. K. Yuen. 2011. Towards a framework for educational affordances of blogs. *Computers & Education* 56(2): 441-451.

Densgombe, M. 1982. The "hidden pedagogy" and its implications for teacher training. *British Journal of Sociology of Education* 3(3): 249-265.

Dewey, J. 1933. *How We Think* (Revised edition). Boston, MA: Heath & Co.

Dewey, J. 1938. *Experience and Education*. New York, NY: Simon & Schuster.

Dikilitaş, K. & D. Yaylı. 2018. Teachers' professional identity development through action research. *ELT Journal* 72(4): 415-424.

Dikilitaş, K. & S. E. Mumford. 2019. Teacher autonomy development through reading teacher research: Agency, motivation and identity. *Innovation in Language Learning and Teaching* 13(3): 253-266.

Dörnyei, Z. 2003. *Questionnaires in Second Language Research*. Mahwah, NJ: Lawrence Erlbaum Associates.

Dubetz, N. 2005. Improving ESL instruction in a bilingual program through collaborative, inquiry-based professional development. In D. J. Tedick (ed.). *Second Language Teacher Education: International Perspectives*. Mahwah, NJ: Lawrence Erlbaum Associates. 231-255.

Dudley, P. 2013. Teacher learning in lesson study: What interaction-level discourse analysis revealed about how teachers utilised imagination, tacit knowledge of teaching and fresh evidence of pupils learning, to develop practice knowledge and so enhance their pupils' learning. *Teaching and Teacher Education* 34: 107-121.

Duff, P. A. 2002. The discursive co-construction of knowledge, identity, and difference: An ethnography of communication in the high school mainstream. *Applied Linguistics* 23(3): 289-322.

Duff, P. A. 2008. *Case Study Research in Applied Linguistics*. New York, NY: Lawrence Erlbaum Associates.

Dunkin, M. J. & B. J. Biddle. 1974. *The Study of Teaching*. New York, NY: Holt, Rinehart and Winston.

Dunne, F. & F. Honts. 1998. "That group really makes me think!" Critical friends groups and the development of reflective practitioners. Paper presented at the Annual Meeting of the American Educational Research Association, San Diego, CA, April 1998.

Dunne, F., B. Nave & A. Lewis. 2000. Critical friends groups: Teachers helping teachers to improve student learning. *Research Bulletin* 28: 9-12.

Easton, L. B. 2008. From professional development to professional learning. *Phi Delta Kappan* 89(10): 755-761.

Edge, J. 1992. *Cooperative Development: Professional Self-Development Through Cooperation with Colleagues.* Harlow: Longman.

Edge, J. 2002. *Continuing Cooperative Development: A Discourse Framework for Individuals as Colleagues.* Ann Arbor, MI: University of Michigan Press.

Edge, J. 2006. Computer-mediated cooperative development: Non-judgemental discourse in online environments. *Language Teaching Research* 10(2): 205-227.

Edge, J. 2015. Non-judgemental discourse in the development of critical capacity for language teachers. *RELC Journal* 46(1): 61-78.

Edwards, E. & A. Burns. 2016. Language teacher action research: Achieving sustainability. *ELT Journal* 70(1): 6-15.

Eilam, B. & Y. Poyas. 2009. Learning to teach: Enhancing pre-service teachers' awareness of the complexity of teaching–learning processes. *Teachers and Teaching* 15(1): 87-107.

El-Bilawi, N. H. & I. Nasser. 2017. Teachers' professional development as a pathway for educational reform in Egypt. *Reflective Practice* 18(2): 147-160.

Elbaz, F. 1983. *Teacher Thinking: A Study of Practical Knowledge.* London: Croom Helm.

Engeström, Y. 1987. *Learning by Expanding: An Activity-Theoretical Approach to Developmental Research.* Helsinki: Orienta-Konsultit.

Engeström, Y. 1999. Activity theory and individual and social transformation. In Y. Engeström, R. Miettinen & R. Punamäki (eds.). *Perspectives on Activity Theory.* Cambridge: Cambridge University Press. 19-38.

Engeström, Y. 2001. Expansive learning at work: Toward an activity theoretical reconceptualization. *Journal of Education and Work* 14(1): 133-156.

Engin, M. 2014. Macro-scaffolding: Contextual support for teacher learning. *Australian Journal of Teacher Education* 39(5): 26-40.

Erlam, R. 2014. Affordances and constraints: Training language teachers in New Zealand for the Malaysian context. *New Zealand Studies in Applied Linguistics* 20(1): 5-20.

Erlandson, P. 2006. Giving up the ghost: The control-matrix and reflection-in-action. *Reflective Practice* 7(1): 115-124.

Eröz-Tuğa, B. 2013. Reflective feedback sessions using video recordings. *ELT Journal* 67(2): 175-183.

Esbenshade, J. L. 2002. My learning through journaling: Forgiveness as a source of power and the communication of voice in the classroom. In K. E. Johnson & P. R. Golombek (eds.). *Teachers' Narrative Inquiry as Professional Development*. New York, NY: Cambridge University Press. 108-117.

Evrim, E. -A., K. Gökçe & M. Enisa. 2009. Exploring the relationship between teacher beliefs and styles on classroom management in relation to actual teaching practices: A case study. *Procedia-Social and Behavioral Sciences* 1(1): 612-617.

Fairbanks, C. M., G. G. Duffy, B. S. Faircloth, Y. He, B. Levin, J. Rohr & C. Stein. 2010. Beyond knowledge: Exploring why some teachers are more thoughtfully adaptive than others. *Journal of Teacher Education* 61(1-2): 161-171.

Fanselow, J. F. 1977. Beyond RASHOMON—Conceptualizing and describing the teaching act. *TESOL Quarterly* 11(1): 17-39.

Farr, F. & E. Riordan. 2012. Students' engagement in reflective tasks: An investigation of interactive and non-interactive discourse corpora. *Classroom Discourse* 3(2): 129-146.

Farrell, T. S. C. 1995. Second language teaching: Where are we and where are we going? An interview with Jack Richards. *Language Teaching: The (South) Korea TESOL Journal* 3(3): 94-95.

Farrell, T. S. C. 2001. Critical friendships: Colleagues helping each other develop. *ELT Journal* 55(4): 368-374.

Farrell, T. S. C. 2003. Learning to teach English language during the first year: Personal influences and challenges. *Teaching and Teacher Education* 19(1): 95-111.

Farrell, T. S. C. 2007. Failing the practicum: Narrowing the gap between expectations and reality with reflective practice. *TESOL Quarterly* 41(1): 193-201.

Farrell, T. S. C. 2011. Exploring the professional role identities of experienced ESL teachers through reflective practice. *System* 39(1): 54-62.

Farrell, T. S. C. 2013. Critical incident analysis through narrative reflective practice: A case study. *Iranian Journal of Language Teaching Research* 1(1): 79-89.

Farrell, T. S. C. 2015. *Promoting Teacher Reflection in Second Language Education: A*

Framework for TESOL Professionals. New York, NY: Routledge.

Farrell, T. S. C. 2016. Anniversary article: The practices of encouraging TESOL teachers to engage in reflective practice: An appraisal of recent research contributions. *Language Teaching Research* 20(2): 223-247.

Farrell, T. S. C. & J. Ives. 2015. Exploring teacher beliefs and classroom practices through reflective practice: A case study. *Language Teaching Research* 19(5): 594-610.

Farrell, T. S. C. & S. T. K. Kun. 2008. Language policy, language teachers' beliefs, and classroom practices. *Applied Linguistics* 29(3): 381-403.

Fenwick, T. J. 2004. Teacher learning and professional growth plans: Implication of a provincial policy. *Journal of Curriculum & Supervision* 19(3): 259-282.

Fernandez, C. 2002. Learning from Japanese approaches to professional development: The case of lesson study. *Journal of Teacher Education* 53(5): 393-405.

Feryok, A. 2010. Language teacher cognitions: Complex dynamic systems? *System* 38(2): 272-279.

Feryok, A. & J. O. Oranje. 2015. Adopting a cultural portfolio project in teaching German as a foreign language: Language teacher cognition as a dynamic system. *The Modern Language Journal* 99(3): 546-564.

Firestone, A. R., R. A. Cruz & J. E. Rodl. 2020. Teacher study groups: An integrative literature synthesis. *Review of Educational Research* 90(5): 675-709.

Flanders, N. A. 1970. *Analyzing Teaching Behavior.* Reading, MA: Addison-Wesley.

Flores, M. A. & C. Day. 2006. Contexts which shape and reshape new teachers' identities: A multi-perspective study. *Teaching and Teacher Education* 22(2): 219-232.

Franzak, J. K. 2002. Developing a teacher identity: The impact of critical friends practice on the student teacher. *English Education* 34(4): 258-280.

Fraser, B. J. 1989. Twenty years of classroom climate work: Progress and prospect. *Journal of Curriculum Studies* 21(4): 307-327.

Freeman, D. 1989. Teacher training, development, and decision making: A model of teaching and related strategies for language teacher education. *TESOL Quarterly* 23(1): 27-45.

Freeman, D. 1993. Renaming experience/reconstructing practice: Developing new understanding of teaching. *Teaching and Teacher Education* 9(5-6): 485-497.

Freeman, D. 1996a. The "unstudied problem": Research on teacher learning in language teaching. In D. Freeman & J. C. Richards (eds.). *Teacher Learning in Language Teaching*. Cambridge: Cambridge University Press. 351-378.

Freeman, D. 1996b. Redefining the relationship between research and what teachers know. In K. M. Bailey & D. Nunan (eds.). *Voices from the Language Classroom*. New York, NY: Cambridge University Press. 88-115.

Freeman, D. 1998. *Doing Teacher Research: From Inquiry to Understanding*. Boston, MA: Heinle & Heinle.

Freeman, D. 2002. The hidden side of the work: Teacher knowledge and learning to teach. A perspective from North American educational research on teacher education in English language teaching. *Language Teaching* 35(1): 1-13.

Freeman, D. & J. C. Richards. 1996. A look at uncritical stories. In D. Freeman & J. C. Richards (eds.). *Teacher Learning in Language Teaching*. Cambridge: Cambridge University Press. 1-6.

Freeman, D. & K. E. Johnson. 1998. Reconceptualizing the knowledge-base of language teacher education. *TESOL Quarterly* 32(3): 397-417.

Freeman, D. & K. E. Johnson. 2005. Toward linking teacher knowledge and student learning. In D. J. Tedick (ed.). *Second Language Teacher Education: International Perspectives*. Mahwah, NJ: Lawrence Erlbaum Associates. 73-95.

Fullan, M. 2007a. Change the terms for teacher learning. *Journal of Staff Development* 28(3): 35-36.

Fullan, M. 2007b. *The New Meaning of Educational Change* (4th edition). New York, NY: Teachers College Press.

Fullan, M. & A. Hargreaves. 1992. Teacher development and educational change. In M. Fullan & A. Hargreaves (eds.). *Teacher Development and Educational Change*. Basingstoke: Falmer Press. 1-9.

Fuller, F. F. 1969. Concerns of teachers: A developmental conceptualization. *American Educational Research Journal* 6(2): 207-226.

Fuller, F. F. & C. Case. 1971. *A Manual for Scoring the Teacher Concerns Statement*. Austin, TX: Research and Development Center for Teacher Education, the University of Texas at Austin.

Fuller, F. F. & O. H. Brown. 1975. Becoming a teacher. In K. Ryan (ed.). *Teacher Education: The Seventy-Fourth Yearbook of the National Society for the Study of Education*. Chicago, IL: The University of Chicago Press. 25-51.

Furlong, J. & T. Maynard. 1995. *Mentoring Student Teachers*. London: Routledge.

Gage, N. L. 1989. The paradigm wars and their aftermath: A "historical" sketch of research on teaching since 1989. *Educational Researcher* 18(7): 4-10.

Gao, X., G. Barkhuizen & A. Chow. 2011. "Nowadays, teachers are relatively obedient": Understanding primary school English teachers' conceptions of and drives for research in China. *Language Teaching Research* 15(1): 61-81.

Garrison, D. R. 1997. Self-directed learning: Toward a comprehensive model. *Adult Education Quarterly* 48(1): 18-33.

Gebhard, J. G. 1990. Models of supervision: Choices. In J. C. Richards & D. Nunan (eds.). *Second Language Teacher Education*. Cambridge: Cambridge University Press. 156-166.

Genc, Z. S. 2010. Teacher autonomy through reflective journals among teachers of English as a foreign language in Turkey. *Teacher Development* 14(3): 397-409.

Gilles, C., J. Wilson & M. Elias. 2010. Sustaining teachers' growth and renewal through action research, induction programs, and collaboration. *Teacher Education Quarterly* 37(1): 91-108.

Ginns, I., A. Heirdsfield, B. Atweh & J. J. Watters. 2001. Beginning teachers becoming professionals through action research. *Educational Action Research* 9(1): 111-133.

Gladman, A. 2015. Team teaching is not just for teachers! Student perspectives on the collaborative classroom. *TESOL Journal* 6(1): 130-148.

Goker, S. D. 2006. Impact of peer coaching on self-efficacy and instructional skills in TEFL teacher education. *System* 34(2): 239-254.

Golombek, P. R. 1998. A study of language teachers' personal practical knowledge. *TESOL Quarterly* 32(3): 447-464.

Goodnough, K. 2010. The role of action research in transforming teacher identity: Modes of belonging and ecological perspectives. *Educational Action Research* 18(2): 167-182.

Gorsuch, G. J. 2000. EFL educational policies and educational cultures: Influences on teachers' approval of communicative activities. *TESOL Quarterly* 34(4): 675-710.

Gottesman, B. 2000. *Peer Coaching for Educators* (2nd edition). Lanham, MD: The Scarecrow Press.

Griffin, G. 1983. Introduction: The work of staff development. In G. Griffin (ed.). *Staff Development: Eighty-Second Yearbook of the National Society for the Study of Education*. Chicago, IL: The University of Chicago Press. 1-12.

Griffin, M. L. 2003. Using critical incidents to promote and assess reflective thinking in preservice teachers. *Reflective Practice* 4(2): 207-220.

Guba, E. G. & Y. S. Lincoln. 1994. Competing paradigms in qualitative research. In N. K. Denzin & Y. S. Lincoln (eds.). *Handbook of Qualitative Research*. Thousand Oaks, CA: SAGE. 105-117.

Gunn, C. L. 2010. Exploring MATESOL student "resistance" to reflection. *Language Teaching Research* 14(2): 208-223.

Guskey, T. R. 1986. Staff development and the process of teacher change. *Educational Researcher* 15(5): 5-12.

Guskey, T. R. 2000. *Evaluating Professional Development*. Thousand Oaks, CA: Corwin Press.

Guskey, T. R. 2002. Professional development and teacher change. *Teachers and Teaching* 8(3): 381-391.

Harré, R. 1984. *Personal Being: A Theory for Individual Psychology*. Cambridge, MA: Harvard University Press.

Hassen, R. 2016. Female teachers' professional development through action research practice. *Journal of Education and Practice* 7(22): 6-18.

Hatton, N. & D. Smith. 1995. Reflection in teacher education: Towards definition and implementation. *Teaching and Teacher Education* 11(1): 33-49.

He, M. F. 2002. A narrative inquiry of cross-cultural lives: Lives in the North American academy. *Journal of Curriculum Studies* 34(5): 513-533.

He, P. & A. M. Y. Lin. 2013. Tensions in school–university partnership and EFL pre-service teacher identity formation. *The Language Learning Journal* 41(2): 205-218.

He, Y. & K. Prater. 2014. Writing together, learning together: Teacher development through community service learning. *Teachers and Teaching* 20(1): 32-44.

Henry, A. 2016. Conceptualizing teacher identity as a complex dynamic system: The inner dynamics of transformations during a practicum. *Journal of Teacher Education* 67(4): 291-305.

Herndon, L. D. 2002. Putting theory into practice: Letting my students learn to read. In K. E. Johnson & P. R. Golombek (eds.). *Teachers' Narrative Inquiry as Professional Development*. New York, NY: Cambridge University Press. 35-51.

Hinchman, L. & S. Hinchman (eds.). 2001. *Memory, Identity, Community: The Idea of Narrative in the Human Sciences*. Albany, NY: State University of New York Press.

Hiver, P. 2015. Once burned, twice shy: The dynamic development of system immunity in teachers. In Z. Dörnyei, P. MacIntyre & A. Henry (eds.). *Motivational Dynamics in Language Learning*. Bristol: Multilingual Matters. 214-237.

Hiver, P. & G. E. K. Whitehead. 2018. Sites of struggle: Classroom practice and the complex dynamic entanglement of language teacher agency and identity. *System* 79: 70-80.

Hixon, M. 2009. Lesson Study: A Proposed Intervention for Professional Development and Student Achievement. Ph.D. Dissertation. Minneapolis, MN: Walden University.

Hord, S. M. 1997. *Professional Learning Communities: Communities of Continuous Inquiry and Improvement*. Austin, TX: Southwest Educational Development Laboratory.

Hung, H. -T. & H. -C. Yeh. 2013. Forming a change environment to encourage professional development through a teacher study group. *Teaching and Teacher Education* 36: 153-165.

Hwang, H. 2014. The influence of the ecological contexts of teacher education on South Korean teacher educators' professional development. *Teaching and Teacher Education* 43: 1-14.

Iksan, Z. H., E. Zakaria & M. Y. Daud. 2014. Model of lesson study approach during micro teaching. *International Education Studies* 7(13): 253-260.

Ilieva, R. 2010. Non-native English-speaking teachers' negotiations of program discourses in their construction of professional identities within a TESOL program. *The Canadian Modern Language Review* 66(3): 343-369.

Jackson, P. W. 1968. *Life in Classrooms*. New York, NY: Holt, Rinehart and Winston.

Jalongo, M. R., J. P. Isenberg & G. Gerbracht. 1995. *Teachers' Stories: From Personal Narrative to Professional Insight*. San Francisco, CA: Jossey-Bass.

Jeon, I. J. 2010. Exploring the co-teaching practice of native and non-native English teachers in (South) Korea. *English Teaching* 65(3): 43-67.

Johnson, K. A. 2003. "Every experience is a moving force": Identity and growth through mentoring. *Teaching and Teacher Education* 19(8): 787-800.

Johnson, K. E. 1992. Learning to teach: Instructional actions and decisions of preservice ESL teachers. *TESOL Quarterly* 26(3): 507-535.

Johnson, K. E. 1994. The emerging beliefs and instructional practices of preservice English as a second language teachers. *Teaching and Teacher Education* 10(4): 439-452.

Johnson, K. E. 1995. *Understanding Communication in Second Language Classrooms*. Cambridge: Cambridge University Press.

Johnson, K. E. 1996. The vision versus the reality: The tensions of the TESOL practicum. In D. Freeman & J. C. Richards (eds.). *Teacher Learning in Language Teaching*. Cambridge: Cambridge University Press. 30-49.

Johnson, K. E. 2006. The sociocultural turn and its challenges for second language teacher education. *TESOL Quarterly* 40(1): 235-257.

Johnson, K. E. 2007. Tracing teacher and student learning in teacher-authored narratives. *Teacher Development* 11(2): 175-188.

Johnson, K. E. 2009. *Second Language Teacher Education: A Sociocultural Perspective*. New York, NY: Routledge.

Johnson, K. E. & P. R. Golombek (eds.). 2002. *Teachers' Narrative Inquiry as Professional Development*. New York, NY: Cambridge University Press.

Johnson, K. E. & P. R. Golombek. 2003. "Seeing" teacher learning. *TESOL Quarterly* 37(4): 729-737.

Johnson, K. E. & P. R. Golombek. 2011. The transformative power of narrative in second language teacher education. *TESOL Quarterly* 45(3): 486-509.

Johnston, B. 2009. Collaborative teacher development. In A. Burns & J. C. Richards (eds.). *The Cambridge Guide to Second Language Teacher Education*. New York, NY: Cambridge University Press. 241-249.

Joyce, B. & B. Showers. 1980. Improving inservice training: The messages of research. *Educational Leadership* 37(5): 379-385.

Kagan, D. M. 1992. Professional growth among preservice and beginning teachers.

Review of Educational Research 62(2): 129-169.

Kane, R. G. & C. Chimwayange. 2014. Teacher action research and student voice: Making sense of learning in secondary school. *Action Research* 12(1): 52-77.

Kang, Y. & X. Cheng. 2014. Teacher learning in the workplace: A study of the relationship between a novice EFL teacher's classroom practices and cognition development. *Language Teaching Research* 18(2): 169-186.

Kanno, Y. & C. Stuart. 2011. Learning to become a second language teacher: Identities-in-practice. *The Modern Language Journal* 95(2): 236-252.

Karimi, M. N. & M. Mofidi. 2019. L2 teacher identity development: An activity theoretic perspective. *System* 81: 122-134.

Kayi-Aydar, H. 2015. Multiple identities, negotiations, and agency across time and space: A narrative inquiry of a foreign language teacher candidate. *Critical Inquiry in Language Studies* 12(2): 137-160.

Kelly, G. A. 1955a. *The Psychology of Personal Constructs (Volume 1): A Theory of Personality*. New York, NY: Norton.

Kelly, G. A. 1955b. *The Psychology of Personal Constructs (Volume 2): Clinical Diagnosis and Psychotherapy*. New York, NY: Norton.

Kemmis, S. & R. McTaggart. 1988. *The Action Research Planner* (3rd edition). Geelong, Victoria: Deakin University Press.

Kennedy, M. M. 1991. *NCRTL Special Report: An Agenda for Research on Teacher Learning*. East Lansing, MI: National Center for Research on Teacher Learning, Michigan State University.

Kennedy, M. M. 2008. Contributions of qualitative research to research on teacher qualifications. *Educational Evaluation and Policy Analysis* 30(4): 344-367.

Kirshner, D. & J. A. Whitson (eds.). 1997. *Situated Cognition: Social, Semiotic, and Psychological Perspectives*. Mahwah, NJ: Lawrence Erlbaum Associates.

Knezevic, A. & M. Scholl. 1996. Learning to teach together: Teaching to learn together. In D. Freeman & J. C. Richards (eds.). *Teacher Learning in Language Teaching*. Cambridge: Cambridge University Press. 79-96.

Koffka, K. 1935. *Principles of Gestalt Psychology*. London: Lund Humphries.

Kolb, D. A. 1984. *Experiential Learning: Experience as the Source of Learning and Development*. Upper Saddle River, NJ: Prentice Hall.

Kontra, E. 1997. Reflections on the purpose of methodology training. *ELT Journal* 51(3): 242-250.

Koutselini, M. 2008. Participatory teacher development at schools: Processes and issues. *Action Research* 6(1): 29-48.

Krashen, S. D. 1982. *Principles and Practice in Second Language Acquisition*. Oxford: Pergamon Press.

Krashen, S. D. & T. D. Terrell. 1983. *The Natural Approach: Language Acquisition in the Classroom*. Hayward, CA: Alemany Press.

Kubanyiova, M. 2006. Developing a motivational teaching practice in EFL teachers in Slovakia: Challenges of promoting teacher change in EFL contexts. *TESL-EJ* 10(2): 1-17.

Kubanyiova, M. 2015. The role of teachers' future self guides in creating L2 development opportunities in teacher-led classroom discourse: Reclaiming the relevance of language teacher cognition. *The Modern Language Journal* 99(3): 565-584.

Kubanyiova, M. & A. Feryok. 2015. Language teacher cognition in applied linguistics research: Revisiting the territory, redrawing the boundaries, reclaiming the relevance. *The Modern Language Journal* 99(3): 435-449.

Kuhn, T. S. 1962. *The Structure of Scientific Revolutions*. Chicago, IL: The University of Chicago Press.

Kvale, S. 1996. *InterViews: An Introduction to Qualitative Research Interviewing*. Thousand Oaks, CA: SAGE.

Kwo, O. 1996. Learning to teach English in Hong Kong classrooms: Patterns of reflections. In D. Freeman & J. C. Richards (eds.). *Teacher Learning in Language Teaching*. Cambridge: Cambridge University Press. 295-319.

Lam, Y. 2000. Technophilia vs. technophobia: A preliminary look at why second-language teachers do or do not use technology in their classrooms. *The Canadian Modern Language Review* 56(3): 389-420.

Lamb, M. 1995. The consequences of INSET. *ELT Journal* 49(1): 72-80.

Lambson, D. 2010. Novice teachers learning through participation in a teacher study group. *Teaching and Teacher Education* 26(8): 1660-1668.

Lansley, C. 1994. "Collaborative development": An alternative to phatic discourse and the art of co-operative development. *ELT Journal* 48(1): 50-56.

Lantolf, J. P. & S. L. Thorne. 2006. *Sociocultural Theory and the Genesis of Second Language Development*. Oxford: Oxford University Press.

Lantolf, J. P. & T. G. Beckett. 2009. Sociocultural theory and second language acquisition. *Language Teaching* 42(4): 459-475.

Larsen-Freeman, D. 1996. The changing nature of second language classroom research. In J. Schachter & S. Gass (eds.). *Second Language Classroom Research: Issues and Opportunities*. Mahwah, NJ: Lawrence Erlbaum Associates. 157-170.

Larsen-Freeman, D. 1997. Chaos/complexity science and second language acquisition. *Applied Linguistics* 18(2): 141-165.

Larsen-Freeman, D. & L. Cameron. 2008. *Complex Systems and Applied Linguistics*. Oxford: Oxford University Press.

Lave, J. 1988. *Cognition in Practice*. Cambridge: Cambridge University Press.

Lave, J. & E. Wenger. 1991. *Situated Learning: Legitimate Peripheral Participation*. Cambridge: Cambridge University Press.

Lee, I. 2013. Becoming a writing teacher: Using "identity" as an analytic lens to understand EFL writing teachers' development. *Journal of Second Language Writing* 22(3): 330-345.

Lee, J. F. K. 2008. A Hong Kong case of lesson study–Benefits and concerns. *Teaching and Teacher Education* 24(5): 1115-1124.

Leeferink, H., M. Koopman, D. Beijaard & G. L. M. Schellings. 2019. Overarching professional identity themes in student teacher workplace learning. *Teachers and Teaching* 25(1): 69-89.

Lefever-Davis, S., C. Wilson, E. Moore, A. Kent & S. Hopkins. 2003. Teacher study groups: A strategic approach to promoting students' literacy development. *The Reading Teacher* 56(8): 782-784.

Leont'ev, A. N. 1978. *Activity, Consciousness, and Personality*. Englewood Cliffs, NJ: Prentice Hall.

Leont'ev, A. N. 1981. *Psychology and the Language Learning Process*. Oxford: Pergamon Press.

Lewin, K. 1936. *Principles of Topological Psychology*. New York, NY: McGraw-Hill.

Lewis, C. 2009. What is the nature of knowledge development in lesson study? *Educational Action Research* 17(1): 95-110.

Lewis, C. & J. Hurd. 2011. *Lesson Study Step by Step: How Teacher Learning Communities Improve Instruction*. Portsmouth, NH: Heinemann.

Li, Y. & C. -C. Tu. 2018. Research on the influencing factors of high school English teacher professional learning community evaluation in Changchun, China. *English Language Teaching* 11(5): 104-115.

Lim, C., C. Lee, E. Saito & S. S. Haron. 2011. Taking stock of lesson study as a platform for teacher development in Singapore. *Asia-Pacific Journal of Teacher Education* 39(4): 353-365.

Little, J. W. 2002. Locating learning in teachers' communities of practice: Opening up problems of analysis in records of everyday work. *Teaching and Teacher Education* 18(8): 917-946.

Liu, Y. & L. Fisher. 2006. The development patterns of modern foreign language student teachers' conceptions of self and their explanations about change: Three cases. *Teacher Development* 10(3): 343-360.

Liu, Y. & Y. Xu. 2011. Inclusion or exclusion? A narrative inquiry of a language teacher's identity experience in the "new work order" of competing pedagogies. *Teaching and Teacher Education* 27(3): 589-597.

Liu, Y. & Y. Xu. 2013. The trajectory of learning in a teacher community of practice: A narrative inquiry of a language teacher's identity in the workplace. *Research Papers in Education* 28(2): 176-195.

Loh, E. K. Y. & L. C. W. Tam. 2017. The role of emotionality in teacher change: The case of Chinese language teachers in Hong Kong. *Teacher Development* 21(3): 462-479.

Lohman, M. C. & N. H. Woolf. 2001. Self-initiated learning activities of experienced public school teachers: Methods, sources, and relevant organizational influences. *Teachers and Teaching* 7(1): 59-74.

Lortie, D. 1975. *Schoolteacher: A Sociological Study*. Chicago, IL: The University of Chicago Press.

Macalister, J. 2016. Tracing it back: Identifying the impact of a trans-national language teacher education programme on classroom practice. *RELC Journal* 47(1): 59-70.

Macalister, J. 2018. Professional development and the place of journals in ELT. *RELC Journal* 49(2): 238-256.

Mann, S. 2002. Talking ourselves into understanding. In K. E. Johnson & P. R. Golombek (eds.). *Teachers' Narrative Inquiry as Professional Development*. New York, NY: Cambridge University Press. 195-209.

Marland, P. & B. Osborne. 1990. Classroom theory, thinking, and action. *Teaching and Teacher Education* 6(1): 93-109.

Martin, S. D. 2004. Finding balance: Impact of classroom management conceptions on developing teacher practice. *Teaching and Teacher Education* 20(5): 405-422.

Martin, S. D. & S. Dismuke. 2018. Investigating differences in teacher practices through a complexity theory lens: The influence of teacher education. *Journal of Teacher Education* 69(1): 22-39.

Martin-Beltran, M. & M. M. Peercy. 2014. Collaboration to teach English language learners: Opportunities for shared teacher learning. *Teachers and Teaching* 20(6): 721-737.

Mattheoudakis, M. 2007. Tracking changes in pre-service EFL teacher beliefs in Greece: A longitudinal study. *Teaching and Teacher Education* 23(8): 1272-1288.

Meerman, A. D. 2003. The impact of foreign instructors on lesson content and student learning in Japanese junior and senior high schools. *Asia Pacific Education Review* 4(1): 97-107.

Meijer, P. C., N. Verloop & D. Beijaard. 1999. Exploring language teachers' practical knowledge about teaching reading comprehension. *Teaching and Teacher Education* 15(1): 59-84.

Mejang, A. & W. Suksawas. 2021. The impacts of a face-to-face training in combination with LINE application and professional learning communities on English teacher development. *English Language Teaching* 14(4): 25-33.

Meng, J., S. Tajaroensuk & S. Seepho. 2013. The multilayered peer coaching model and the in-service professional development of tertiary EFL teachers. *International Education Studies* 6(7): 18-31.

Merriam, S. B. 1988. *Case Study Research in Education: A Qualitative Approach*. San Francisco, CA: Jossey-Bass.

Merriam, S. B. 1998. *Qualitative Research and Case Study Applications in Education*. San Francisco, CA: Jossey-Bass.

Mitchell, S. N., R. C. Reilly & M. E. Logue. 2009. Benefits of collaborative action research for the beginning teacher. *Teaching and Teacher Education* 25(2): 344-349.

Mitzel, H. E. 1960. Teacher effectiveness. In C. W. Harris (ed.). *Encyclopedia of Educational Research* (3rd edition). New York, NY: Macmillan. 1481-1486.

Molina, S. C. 2017. English language teaching in China: Teacher agency in response to curricular innovations. In P. C. L. Ng & E. F. Boucher-Yip (eds.). *Teacher Agency and Policy Response in English Language Teaching*. New York, NY: Routledge. 7-25.

Molle, D. 2013. Facilitating professional development for teachers of English language learners. *Teaching and Teacher Education* 29: 197-207.

Moran, P. R. 1996. "I'm not typical": Stories of becoming a Spanish teacher. In D. Freeman & J. C. Richards (eds.). *Teacher Learning in Language Teaching*. Cambridge: Cambridge University Press. 125-153.

Moskowitz, G. 1976. The classroom interaction of outstanding language teachers. *Foreign Language Annals* 9(2): 135-143.

Mutton, T., K. Burn & H. Hagger. 2010. Making sense of learning to teach: Learners in context. *Research Papers in Education* 25(1): 73-91.

Nami, F., S. S. Marandi & E. Sotoudehnama. 2016. CALL teacher professional growth through lesson study practice: An investigation into EFL teachers' perceptions. *Computer Assisted Language Learning* 29(4): 658-682.

Naylor, D. A., G. Campbell-Evans & C. Maloney. 2015. Learning to teach: What do pre-service teachers report. *Australian Journal of Teacher Education* 40(11): 120-136.

Newberry, M. & H. A. Davis. 2008. The role of elementary teachers' conceptions of closeness to students on their differential behavior in the classroom. *Teaching and Teacher Education* 24(8): 1965-1985.

Ng, C. & A. Leicht. 2019. "Struggles as engagement" in teacher change: A longitudinal case study of a reading teacher's changing practices. *Teachers and Teaching* 25(4): 453-468.

Ng, M. L. 2015. Difficulties with team teaching in Hong Kong kindergartens. *ELT Journal* 69(2): 188-197.

Norman, P. J., K. Golian & H. Hooker. 2005. Professional development schools and critical friends groups: Supporting student, novice and teacher learning. *The New Educator* 1(4): 273-286.

Numrich, C. 1996. On becoming a language teacher: Insights from diary studies. *TESOL Quarterly* 30(1): 131-153.

Nunan, D. 1990. Action research in the language classroom. In J. C. Richards & D. Nunan (eds.). *Second Language Teacher Education*. Cambridge: Cambridge University Press. 62-81.

Nunan, D. (ed.). 1992. *Collaborative Language Learning and Teaching*. Cambridge: Cambridge University Press.

Nunan, D. 1997. Standards for teacher-research: Developing standards for teacher-research in TESOL. *TESOL Quarterly* 31(2): 365-367.

Nunan, D. & J. Choi. 2011. Shifting sands: The evolving story of "voice" in qualitative research. In E. Hinkel (ed.). *Handbook of Research in Second Language Teaching and Learning* (Volume II). New York, NY: Routledge. 222-236.

Nunan, D. & K. M. Bailey. 2009. *Exploring Second Language Classroom Research: A Comprehensive Guide*. Boston, MA: Heinle, Cengage Learning.

Oldroyd, D. 1986. *The Arch of Knowledge: An Introductory Study of the History of the Philosophy and Methodology of Science*. New York, NY: Methuen.

Oner, D. & E. Adadan. 2011. Use of web-based portfolios as tools for reflection in preservice teacher education. *Journal of Teacher Education* 62(5): 477-492.

Oosterheert, I. E. & J. D. Vermunt. 2001. Individual differences in learning to teach: Relating cognition, regulation and affect. *Learning and Instruction* 11(2): 133-156.

Oosterheert, I. E., J. D. Vermunt & E. Denessen. 2002. Assessing orientations to learning to teach. *British Journal of Educational Psychology* 72(1): 41-64.

Opfer, V. D. & D. G. Pedder. 2011. Conceptualizing teacher professional learning. *Review of Educational Research* 81(3): 376-407.

Opfer, V. D., D. G. Pedder & Z. Lavicza. 2011. The role of teachers' orientation to learning in professional development and change: A national study of teachers in England. *Teaching and Teacher Education* 27(2): 443-453.

Orland-Barak, L. & H. Yinon. 2007. When theory meets practice: What student teachers learn from guided reflection on their own classroom discourse. *Teaching and Teacher Education* 23(6): 957-969.

Ormrod, J. E. 2012. *Human Learning* (6th edition). Upper Saddle River, NJ: Pearson Education.

Ortaçtepe, D. 2015. EFL teachers' identity (re)construction as teachers of intercultural competence: A language socialization approach. *Journal of Language, Identity & Education* 14(2): 96-112.

Osam, U. V. & S. Balbay. 2004. Investigating the decision-making skills of cooperating teachers and student teachers of English in a Turkish context. *Teaching and Teacher Education* 20(7): 745-758.

Özçınar, H. 2015. Mapping teacher education domain: A document co-citation analysis from 1992 to 2012. *Teaching and Teacher Education* 47: 42-61.

Pardy, D. 2004. The perceived effectiveness of simultaneous team-teaching in a dual language programme. *Journal of Research in International Education* 3(2): 207-224.

Park, G. 2012. "I am never afraid of being recognized as an NNES": One teacher's journey in claiming and embracing her nonnative-speaker identity. *TESOL Quarterly* 46(1): 127-151.

Park, R. E. & E. W. Burgess. 1921. *Introduction to the Science of Sociology*. Chicago, IL: The University of Chicago Press.

Parks, A. N. 2009. Collaborating about what? An instructor's look at preservice lesson study. *Teacher Education Quarterly* 36(4): 81-97.

Parks, S. 2010. A WebCT discussion forum during a TESL Practicum: Pre-service teachers' perceptions of learning. *Canadian Journal of Applied Linguistics* 13(1): 52-70.

Parks, S. 2015. Maximizing target language use in a pre-service practicum: Tensions, power, and identity formation. *TESL-EJ* 19(1): 1-12.

Patterson, T. & T. Crumpler. 2009. Slow transformation: Teacher research and shifting teacher practices. *Teacher Education Quarterly* 36(3): 95-111.

Peacock, M. 2001. Pre-service ESL teachers' beliefs about second language learning: A longitudinal study. *System* 29(2): 177-195.

Pella, S. 2011. A situative perspective on developing writing pedagogy in a teacher professional learning community. *Teacher Education Quarterly* 38(1): 107-125.

Pennington, M. 1995. The teacher change cycle. *TESOL Quarterly* 29(4): 705-731.

Pereira, Í. S. P., M. C. C. Parente & C. V. da Silva. 2016. Guided portfolio writing as a scaffold for reflective learning in in-service contexts: A case study. *Teacher Development* 20(5): 614-630.

Perry, B. & T. Stewart. 2005. Insights into effective partnership in interdisciplinary team teaching. *System* 33(4): 563-573.

Phipps, S. 2007. What difference does DELTA make? *Cambridge ESOL: Research Notes* 29: 12-16.

Phipps, S. & S. Borg. 2009. Exploring tensions between teachers' grammar teaching beliefs and practices. *System* 37(3): 380-390.

Piaget, J. 1970/1972. *The Principles of Genetic Epistemology* (W. Mays, trans.). London: Routledge & Kegan Paul.

Piaget, J. 1975/1977. *The Development of Thought: Equilibration of Cognitive Structures* (A. Rosin, trans.). New York, NY: The Viking Press.

Postholm, M. B. & K. Wæge. 2016. Teachers' learning in school-based development. *Educational Research* 58(1): 24-38.

Powell, R. R. 1992. The influence of prior experiences on pedagogical constructs of traditional and nontraditional preservice teachers. *Teaching and Teacher Education* 8(3): 225-238.

Priestley, M., G. Biesta & S. Robinson. 2015. *Teacher Agency: An Ecological Approach.* London: Bloomsbury.

Putnam, R. T. & H. Borko. 2000. What do new views of knowledge and thinking have to say about research on teacher learning? *Educational Researcher* 29(1): 4-15.

Qi, G. Y. & Y. Wang. 2018. Investigating the building of a WeChat-based community of practice for language teachers' professional development. *Innovation in Language Learning and Teaching* 12(1): 72-88.

Quate, S. 2008. Critical friends group. In L. E. Brown (ed.). *Powerful Designs for Professional Learning.* Oxford, OH: National Staff Development Council. 95-102.

Rao, Z. & H. Chen. 2020. Teachers' perceptions of difficulties in team teaching between local- and native-English-speaking teachers in EFL teaching. *Journal of Multilingual and Multicultural Development* 41(4): 333-347.

Rathgen, E. 2006. In the voice of teachers: The promise and challenge of participating in classroom-based research for teachers' professional learning. *Teaching and Teacher Education* 22(5): 580-591.

Resnick, L. B. 1987a. The 1987 presidential address: Learning in school and out. *Educational Researcher* 16(9): 13-20, 54.

Resnick, L. B. 1987b. *Education and Learning to Think.* Washington, DC: National Academy Press.

Resnick, L. B. (ed.). 1989. *Knowing, Learning, and Instruction: Essays in Honor of Robert Glaser*. Hillsdale, NJ: Lawrence Erlbaum Associates.

Resnick, L. B. & L. E. Klopfer (eds.). 1989. *Toward the Thinking Curriculum: Current Cognitive Research*. Alexandria, VA: Association for Supervision and Curriculum Development.

Resnick, L. B., J. M. Levine & S. D. Teasley (eds.). 1991. *Perspectives on Socially Shared Cognition*. Washington, DC: American Psychological Association.

Retallick, J. 1999. Teachers' workplace learning: Towards legitimation and accreditation. *Teachers and Teaching* 5(1): 33-50.

Richards, J. C. 1990. The dilemma of teacher education in second language teaching. In J. C. Richards & D. Nunan (eds.). *Second Language Teacher Education*. Cambridge: Cambridge University Press. 3-15.

Richards, J. C. 1996. Teachers' maxims in language teaching. *TESOL Quarterly* 30(2): 281-296.

Richards, J. C. (ed.). 1998a. *Beyond Training*. Cambridge: Cambridge University Press.

Richards, J. C. 1998b. Teacher beliefs and decision making. In J. C. Richards (ed.). *Beyond Training*. Cambridge: Cambridge University Press. 65-85.

Richards, J. C. 2008. Second language teacher education today. *RELC Journal* 39(2): 158-177.

Richards, J. C. & C. Lockhart. 1996. *Reflective Teaching in Second Language Classrooms*. New York, NY: Cambridge University Press.

Richards, J. C. & D. Nunan (eds.). 1990. *Second Language Teacher Education*. Cambridge: Cambridge University Press.

Richards, J. C. & T. S. C. Farrell. 2005. *Professional Development for Language Teachers: Strategies for Teacher Learning*. New York, NY: Cambridge University Press.

Richards, J. C., B. Ho & K. Giblin. 1996. Learning how to teach in the RSA Cert. In D. Freeman & J. C. Richards (eds.). *Teacher Learning in Language Teaching*. Cambridge: Cambridge University Press. 242-259.

Richards, J. C., B. Li & A. Tang. 1998. Exploring pedagogical reasoning skills. In J. C. Richards (ed.). *Beyond Training*. Cambridge: Cambridge University Press. 86-102.

Richards, J. C., P. B. Gallo & W. A. Renandya. 2001. Exploring teachers' beliefs and the processes of change. *The PAC Journal* 1(1): 41-62.

Richardson, V., P. Anders, D. Tidwell & C. Lloyd. 1991. The relationship between teachers' beliefs and practices in reading comprehension instruction. *American Educational Research Journal* 28(3): 559-586.

Roberts, J. 1998. *Language Teacher Education*. London: Arnold.

Rogers, C. R. 1969. *Freedom to Learn*. Columbus, OH: Charles E. Merrill Publishing Company.

Rogers, C. R. 1983. *Freedom to Learn for the 80's* (2nd edition). Columbus, OH: Charles E. Merrill Publishing Company.

Ruohotie-Lyhty, M. 2013. Struggling for a professional identity: Two newly qualified language teachers' identity narratives during the first years at work. *Teaching and Teacher Education* 30: 120-129.

Rust, F. O. 1999. Professional conversations: New teachers explore teaching through conversation, story, and narrative. *Teaching and Teacher Education* 15(4): 367-380.

Saavedra, E. 1996. Teachers study groups: Contexts for transformative learning and action. *Theory Into Practice* 35(4): 271-277.

Sato, K. & R. C. Kleinsasser. 2004. Beliefs, practices, and interactions of teachers in a Japanese high school English department. *Teaching and Teacher Education* 20(8): 797-816.

Sato, M. & S. Loewen. 2019. Do teachers care about research? The research-pedagogy dialogue. *ELT Journal* 73(1): 1-10.

Schön, D. A. 1983. *The Reflective Practitioner: How Professionals Think in Action*. New York, NY: Basic Books.

Schön, D. A. 1987. *Educating the Reflective Practitioner*. San Francisco, CA: Jossey-Bass.

Scott, R. & B. Rodgers. 1995. Changing teachers' conceptions of teaching writing: A collaborative study. *Foreign Language Annals* 28(2): 234-246.

Sedova, K. 2017. Transforming teacher behaviour to increase student participation in classroom discourse. *Teacher Development* 21(2): 225-242.

Seliger, H. 1975. Inductive method and deductive method in language teaching: A re-examination. *International Review of Applied Linguistics* 13(1-4): 1-18.

Selvi, A. F. & M. Martin-Beltrán. 2016. Teacher-learners' engagement in the reconceptualization of second language acquisition knowledge through inquiry. *System* 63: 28-39.

Sendan, F. & J. Roberts. 1998. Orhan: A case study in the development of a student teacher's personal theories. *Teachers and Teaching* 4(2): 229-244.

Shapira-Lishchinsky, O. 2011. Teachers' critical incidents: Ethical dilemmas in teaching practice. *Teaching and Teacher Education* 27(3): 648-656.

Sharkey, J. 2004. ESOL teachers' knowledge of context as critical mediator in curriculum development. *TESOL Quarterly* 38(2): 279-299.

Shin, S. -K. 2012. "It cannot be done alone": The socialization of novice English teachers in South Korea. *TESOL Quarterly* 46(3): 542-567.

Shulman, L. S. 1986a. Paradigms and research programs in the study of teaching: A contemporary perspective. In M. C. Wittrock (ed.). *Handbook of Research on Teaching* (3rd edition). New York, NY: Macmillan. 3-36.

Shulman, L. S. 1986b. Those who understand: Knowledge growth in teaching. *Educational Researcher* 15(2): 4-14.

Shulman, L. S. 1987. Knowledge and teaching: Foundations of the new reform. *Harvard Educational Review* 57(1): 1-22.

Shulman, L. S. & J. H. Shulman. 2004. How and what teachers learn: A shifting perspective. *Journal of Curriculum Studies* 36(2): 257-271.

Siens, C. M. & H. Ebmeier. 1996. Developmental supervision and the reflective thinking of teachers. *Journal of Curriculum and Supervision* 11(4): 299-319.

Silva, P. 2002. What if ... ? *Connections: A Journal of the National School Reform Faculty* (1): 6, 14.

Silva, P. 2005. A day in the life of schoolwide CFGs. *Educational Horizons* 84(1): 29-35.

Simon, F. A. 2011. Efficacy Development in New Teacher Study Groups. Ph.D. Dissertation. Tucson, AZ: The University of Arizona.

Sims, L. & D. Walsh. 2009. Lesson study with preservice teachers: Lessons from lessons. *Teaching and Teacher Education* 25(5): 724-733.

Singh, G. & J. C. Richards. 2006. Teaching and learning in the language teacher education course room: A critical sociocultural perspective. *RELC Journal* 37(2): 149-175.

Smith, D. B. 1996. Teacher decision making in the adult ESL classroom. In D. Freeman & J. C. Richards (eds.). *Teacher Learning in Language Teaching*. Cambridge: Cambridge University Press. 197-216.

So, K. 2013. Knowledge construction among teachers within a community based on inquiry as stance. *Teaching and Teacher Education* 29: 188-196.

Sockett, H. T. 1987. Has Shulman got the strategy right? *Harvard Educational Review* 57(2): 208-219.

Sokel, F. 2019. The effectiveness of a professional development course: Teachers' perceptions. *ELT Journal* 73(4): 409-418.

Song, J. 2016. Emotions and language teacher identity: Conflicts, vulnerability, and transformation. *TESOL Quarterly* 50(3): 631-654.

Spada, N. & M. Fröhlich. 1995. *COLT – Communicative Orientation of Language Teaching Observation Scheme: Coding Conventions and Applications.* Sydney, Australia: National Center for English Language Teaching and Research, Macquarie University.

Sparks, G. M. & S. Bruder. 1987. Before and after peer coaching. *Educational Leadership* 45(3): 54-57.

Sparks-Langer, G. M., J. M. Simmons, M. Pasch, A. Colton & A. Starko. 1990. Reflective pedagogical thinking: How can we promote it and measure it? *Journal of Teacher Education* 41(5): 23-32.

Stanley, A. M. 2011. Professional development within collaborative teacher study groups: Pitfalls and promises. *Arts Education Policy Review* 112(2): 71-78.

Stenhouse, L. 1975. *An Introduction to Curriculum Research and Development.* London: Heinemann.

Stewart, T. 2018. Expanding possibilities for ESP practitioners through interdisciplinary team teaching. In Y. Kırkgöz & K. Dikilitaş (eds.). *Key Issues in English for Specific Purposes in Higher Education.* Cham, Switzerland: Springer. 141-156.

Stewart, T. & B. Perry. 2005. Interdisciplinary team teaching as a model for teacher development. *TESL-EJ* 9(2): 1-17.

Stoll, L., R. Bolam, A. McMahon, M. Wallace & S. Thomas. 2006. Professional learning communities: A review of the literature. *Journal of Educational Change* 7(4): 221-258.

Storey, P., J. Luk, J. Gray, E. Wang-Kho & A. Lin. 2001. *Monitoring & Evaluation of the Native-Speaking English Teacher Scheme (MENETS): Technical Report.* Hong Kong: The Hong Kong Institute of Education.

Sun, Y. -C. 2010. Developing reflective cyber communities in the blogosphere: A case study in Taiwan higher education. *Teaching in Higher Education* 15(4): 369-381.

Tajino, A. & L. Walker. 1998. Perspectives on team teaching by students and teachers: Exploring foundations for team learning. *Language, Culture and Curriculum* 11(1): 113-131.

Tang, E. L. -Y., J. C. -K. Lee & C. K. -W. Chun. 2012. Development of teaching beliefs and the focus of change in the process of pre-service ESL teacher education. *Australian Journal of Teacher Education* 37(5): 90-107.

Tang, S. Y. F., A. K. Y. Wong & M. M. H. Cheng. 2012. Professional learning in initial teacher education: Vision in the constructivist conception of teaching and learning. *Journal of Education for Teaching* 38(4): 435-451.

Tang, S. Y. F., A. K. Y. Wong & M. M. H. Cheng. 2016. Examining professional learning and the preparation of professionally competent teachers in initial teacher education. *Teachers and Teaching* 22(1): 54-69.

Tasker, T., K. E. Johnson & T. S. Davis. 2010. A sociocultural analysis of teacher talk in inquiry-based professional development. *Language Teaching Research* 14(2): 129-140.

Tatto, M. T. 1998. The influence of teacher education on teachers' beliefs about purposes of education, roles, and practice. *Journal of Teacher Education* 49(1): 66-77.

Taylor, K. M., E. M. Taylor, P. Hartman, R. Woodard, A. Vaughan, R. Coppola, D. J. Rocha & E. Machado. 2019. Expanding repertoires of resistance: Teachers cultivating critical English language arts pedagogies through collaborative narrative inquiry. *English Teaching: Practice & Critique* 18(2): 188-203.

Teng, L. S. 2016. Changes in teachers' beliefs after a professional development project for teaching writing: Two Chinese cases. *Journal of Education for Teaching* 42(1): 106-109.

Thompson, N. & J. Pascal. 2012. Developing critically reflective practice. *Reflective Practice* 13(2): 311-325.

Tillema, H. 1998. Stability and change in student teachers' beliefs about teaching. *Teachers and Teaching* 4(2): 217-228.

Tillema, H. & G. J. van der Westhuizen. 2006. Knowledge construction in collaborative enquiry among teachers. *Teachers and Teaching* 12(1): 51-67.

Too, W. K. 2013. Facilitating the development of pre-service teachers as reflective learners: A Malaysian experience. *The Language Learning Journal* 41(2): 161-174.

Trent, J. 2010. Teacher education as identity construction: Insights from action research. *Journal of Education for Teaching* 36(2): 153-168.

Trent, J. 2011. Learning, teaching, and constructing identities: ESL pre-service teacher experiences during a short-term international experience programme. *Asia Pacific Journal of Education* 31(2): 177-194.

Trent, J. 2012. Becoming a teacher: The identity construction experiences of beginning English language teachers in Hong Kong. *The Australian Educational Researcher* 39(3): 363-383.

Tsui, A. B. M. 1996. Learning how to teach ESL writing. In D. Freeman & J. C. Richards (eds.). *Teacher Learning in Language Teaching*. Cambridge: Cambridge University Press. 97-119.

Tsui, A. B. M. 2001. Classroom interaction. In R. Carter & D. Nunan (eds.). *The Cambridge Guide to Teaching English to Speakers of Other Languages*. Cambridge: Cambridge University Press. 120-125.

Tsui, A. B. M. 2007. Complexities of identity formation: A narrative inquiry of an EFL teacher. *TESOL Quarterly* 41(4): 657-680.

Tsui, A. B. M. 2011. Teacher education and teacher development. In E. Hinkel (ed.). *Handbook of Research in Second Language Teaching and Learning* (Volume II). New York, NY: Routledge. 21-39.

Tsui, A. B. M. & D. Y. K. Law. 2007. Learning as boundary-crossing in school–university partnership. *Teaching and Teacher Education* 23(8): 1289-1301.

Ullman, R. & E. Geva. 1981. *The Target Language Observation Scheme (TALOS): Handbook*. Toronto: Modern Language Center, Ontario Institute for Studies in Education.

Ur, P. 1992. Teacher learning. *ELT Journal* 46(1): 56-61.

Urzúa, A. & C. Vásquez. 2008. Reflection and professional identity in teachers' future-oriented discourse. *Teaching and Teacher Education* 24(7): 1935-1946.

Vacilotto, S. & R. Cummings. 2007. Peer coaching in TEFL/TESL programmes. *ELT Journal* 61(2): 153-160.

Valencia, S. W. & J. P. Killion. 1988. Overcoming obstacles to teacher change: Direction from school-based efforts. *Journal of Staff Development* 9(2): 2-8.

Varghese, M., B. Morgan, B. Johnston & K. A. Johnson. 2005. Theorizing language teacher identity: Three perspectives and beyond. *Journal of Language, Identity, and Education* 4(1): 21-44.

Verspoor, M., K. de Bot & W. Lowie (eds.). 2011. *A Dynamic Approach to Second Language Development: Methods and Techniques*. Amsterdam: John Benjamins.

Vo, L. T. & H. T. M. Nguyen. 2010. Critical friends group for EFL teacher professional development. *ELT Journal* 64(2): 205-213.

Vygotsky, L. S. 1978. *Mind in Society: The Development of Higher Psychological Processes*. Cambridge, MA: Harvard University Press.

Wallace, M. J. 1991. *Training Foreign Language Teachers: A Reflective Approach*. Cambridge: Cambridge University Press.

Wang, Q. & H. Zhang. 2014. Promoting teacher autonomy through university–school collaborative action research. *Language Teaching Research* 18(2): 222-241.

Ward, J. R. & S. S. McCotter. 2004. Reflection as a visible outcome for preservice teachers. *Teaching and Teacher Education* 20(3): 243-257.

Waring, H. Z. 2013. Two mentor practices that generate teacher reflection without explicit solicitations: Some preliminary considerations. *RELC Journal* 44(1): 103-119.

Warren, S., D. Doorn & J. Green. 2008. Changes in vision: Teachers engaging in action research. *The Educational Forum* 72(3): 260-270.

Watanabe, T. 2002. Learning from Japanese lesson study. *Educational Leadership* 59(6): 36-39.

Watson, J. B. 1913. Psychology as the behaviorist views it. *Psychological Review* 20(2): 158-177.

Watzke, J. L. 2003. Longitudinal study of stages of beginning teacher development in a field-based teacher education program. *The Teacher Educator* 38(3): 209-229.

Watzke, J. L. 2007. Longitudinal research on beginning teacher development: Complexity as a challenge to concerns-based stage theory. *Teaching and Teacher Education* 23(1): 106-122.

Wenger, E. 1998. *Communities of Practice: Learning, Meaning, and Identity*. Cambridge: Cambridge University Press.

Wermke, W. 2011. Continuing professional development in context: Teachers' continuing professional development culture in Germany and Sweden.

Professional Development in Education 37(5): 665-683.

Wertsch, J. V. 1985. *Vygotsky and the Social Formation of Mind*. Cambridge, MA: Harvard University Press.

Wertsch, J. V. 1991. *Voices of the Mind: A Sociocultural Approach to Mediated Action*. Cambridge, MA: Harvard University Press.

Westheimer, J. 1999. Communities and consequences: An inquiry into ideology and practice in teachers' professional work. *Educational Administration Quarterly* 35(1): 71-105.

Whipp, J. L. 2003. Scaffolding critical reflection in online discussions: Helping prospective teachers think deeply about field experiences in urban schools. *Journal of Teacher Education* 54(4): 321-333.

Wilkins, D. 1976. *Notional Syllabuses*. Oxford: Oxford University Press.

Williams, M. & R. L. Burden. 1997. *Psychology for Language Teachers: A Social Constructivist Approach*. Cambridge: Cambridge University Press.

Williams, T. L. 2012. Critical Friends Groups: Building Teacher Capacity Through Collaboration in a Professional Learning Community. Ph.D. Dissertation. Nashville, TN: Trevecca Nazarene University.

Wilson, S. M., L. S. Shulman & A. E. Richert. 1987. "150 different ways" of knowing: Representations of knowledge in teaching. In J. Calderhead (ed.). *Exploring Teachers' Thinking*. London: Cassell. 104-124.

Wolfe, P. & P. Robbins. 1989. *Opening Doors: An Introduction to Peer Coaching*. Alexandria, VA: Association for Supervision and Curriculum Development.

Wongsopawiro, D. S., R. C. Zwart & J. H. van Driel. 2017. Identifying pathways of teachers' PCK development. *Teachers and Teaching* 23(2): 191-210.

Woods, D. 1991. Teachers' interpretations of second language teaching curricula. *RELC Journal* 22(2): 1-19.

Woods, D. 1996. *Teacher Cognition in Language Teaching*. Cambridge: Cambridge University Press.

Wyatt, M. 2010. One teacher's development as a reflective practitioner. *Asian EFL Journal* 12(2): 235-261.

Wyatt, M. 2011. Teachers researching their own practice. *ELT Journal* 65(4): 417-425.

Xiang, Y. 2021. Negotiating professional identities in teaching language abroad: An inquiry of six native Chinese teachers in Britain. *The Language Learning Journal* 49(3): 370-381.

Xu, H. 2013. From the imagined to the practiced: A case study on novice EFL teachers' professional identity change in China. *Teaching and Teacher Education* 31: 79-86.

Xu, H. 2015. Developing novice EFL teachers' pedagogical knowledge through lesson study activities. In T. S. C. Farrell (ed.). *International Perspectives on English Language Teacher Education: Innovations from the Field*. Basingstoke: Palgrave Macmillan. 181-192.

Xu, Y. 2014. Becoming researchers: A narrative study of Chinese university EFL teachers' research practice and their professional identity construction. *Language Teaching Research* 18(2): 242-259.

Xu, Y. & Y. Liu. 2009. Teacher assessment knowledge and practice: A narrative inquiry of a Chinese college EFL teacher's experience. *TESOL Quarterly* 43(3): 492-513.

Yaman, Ş. 2010. Conceptual change of pre-service teachers: A longitudinal action research study in ELT. *Procedia-Social and Behavioral Sciences* 3: 227-236.

Yan, Y. & L. Yang. 2019. Exploring contradictions in an EFL teacher professional learning community. *Journal of Teacher Education* 70(5): 498-511.

Yang, S. -H. 2009. Using blogs to enhance critical reflection and community of practice. *Journal of Educational Technology & Society* 12(2): 11-21.

Yazan, B. 2017. "It just made me look at language in a different way:" ESOL teacher candidates' identity negotiation through teacher education coursework. *Linguistics and Education* 40: 38-49.

Yeh, H. -C. 2013. English curriculum redesign through an EFL teacher study group. *Taiwan Journal of TESOL* 10(1): 1-35.

Yeh, H. -C., H. -T. Hung & Y. -P. Chen. 2012. The roles of a university professor in a teacher study group. *Asia Pacific Education Review* 13(3): 435-447.

Yin, R. K. 2009. *Case Study Research: Design and Methods* (4th edition). Thousand Oaks, CA: SAGE.

Yoshida, M. 1999. Lesson Study: A Case Study of a Japanese Approach to Improving Instruction Through School-Based Teacher Development. Ph.D. Dissertation. Chicago, IL: The University of Chicago.

Yuan, R. & A. Burns. 2017. Teacher identity development through action research: A Chinese experience. *Teachers and Teaching* 23(6): 729-749.

Yuan, R. & I. Lee. 2014. Pre-service teachers' changing beliefs in the teaching practicum: Three cases in an EFL context. *System* 44: 1-12.

Yuan, R. & I. Lee. 2015a. The cognitive, social and emotional processes of teacher identity construction in a pre-service teacher education programme. *Research Papers in Education* 30(4): 469-491.

Yuan, R. & I. Lee. 2015b. Action research facilitated by university–school collaboration. *ELT Journal* 69(1): 1-10.

Yuan, R. & I. Lee. 2016. "I need to be strong and competent": A narrative inquiry of a student-teacher's emotions and identities in teaching practicum. *Teachers and Teaching* 22(7): 819-841.

Yuan, R., J. Zhang & S. Yu. 2018. Understanding teacher collaboration processes from a complexity theory perspective: A case study of a Chinese secondary school. *Teachers and Teaching* 24(5): 520-537.

Yuan, R., P. Sun & L. Teng. 2016. Understanding language teachers' motivations towards research. *TESOL Quarterly* 50(1): 220-234.

Yüksel, İ. & B. Ç. Başaran. 2019. The change in ELT pre-service teachers' cognition during teaching practicum. *Journal of Education and Training Studies* 7(10): 58-66.

Zastrow, C. & K. K. Kirst-Ashman. 2006. *Understanding Human Behavior and the Social Environment* (7th edition). Belmont, CA: Thomson Brooks/Cole.

Zhang, H., R. Yuan & W. Liao. 2019. EFL teacher development facilitated by lesson study: A Chinese perspective. *TESOL Quarterly* 53(2): 542-552.

Zheng, H. 2013a. The dynamic interactive relationship between Chinese secondary school EFL teachers' beliefs and practice. *The Language Learning Journal* 41(2): 192-204.

Zheng, H. 2013b. Teachers' beliefs and practices: A dynamic and complex relationship. *Asia-Pacific Journal of Teacher Education* 41(3): 331-343.

Zhu, Y. & D. Shu. 2017. Implementing foreign language curriculum innovation in a Chinese secondary school: An ethnographic study on teacher cognition and classroom practices. *System* 66: 100-112.

Zoshak, R. 2016. "Tiny talks" between colleagues: Brief narratives as mediation in teacher development. *Language Teaching Research* 20(2): 209-222.

Zottmann, J. M., A. Goeze, C. Frank, U. Zentner, F. Fischer & J. Schrader. 2012. Fostering the analytical competency of pre-service teachers in a computer-supported case-based learning environment: A matter of perspective? *Interactive Learning Environments* 20(6): 513-532.

Zwart, R. C., T. Wubbels, S. Bolhuis & T. C. M. Bergen. 2008. Teacher learning through reciprocal peer coaching: An analysis of activity sequences. *Teaching and Teacher Education* 24(4): 982-1002.

Zwart, R. C., T. Wubbels, T. C. M. Bergen & S. Bolhuis. 2007. Experienced teacher learning within the context of reciprocal peer coaching. *Teachers and Teaching* 13(2): 165-187.

Zwart, R. C., T. Wubbels, T. C. M. Bergen & S. Bolhuis. 2009. Which characteristics of a reciprocal peer coaching context affect teacher learning as perceived by teachers and their students? *Journal of Teacher Education* 60(3): 243-257.

陈波等（编著），1989，《社会科学方法论》。北京：中国人民大学出版社。

陈芳，2012，影响高中英语教师行动研究的学校环境因素，《中国教师》（5）：53-57。

陈向明，2000，《质的研究方法与社会科学研究》。北京：教育科学出版社。

陈向明，2013，从教师"专业发展"到教师"专业学习"，《教育发展研究》（8）：1-7。

程文华，2012，高校英语教师课堂教学中的专业学习模式研究，《外语教学与研究》（6）：912-924。

崔琳琳，2013，外语教师学习研究述评：理论、主题与方法，《中国外语》（6）：103-109。

崔琳琳，2014，《理解教师学习：关于四位新手中学外语教师的叙事探究》。北京：外语教学与研究出版社。

崔琳琳、杨鲁新，2014，《教师教育与发展的文化历史观——学习教学》评介，《外语教学理论与实践》（2）：91-93。

丁钢，2008，《声音与经验：教育叙事探究》。北京：教育科学出版社。

范国睿，1995，美英教育生态学研究述评，《华东师范大学学报（教育科学版）》（2）：83-89。

冯建军，2003，教育研究范式：从二元对立到多元整合，《教育理论与实践》（19）：9-12。

甘正东，2000，反思性教学：外语教师自身发展的有效途径，《外语界》（4）：12-16。

高强，2011，职前中学英语教师教学实习中的认知发展：一项基于日志的个案研究，《课程·教材·教法》（8）：89-94。

高雪松、陶坚、龚阳，2018，课程改革中的教师能动性与教师身份认同——社会文化理论视野，《外语与外语教学》（1）：19-28。

顾佩娅，2009，《优秀外语教师成长案例研究》。北京：外语教学与研究出版社。

顾佩娅、古海波、陶伟，2014，高校英语教师专业发展环境调查，《解放军外国语学院学报》（4）：51-58，83。

顾佩娅、陶伟、古海波、金琳，2016，外语教师专业发展环境研究综述，《外语教学与研究》（1）：99-108。

顾佩娅等，2017，《中国高校英语教师专业发展环境研究》。北京：外语教学与研究出版社。

韩刚、王蓉，2008，理解职前外语教师的"反思性实践"，《外语教学理论与实践》（3）：82-87。

郝彩虹，2010a，职后学历学习对教师发展的影响研究——以7位高校英语教师为案例，《教育理论与实践》（16）：53-57。

郝彩虹，2010b，大学英语教师职后学历学习与专业认同变化研究，《外语界》（4）：84-90，95。

郝彩虹，2014，《大学英语教师的专业身份认同危机及应对研究》。重庆：重庆大学出版社。

黄景，2010，教师身份·教师能动·教师自主：二十年从教经历的反思，《教育学术月刊》（8）：27-31。

江晓梅，2003，英国当代语言教师学习理论综述及启示，《外语界》（1）：67-75。

康艳，2014，教师研究中的教师课堂教学行为与认知发展关系——中学英语教师的个案研究，《中国外语教育》（4）：61-69。

康艳，2016a，《新手外语教师教学行为与认知发展关系研究》。北京：外语教学与研究出版社。

康艳，2016b，中学英语教师开展研究的情况调查，《中小学外语教学（中学篇）》（9）：22-26。

李丽，2015，以教育生态为视角的高校教师专业发展实证研究，《高等继续教育学报》（3）：26-29。

李晓博，2011，《有心流动的课堂：教师专业知识的叙事探究》。北京：外语教学与研究出版社。

刘宏刚，2016，教师动机。载徐浩（主编），《外语教师教育重点问题研究》。北京：外语教学与研究出版社。56-81。

刘学惠，2004，建立以反思性教学为核心的英语教师发展机制，《课程·教材·教法》（12）：72-77。

刘学惠，2007，探究教师建构性学习——一个英语教师课堂研究小组的案例。博士学位论文。北京：北京师范大学。

刘学惠，2008，外语教师教育与发展的概念重构和研究进展。载吴一安等（编），《中国高校英语教师教育与发展研究》。北京：外语教学与研究出版社。2-33。

刘学惠、申继亮，2006，教师学习的分析维度与研究现状，《全球教育展望》（8）：54-59。

卢家楣（主编），2009，《学习心理与教学——理论和实践》。上海：上海教育出版社。

卢乃桂、钟亚妮，2006，国际视野中的教师专业发展，《比较教育研究》（2）：71-76。

罗婷、刘健英、李弘，2006，大学教师发展的生态环境初探，《江西师范大学学报》（2）：95-99。

马志政，1997，探讨环境分类 建立哲学环境理论，《杭州大学学报（哲学社会科学版）》（3）：84-92。

马志政，1999，论文化环境，《浙江大学学报（人文社会科学版）》（2）：71-79。

毛齐明，2010，国外"教师学习"研究领域的兴起与发展，《全球教育展望》（1）：63-67。

阮晓蕾，2020，课程改革背景下的英语专业教师教学能动性探究，《山东外语教学》（3）：121-131。

申沁，2012，国际视野中的教师专业学习与发展模式走向，《教师教育研究》（2）：52-56。

施良方，2001，《学习论》。北京：人民教育出版社。

宋改敏，2011，《教师专业成长的学校生态环境》。重庆：重庆大学出版社。

宋改敏、陈向明，2009，教师专业成长研究的生态学转向，《现代教育管理》（7）：49-52。

孙彩霞、李子建，2014，教师情绪的形成：生态学的视角，《全球教育展望》（7）：67-75，82。

陶坚、高雪松，2019，教学转型背景下的外语教师学习，《现代外语》（6）：805-817。

王俊菊，2012，外语课堂环境下的教师学习研究，《中国外语》（1）：56-63。

王坤，2014，教师专业发展的社会生态环境及其构成，《贵州社会科学》（6）：129-131。

王蔷、张文华、林周婧，2010，高校与基础教育教师合作行动研究的实践探索，《课程·教材·教法》（12）：87-93。

王蓉，2012，职前英语教师教学反思的思维特点研究，《海南师范大学学报（社会科学版）》（1）：119-125。

王文静，2001，社会建构主义研究，《全球教育展望》（10）：15-19。

王文静，2005，情境认知与学习理论：对建构主义的发展，《全球教育展望》（4）：56-59，33。

王晓莉、张世娇，2018，新手教师韧性发展的个案研究：社会生态系统理论的视角，《教育发展研究》（6）：74-79。

王晓明（主编），2015，《教育心理学》。北京：北京大学出版社。

文秋芳，2001，《应用语言学研究方法与论文写作》。北京：外语教学与研究出版社。

文秋芳、任庆梅，2011，探究我国高校外语教师互动发展的新模式，《现代外语》（1）：83-90。

吴刚、洪建中，2012，一种新的学习隐喻：拓展性学习的研究——基于"文化-历史"活动理论视角，《远程教育杂志》（3）：23-30。

吴欣，2005，《中学英语教师发展研究：现状与措施》。北京：外语教学与研究出版社。

吴一安，2008，外语教师专业发展探究，《外语研究》（3）：29-38。

吴一安、王文峰，2008，优秀外语教师的专业发展研究。载吴一安等（编），《中国高校英语教师教育与发展研究》。北京：外语教学与研究出版社。156-180。

吴宗杰，2005，《教师知识与课程话语》。北京：外语教学与研究出版社。

吴宗杰、黄爱凤、郑志恋、应单君、胡美馨，2005，《外语课程与教师发展——RICH教育视野》。合肥：安徽教育出版社。

夏家发，2000，现代学习观的重构及其对教育的影响，《外国中小学教育》（1）：27-28，31。

谢地坤，2008，《走向精神科学之路——狄尔泰哲学思想研究》。南京：江苏人民出版社。

谢淑海，2016，实习支教生教师专业身份建构过程的叙事研究。博士学位论文。长春：东北师范大学。

徐浩，2014，高校外语新教师专业发展现状的调查研究——参与教师的视角，《解放军外国语学院学报》（4）：59-66，114。

徐锦芬、文灵玲、秦凯利，2014，21世纪国内外外语/二语教师专业发展研究对比分析，《外语与外语教学》（3）：29-35。

许悦婷，2011，大学英语教师在评估改革中身份转变的叙事探究，《外语教学理论与实践》（2）：41-50。

寻阳、郑新民，2014，十年来中外外语教师身份认同研究述评，《现代外语》（1）：118-126。

杨鲁新，2018，从研究者成为教师教育者：自我叙事研究，《外语与外语教学》（4）：54-64。

杨鲁新，2019，外语教师专业发展中的矛盾与行动：自我叙事研究，《外语教育研究前沿》（4）：16-22。

姚梅林，2003，从认知到情境：学习范式的变革，《教育研究》（2）：60-64。

叶澜、白益民、王枬、陶志琼，2001，《教师角色与教师发展新探》。北京：教育科学出版社。

张凤娟、刘永兵，2011，影响中学英语教师信念的多因素分析，《外语教学与研究》（3）：400-408。

张莲，2008，外语教师教育研究方法：回顾与展望，《外语教学理论与实践》（3）：48-54。

张莲，2013，高校外语教师专业发展的制约因素及对策：一项个案调查报告，《中国外语》（1）：81-88，102。

张莲、吴一安，2008，教师教育与发展的研究方法。载吴一安等（编），《中国高校英语教师教育与发展研究》。北京：外语教学与研究出版社。34-51。

张娜、申继亮，2012，教师专业发展：能动性的视角，《教育理论与实践》（19）：35-38。

张庆宗，2011，高校外语教师职业倦怠的成因分析及对策思考，《中国外语》（4）：66-70，75。

郑日昌、崔丽霞，2001，二十年来我国教育研究方法的回顾与反思，《教育研究》（6）：17-21。

周燕，2005，高校英语教师发展需求调查与研究，《外语教学与研究》（3）：206-210。

周燕、曹荣平、王文峰，2008，在教学和互动中成长：外语教师发展条件与过程研究，《外语研究》（3）：51-55。

朱旭东、李琼（主编），2011，《教师教育标准体系研究》。北京：北京师范大学出版社。

朱旭东、宋萑，2013，论教师培训的核心要素，《教师教育研究》（3）：1-8。

朱旭东、周钧，2007，教师专业发展研究述评，《中国教育学刊》（1）：68-73。

推荐文献

Bailey, K. M. & D. Nunan. 1996. (eds.). *Voices from the Language Classroom*. New York, NY: Cambridge University Press.

Borg, S. 2003. Teacher cognition in language teaching: A review of research on what language teachers think, know, believe, and do. *Language Teaching* 36(2): 81-109.

Borg, S. 2006. *Teacher Cognition and Language Education: Research and Practice*. London: Continuum.

Borko, H. & R. T. Putnam. 1996. Learning to teach. In D. C. Berliner & R. C. Calfee (eds.). *Handbook of Educational Psychology*. New York, NY: Macmillan. 673-708.

Burns, A. & J. C. Richards (eds.). 2009. *The Cambridge Guide to Second Language Teacher Education*. New York, NY: Cambridge University Press.

Carter, K. 1990. Teachers' knowledge and learning to teach. In W. R. Houston (ed.). *Handbook of Research on Teacher Education*. New York, NY: Macmillan. 291-310.

Carter, R. & D. Nunan (eds.). 2001. *The Cambridge Guide to Teaching English to Speakers of Other Languages*. Cambridge: Cambridge University Press.

Clark, C. M. & P. L. Peterson. 1986. Teachers' thought processes. In M. C. Wittrock (ed.). *Handbook of Research on Teaching* (3rd edition). New York, NY: Macmillan. 255-296.

Clarke, D. & H. Hollingsworth. 2002. Elaborating a model of teacher professional growth. *Teaching and Teacher Education* 18(8): 947-967.

Crandall, J. 2000. Language teacher education. *Annual Review of Applied Linguistics* 20: 34-55.

Cross, R. 2020. The "subject" of Freeman & Johnson's reconceived knowledge base of second language teacher education. *Language Teaching Research* 24(1): 37-48.

Elbaz, F. 1983. *Teacher Thinking: A Study of Practical Knowledge*. London: Croom Helm.

Fairley, M. J. 2020. Conceptualizing language teacher education centered on language teacher identity development: A competencies-based approach and practical applications. *TESOL Quarterly* 54(4): 1037-1064.

Feryok, A. 2010. Language teacher cognitions: Complex dynamic systems? *System* 38(2): 272-279.

Freeman, D. 1989. Teacher training, development, and decision making: A model of teaching and related strategies for language teacher education. *TESOL Quarterly* 23(1): 27-45.

Freeman, D. 1993. Renaming experience/reconstructing practice: Developing new understanding of teaching. *Teaching and Teacher Education* 9(5-6): 485-497.

Freeman, D. 1996. The "unstudied problem": Research on teacher learning in language teaching. In D. Freeman & J. C. Richards (eds.). *Teacher Learning in Language Teaching*. Cambridge: Cambridge University Press. 351-378.

Freeman, D. 2002. The hidden side of the work: Teacher knowledge and learning to teach. A perspective from North American educational research on teacher education in English language teaching. *Language Teaching* 35(1): 1-13.

Freeman, D. 2020. Arguing for a knowledge-base in language teacher education, then (1998) and now (2018). *Language Teaching Research* 24(1): 5-16.

Freeman, D. & J. C. Richards (eds.). 1996. *Teacher Learning in Language Teaching*. Cambridge: Cambridge University Press.

Freeman, D. & K. E. Johnson. 1998. Reconceptualizing the knowledge-base of language teacher education. *TESOL Quarterly* 32(3): 397-417.

Guskey, T. R. 2002. Professional development and teacher change. *Teachers and Teaching* 8(3): 381-391.

Johnson, K. E. 2006. The sociocultural turn and its challenges for second language teacher education. *TESOL Quarterly* 40(1): 235-257.

Johnson, K. E. 2009. *Second Language Teacher Education: A Sociocultural Perspective*. New York, NY: Routledge.

Johnson, K. E. & P. R. Golombek (eds.). 2002. *Teachers' Narrative Inquiry as Professional*

Development. New York, NY: Cambridge University Press.

Johnson, K. E. & P. R. Golombek. 2020. Informing and transforming language teacher education pedagogy. *Language Teaching Research* 24(1): 116-127.

Kubanyiova, M. 2020. Language teacher education in the age of ambiguity: Educating responsive meaning makers in the world. *Language Teaching Research* 24(1): 49-59.

Kubanyiova, M. & A. Feryok. 2015. Language teacher cognition in applied linguistics research: Revisiting the territory, redrawing the boundaries, reclaiming the relevance. *The Modern Language Journal* 99(3): 435-449.

Lave, J. & E. Wenger. 1991. *Situated Learning: Legitimate Peripheral Participation*. Cambridge: Cambridge University Press.

Nguyen, M. H. 2019. *English Language Teacher Education: A Sociocultural Perspective on Preservice Teachers' Learning in the Professional Experience*. Singapore: Springer.

Richards, J. C. (ed.). 1998. *Beyond Training*. Cambridge: Cambridge University Press.

Richards, J. C. & D. Nunan (eds.). 1990. *Second Language Teacher Education*. Cambridge: Cambridge University Press.

Richards, J. C. & T. S. C. Farrell. 2005. *Professional Development for Language Teachers: Strategies for Teacher Learning*. New York, NY: Cambridge University Press.

Roberts, J. 1998. *Language Teacher Education*. London: Arnold.

Tedick, D. J. (ed.). 2005. *Second Language Teacher Education: International Perspectives*. Mahwah, NJ: Lawrence Erlbaum Associates.

Ur, P. 2019. Theory and practice in language teacher education. *Language Teaching* 52(4): 450-459.

Wallace, M. J. 1991. *Training Foreign Language teachers: A Reflective Approach*. Cambridge: Cambridge University Press.

Walsh, S. & S. Mann (eds.). 2019. *The Routledge Handbook of English Language Teacher Education*. New York, NY: Routledge.

Wenger, E. 1998. *Communities of Practice: Learning, Meaning, and Identity*. Cambridge: Cambridge University Press.

Williams, M. & R. L. Burden. 1997. *Psychology for Language Teachers: A Social Constructivist Approach*. Cambridge: Cambridge University Press.

陈向明，2013，从教师"专业发展"到教师"专业学习"，《教育发展研究》(8)：1-7。

崔琳琳，2013，外语教师学习研究述评：理论、主题与方法，《中国外语》(6)：103-109。

刘学惠、申继亮，2006，教师学习的分析维度与研究现状，《全球教育展望》(8)：54-59。

吴一安等（编），2008，《中国高校英语教师教育与发展研究》。北京：外语教学与研究出版社。

索引